奇海林 杨勇 主编

中国地方学研究成果系列

地方学研究

第4辑

学苑出版社

图书在版编目（CIP）数据

地方学研究．第4辑 / 奇海林，杨勇主编．－－ 北京：学苑出版社，2021.1
ISBN 978-7-5077-6132-0

Ⅰ．①地… Ⅱ．①奇… ②杨… Ⅲ．①地方文化－中国－文集 Ⅳ．①G127-53

中国版本图书馆CIP数据核字(2021)第017143号

责任编辑：战葆红
出版发行：学苑出版社
社　　址：北京市丰台区南方庄2号院1号楼
邮政编码：100079
网　　址：www.book001.com
电子信箱：xueyuanpress@163.com
联系电话：010-67601101（营销部）67603091（总编室）
经　　销：新华书店
印　刷　厂：保定市彩虹艺雅印刷有限公司
开本尺寸：710×1000　1/16
印　　张：20.5
字　　数：240千字
版　　次：2021年1月第1版
印　　次：2021年1月第1次印刷
定　　价：58.00元

编委会

顾　问：奇·朝鲁　陈育宁

主　编：奇海林　杨　勇

副主编：包海山　王春霞　龚萨日娜

委　员：旺楚格　潘　洁　姚鸿起
　　　　甘宜汴　乌宁夫

前 言

2005年9月，在鄂尔多斯学研究会的倡议下，鄂尔多斯学、温州学、泉州学、潮州学、扬州学、徽学6家地方学研究机构联合发起创立了地方学研究的学术联盟——中国地方学研究联席会。鄂尔多斯学研究会是担任联席会第一任执行主席的单位，为地方文化、地方学的研究者和研究机构搭建起了一个消息分享、工作沟通、学术交流与合作的平台。

2006年底，北京学研究所加入中国地方学研究联席会，2008年11月起，北京联合大学北京学研究所成为担任第二任执行主席的单位。

2017年10月，中国地方学研究联合会在北京联合大学北京学研究基地召开工作会议，会议决定：成立中国地方学研究联席会学术委员会，加大推进中国地方学学科建设的力度，并从2018年开始，组织编辑出版《地方学研究》辑刊，每年出版两辑。作为联席会的系列出版物，它汇集地方学与地方文化的研究成果，打造"中国地方学"特色品牌。第一辑由鄂尔多斯学研究会负责编辑出版，第二、三辑由北京学研究所负责编辑出版，第四辑再由鄂尔多斯学研究会负责编辑出版。

地方学因时代而立，因作为而兴，因文化而强。地方学强势则助力地方发展，地方学混乱则制约地方发展，地方学缺位则地方迟缓发展。反之，地方发展快速时亟需地方学提供理论支撑，地方发展迟滞时疏忽地方学的作用，地方发展停顿时地方学就会销声匿迹。

本辑从地方学与地方发展、智库建设、城市发展、地域文化和文化旅游等多个方面收集了全国各地地方学专家学者的34篇论文和研究报告。在此，编委会诚挚感谢所有作者提供的研究成果与付出的辛勤劳动。

文集的出版得到顾问奇·朝鲁、陈育宁两位老先生的关心与关注，得到了出版社的大力支持和帮助，在此深表谢意！文集中如有不妥之处，敬请各位同人批评指正。

编委会

2019年8月18日

目 录

地方学与地方发展

对地方学的一点认识……………………………………………陈育宁（3）
浅议地方学和地域文化…………………………………………奇·朝鲁（12）
论地方学与地方发展……………………………………………奇海林（23）
地方学研究思路浅析………………………………张冷习　张雨霏（36）
地方学价值及对地方经济社会贡献分析………………………柴银蛇（44）
地方学研究如何走向深入………………………………………高海胜（51）
文旅融合新时期的杭州学研究：机遇·挑战·路径……………马智慧（59）
地方志与地方学学科体系的构建
　　——以明清时期《大冶县志》为例………………………刘金林（67）
探析地方社团组织在当地经济文化建设中的作用与展望
　　——以张家口历史文化研究会为例………………………李殿光（76）
时代呼唤内蒙古学…………………………………胡益华　杨宏杰（90）
鄂尔多斯学的构建与研究特征…………………………………杨　勇（110）
鄂尔多斯学与鄂尔多斯的崛起…………………………………潘　洁（118）
鄂尔多斯学与鄂尔多斯经济社会发展…………………………姚鸿起（126）
城市学、地方学及鄂尔多斯学的兴起与发展…………………梁达平（132）
论鄂尔多斯学创立与存在的价值………………………………甄达真（141）
鄂尔多斯学走进并融入现实社会与网络世界…………………包海山（145）
地方学研究对地方经济社会发展的作用
　　——以鄂尔多斯学研究会为例……………………………王春霞（156）
鄂尔多斯学研究会不断提升服务社会能力……………………龚萨日娜（163）

智库建设

欧洲智库建设的启示
——参加中欧智库学术交流和研讨会的收获 ········ 张宝秀（175）
智库型文物馆与地方发展前景 ······················· 王琛发（186）

城市发展

成都建设世界文化名城的历史发展逻辑 ················· 何一民（197）
发展广府文化和天府文化　建设世界文化名城
——赴成都调研城市学、地方学思考 ················· 谢　放（204）
画桥南北翠烟中
——扬州70年城建事业回顾 ························· 邱正锋（210）
二连浩特文化的立论与经济社会发展 ············ 徐进昌　殷继红（221）

地域文化

论人与文化的生命规律 ······························· 陈　耕（235）
草原丝绸之路与中华文明之形成 ····················· 郑少如（249）
北京地名的地域文化特征 ······················ 张　雪　朱永杰（255）
独具特色的鄂尔多斯传统祭祀 ······················· 旺楚格（264）
基于蒙古族"非遗"视角下的地域文化探讨 ············· 包玉瑞（275）
浅议鄂伦春族的生态环境意识
——与自然和谐相处 ······························· 关红英（282）
额尔古纳市恩和俄罗斯族民族乡成立前的一段往事 ······· 张晓兵（290）

文化旅游

对建设长江国际黄金旅游带核心区的思考
················· 杜汉华　曹诗图　汪碧涛　余海鹏（297）
借鉴伊金霍洛经验　助力鄂尔多斯全域旅游发展 ···· 庄国瑞　刘海英（303）
民族文化旅游创意产业的路径思考
——基于地方学与地域文化旅游发展的研究分析 ········· 王雅丽（311）

地方学与地方发展

对地方学的一点认识

陈育宁*

我有机会于 2002—2017 年这 15 年间，参与了鄂尔多斯学的创建活动。我在鄂尔多斯有过 10 年的工作经历，又进行了较长时间的鄂尔多斯地方历史文化研究，在此基础上，对鄂尔多斯学和地方学的有关问题做了一些探索，有一些初步的体会和认识。

一、对地方学的认识

地方文化是地方学的基础，但是地方文化并不等于地方学。地方学也不是泛指对地方文化的研究，而是人们对地方文化的认识提炼提升后产生的研究门类，或者是指对一个特定地域具有代表性的文化资源的整合与研究。20 世纪 60 年代国外兴起的"地区学"，是研究人与物质环境的相互作用及人的适应能力的学科，主要是人地关系。而我国的地方学有较久的历史，所涵盖的内容要宽泛得多。

我国较早形成的地方学，一般是以地方传统文化为基础和主干，即以一个特定地域历史积淀的文化资源为基础，以凝练最有优势和特色的内容为重点，以地名、历史名称等命名，如晋学（先秦三晋史学、经学，走西口，晋商）、徽学（朱子理学，徽州典籍、徽人著述）、楚学（楚竹书，老庄哲学，《离骚》）、

---

* 陈育宁：宁夏大学教授、博士生导师，鄂尔多斯学研究会荣誉会长、专家委员会荣誉主任。此文写于 2019 年。

湘学（宋明理学，王船山、魏源、曾国藩、左宗棠、谭嗣同等历史人物）等。这一类地方学的文化内涵又与国学内容有着紧密联系，也可以说是大国学的一部分。

改革开放以来，各地重视开发利用当地的文化资源，有的将历史文化与现实文化结合起来，进行整合和梳理，突出特色和重点，提出了新的地方学品牌，实现了地方学领域的创新。这一类地方学如北京学（现代化城市发展与历史文化遗产保护）、温州学（商品经济）、泉州学（海上丝路、海外贸易、海洋文化及世界宗教）、三峡学（库区生态、移民、开发、保护）、城市学（以杭州为个案，城市变迁、城市建设与现代化、城市病）等。新创建的地方学注重融入时代的新内容，包括地方经济、社会、文化在新的历史时期所呈现的新特点、新经验和遇到的新问题，强调发挥地方学为社会服务的功能；新创建的地方学也注重吸收对本地文化产生重大影响的外来民族文化、其他地域文化的成分，使之成为本地新的文化元素。

作为一门地方学，内容无论是综合性的，还是侧重古、侧重今，或是侧重某一领域，其基本要求在于以一个特定地域内那些具有自身特点、自成体系、有自身发展规律的社会文化现象、经济现象作为系统研究的对象，注入人们对其内涵特征的归纳、分析和认识，使之具有学术的特色、理论的特色，从而形成有知识体系的专门学问。各种地方学虽各有特点，但是它们又彰显出地方学所共有的特征，即地域性、系统性和应用性（服务性）。

作为地方学，其功能和价值，首先是传承，文明的传承、文化的传承。一个地区形成的文化积累，就是一种资源。地方学的整合与研究是一个有效的途径和平台，可以将这种资源开发出来，有序利用，达到服务社会的目的。二是提高文化的自觉和自信，形成人心的凝聚力、民族的凝聚力。民族复兴是以文化的自觉和自信为基础的，这种自觉和自信是建立在对文化的认同上。地方学在许多问题上可以承担一个地区文化认同的工作。地方学的研究有共同关注的主题，有针对性，能联通感情，能促成共识，有实际效果。三是服务和应用。发展中会遇到新问题，有些问题需要地方学来面对，需要从当地历史文化的实际出发，需要有接地气的理论积淀来解读，提出咨询和建议。地方学对地方遇到的问题不能回避，服务和应用是地方学的应有之义。四是交流和借鉴。地方学以地方问题和地方特色为主，没有统一模式，更需要互相交流借鉴，互相补充完善，互相促进发展。

二、对鄂尔多斯学的探索

2002年，从领导岗位退下来的伊克昭盟（今鄂尔多斯市）原副盟长奇·朝鲁同志在深入调研、征求意见并得到鄂尔多斯市委、市政府的支持后，首先提出创建"鄂尔多斯学"的倡议，并组织一批退下来的热心于文化事业的老同志、老专家和实际工作部门的同志，组建了鄂尔多斯学研究会。用奇·朝鲁会长的话说，到2017年，鄂尔多斯学研究会成立15年来，坚持不懈，办了三件事：创建了一个地方学品牌——鄂尔多斯学，建立了一个平台——鄂尔多斯学研究会，组建了一支队伍——鄂尔多斯学研究会专家委员会。这三件事中，创建鄂尔多斯学是核心。

鄂尔多斯学是新出现的一种地方学，它的产生，除了社会大环境的条件外，还有自身一些特殊的背景因素。

一是鄂尔多斯丰富而独特的历史文化资源。由于地理环境、民族关系、历史传承等原因，鄂尔多斯所积淀的历史文化资源的独特性、民族性、多样性、连贯性极为鲜明，这是一座丰富多彩的文化富矿。但是过去很长时期，鄂尔多斯贫困、落后的压力似乎掩盖了一切。对于历史文化资源，有认识，但不深刻；有研究，但不系统；有整理，但不完整；有成果，但比较零星。对于地域文化在历史上的作用及未来如何发挥其功能，还看得不是很清晰，重视的程度还有差距。一直到了改革开放的历史条件下，人们思想解放，文化意识提升，越来越感悟到这是一项不能忽视的工作、不能再延误的任务，必须寻求一个路径，把这件事情切实抓起来。正是在这样的机遇下，在以奇·朝鲁同志为代表的有识之士的努力下，鄂尔多斯人建平台、组队伍、创品牌，开始了创建自己地方学的有益探索。

二是现实发展的需要。改革开放以来，鄂尔多斯经历了巨大的变化，这种变化带给人们思想观念的冲击更为强烈。回顾鄂尔多斯40年的历程，革故创新、探索开拓、步步跌宕、曲折重重。在如此短的时间里，环境之变化、速度之惊人、体验之丰富、思想之解放，都是前所未有的。实践的结果告诉人们，在经济发展、指标攀升的背后，是思想的变革、认识的突破；是在曲折中前行，在探索中清醒；是知识在垫底，文化在开路。如何让人们的观念素质适应这种变化，理性地参与，显然，文化的创新和引领作用凸显了、迫切了。在各方面都有需求的情况下，鄂尔多斯学呼之欲出，历史性地承担起了这个任务。

三是文化自信。一个国家、一个民族，包括一个地区的发展与强大，必然源于对自己文化的自信。在鄂尔多斯，文化自信渗透在蒙古族长期历史发展形成的性格特征中。蒙古族历经磨难、曲折却奋斗不止、永不退缩，由一个古代民族发展壮大成当代民族，为国家的统一、疆域的奠定、文化的多元做出了巨大贡献。支撑这个民族强大动力的诸多因素中，文化的因素是起核心作用的。他们有信仰、有崇拜，有语言、有文字，有哲学思想、有历史经典、有法律制度、有军事谋略，还有丰富多彩的文学艺术和独特的草原风俗习惯，这些文化内因与中华传统文化融为一体，都注入鄂尔多斯地域和民族的生命之中。这种产生强大自信力的文化，理所应当是要继承和发扬的。

鄂尔多斯学研究会的同志们经过反复调研论证，在组织编写《鄂尔多斯学概论》中，依据对地方学的认识，探讨了鄂尔多斯学的基本内涵问题，概括了6个方面的内容作为一个基础框架。这个概括是初步的，是将鄂尔多斯这个特定地域内有标志性的社会现象和文化资源归拢为几个主要的研究方向、几个重点的探讨领域，或者说，这是鄂尔多斯学起步阶段的研究课题。这几个方面的问题搞清楚了，有了充分说服力的成果，我们就会对鄂尔多斯地域文化的整体面貌有一个较全面的认识。当然，做这样的概括并不排斥对其他方面问题的研究，重点带动的目的，是扩展广度，从而更好地推进深度。

第一，较完整地保留了蒙古族的传统文化。蒙古灭西夏之后，原属西夏的鄂尔多斯地区收归蒙古，该地区的原住民也融入蒙古族。15世纪中叶，守护成吉思汗八白室的鄂尔多斯部进入河套地区，这是一个最具蒙古族传统特征的群体。他们与原有的蒙古人融为一体，继续守护八白室并维系着自己的民族传统。鄂尔多斯地区是一个天然的相对独立的地理单元，这种半封闭的自然地理特征又造就了一个保护和传承蒙古族传统文化的环境。鄂尔多斯蒙古族完整地长期聚居在这个固定的地区内，没有被打散，没有被别的部落融合，因而成为蒙古族传统文化没有受到强烈冲击的地方。清代实行的盟旗制度，又从行政上强化了原来鄂尔多斯的部落组织形式，实际上创造了一个能够延续自己传统文化的政治条件。清代后期陆续进入的各族移民，并没有从整体上改变鄂尔多斯。直到现在，关于蒙古族的饮食、服饰、歌舞、语言、民间文学及宗教信仰等反映民族特征的传统文化都在鄂尔多斯得到了较完整的保留。

第二，保留了蒙古族独具特色的祭祀文化。蒙古族从历史上来讲，受到原始萨满教的影响，是一个崇尚祭祀的民族。除了蒙古族普遍存在的祭祀内容外，鄂尔多斯蒙古族还保留着独有的、独特的祭祀文化。一是对成吉思汗的祭祀。从15世纪中叶鄂尔多斯部将八白室迁入河套之后，蒙古族就把对成吉思汗的祭祀仪式带到了鄂尔多斯地区，而且严格地保护和承袭下来，历经几百年，不断不衰，愈加丰富，形成了一整套完整的祭祀仪式。二是鄂尔多斯蒙古族民间普遍存在的"苏勒德"祭祀。这个从古代就保留下来的祭祀仪式，已深入牧民家庭。这种祭祀尽管有从萨满教到藏传佛教影响的浓重色彩，但它反映了长久以来草原游牧生活形成的对祖先山川的敬仰和对英雄战功的崇拜，这种习俗与鄂尔多斯蒙古族血脉相连，故而经久不衰，流传至今。

第三，生态演进的历史经验。多年来，鄂尔多斯各民族坚持不懈地探索如何改善恶劣的生态环境，走过了一条艰难而曲折的道路，终于"实现了由生态恶化地区向绿色大市的历史性跨越"。这个巨大的变化，有一条主线在起决定作用，就是越来越多人们的观念和认识发生了深刻变化，他们从自身的经历和体验中，比较了人类与自然关系的得与失，终于不再怨天怨地，而是检讨了人类自身的思想和行为，找到了问题的症结所在。一旦人们思想觉悟了，观念转变了，对自然环境采取敬重和保护的态度，树立起了科学的新观念，并且落实到完善的政策、合理的制度和可行的措施上，生态的恢复和重建就不再是十分遥远的事情。这使我们进一步认识到，以人为本，不仅要使人有所获，还要讲人有所付，即付出智慧、付出决心、付出力量就能创造出奇迹。鄂尔多斯生态建设所走过的道路和取得的成绩、经验，也是一笔极其可贵的文化资源。开发利用这笔资源，使地区文化建设富有特色和优势。

第四，传承文化的深厚传统。尽管鄂尔多斯是相对独立的地理单元，但它又处在北方游牧文化与中原农耕文化的汇合之处，多种文化相互影响、相互融合、相互吸收，鄂尔多斯文化得到了丰富，增强了传承的生命力。正因为如此，对历史文化的传承和创造，在鄂尔多斯蒙古族社会文化中具有较高的地位，也留下了丰富的典籍文献及民间文学艺术作品。几部著名的蒙古族编年史如《蒙古源流》《蒙古黄金史》《黄金史纲》都出自鄂尔多斯。明清之际，鄂尔多斯蒙古族出现了一批具有阅读蒙古文、藏文典籍能力的知识分子，他们不仅致力于宗教文化的传播，也为编纂历史著作、传承本民族文化创造了条件。时至今日，鄂尔多斯当地的蒙古族，以及在这个地方工作的外来的汉族和其他民族学者，积极开展鄂尔多斯历史文化的研究，编纂地方史志，并提出"鄂尔多斯学"的概念，这中间，有一种一脉相承的历史责任感，一种文化积累和传承的传统。正是由于有了这个条件，鄂尔多斯传统文化的许多精华，一经挖掘就能较快地普及。

第五，创造了经济、社会跨越式发展的奇迹。鄂尔多斯从贫困落后发展到今天走进前列，可以用一系列有力的数据说明这里所发生的深刻变化。我们看到，在短短的一二十年里，鄂尔多斯实现了由贫困落后向富裕文明的历史性跨越，实现了由单极向多极支撑、多元发展的历史性转变，实现了由生态恶化向绿色大市的历史性转化。作为富裕文明标志的康巴什草原新城屹立于鄂尔多斯，开创了改革开放、创新发展的新局面，创造了西部民族地区跨越式发展的实用、有效经验。这些经验最为可贵的地方，不仅得益于改革开放的大时代，更得益于鄂尔多斯人的价值观发生了很大变化，他们不仅改变面貌的决心极大，而且更看重选择什么样的道路去改变面貌。不怕挫折和勇于突破是做好选择的应有态度。

第六，敢为人先的鄂尔多斯精神。鄂尔多斯地区生活的各民族，在艰难贫困的环境下，穷而弥坚的奋斗历程造就了他们信念执着、心胸开阔、自强不息、敢为人先的优秀品格和奋斗精神。这种优秀品格和奋斗精神，可以用三个字来概括："敢"——不甘贫困，敢于抗争；不甘落后，敢为人先。"合"——易于聚合，包容宽厚；善于吸收，和合共生。"放"——冲破阻力，大胆走出；引进先进，创建一流。这种精神，铸就了人力资本中最具有决定意义的精神因素，一旦有了合适的外部条件、政策环境，就会迸发出来，成为解放生产力、发展生产力的强大支撑和力量源泉。

鄂尔多斯学的创建，如同搭起了一个"家"的框架，把鄂尔多斯地区从古至今那些最具特色、最具代表性的文化资源收拢在"学"这个"家"中，进行整体的、系统的认识和研究。鄂尔多斯学虽仍处在创建阶段，需要进一步完善，但可以看出的是，给文化安个"家"的作用已初步显现出来。

在这个探索过程中，鄂尔多斯学研究会逐步意识到，鄂尔多斯学有两个基本支撑点：知识体系（文化资源的整合与研究）、应用服务（发挥地方学的作用）。鄂尔多斯学＝知识体系＋应用服务，这是我们对地方学本质特征的认识。所谓知识体系，就是指对地方历史文化及现实发展中最具特色、最有代表性的知识进行系统总结和表述，也就是把零星的知识进行梳理，搭起一个条理明晰的框架，从而使地方学有立"学"之基础。这些年来，鄂尔多斯学研究会围绕着鄂尔多斯学的基本内涵，论证立项，开展课题研究，进行专题学术交流，使其内涵得到深化和扩展。所谓应用服务，就是把知识体系引入社会生活，让民众接纳，为地方发展服务。为此，鄂尔多斯学研究会采用多种方式，协助地方政府开展文化活动，让鄂尔多斯学走进大学课堂。"地方"需要"学"，"学"为"地方"而生，合之谓"地方学"。鄂尔多斯学之所以存在、发展，并得到社会的认可支持，就在于它始终把应用服务放在重要位置，应用服务是鄂尔多斯学建设题中的应有之义。

知识体系与应用服务的紧密结合，使知识体系接了地气，言之有物，有内涵、有指向，能很好地发挥指导性作用。应用服务使知识体系有了用武之地，有利于人们素质的提高，推进社会文明进步，也使知识体系检验了自己，丰富了自己，对历史经验的认知和对新鲜实践的总结能得到提升。这是地方学的一大优势，可以弥补学术研究与社会需求相脱节的缺憾，探索一种两者相结合的有效途径。因此，可以说，知识体系与应用服务是地方学的两只轮子，相辅相成，缺一不可。

鄂尔多斯学研究会还体会到，研究会的办会宗旨是明确的，而且是一直坚持的，就是"立足学术，服务建设，创新机制，着眼发展"。但作为地方学来讲，没有统一模式，没有明确的规定性，就有很大的选择空间。对于地方文化知识的整合与研究，有多种方式和途径，可以采用"地方学"的方式，建立一个"学"的平台，也可以采用其他方式。提出建立一个"学"相对容易，但要坚持下去，持续推进，变中求新，让这个"学"保持生命力，并非易事。鄂尔多斯学今后的发展，同样也存在这个问题。重要的是要从自身的地方实际出发，在探索中前行，在实践中完善，找到最适合自己的方式，最终是要用社会的认可和它所起的作用来检验。

我对内蒙古地方文化了解不多，对于内蒙古地方学缺少研究。但是多年来形成的一个基本看法是，在内蒙古从东到西辽阔的土地上，各民族创造了丰富多样的文化，孕育了众多具有地方特色和民族特色的文化形态，其中有许多是内蒙古地方文化的精华，具有典型性和代表性。如，内蒙古是我国草原文化的主要发祥地之一，内蒙古历史上的各民族，特别是蒙古族长期以来形成的草原观及其创造的草原文化，历时久远，内涵丰富，最具代表性，是内蒙古地方文化最有基础、最有价值的研究对象。又如，内蒙古从古至今都是多民族交往交流交融的地区，这里是北方各游牧民族的大舞台，是草原丝绸之路的大通道，是走西口的目的地，走到今天，内蒙古成为多民族大家庭的共同体。这就是中华民族多元一体的缩影。研究中国从古至今的民族关系，内蒙古是最为丰富生动的样板，其中蕴藏着宝贵的传统和经验。再如，内蒙古是我国第一个民族区域自治区，自治区建立 70 年来，为我国民族区域自治政策的逐步完善提供了宝贵经验，为多民族国家解决民族问题提供了借鉴范式。内蒙古民族区域自治的历史道路和实践经验不仅是内蒙古，也是全国各民族和各民族地区共有的财富，深入地总结和完善，更好地发挥示范作用，是历史责任，也是时代需要。这些都是值得我们学习和研究的大学问、大课题。

浅议地方学和地域文化

奇·朝鲁[*]

一、地方学四要素

研究对象是界定一门学问或学科的重要依据，也是一门学科赖以建立的主体和核心。地方学是以特定地方为研究对象的学科，其全部的研究内容和体系都是围绕这个对象构筑并展开的。每个地方（包括国家、地区、城市等）都有自己的自然地理和人文历史等可供研究的东西，都可以有传统意义上各个学科的知识诠释。那么，对每个地方的研究是不是都能成为或称为"学"呢？根据陈育宁教授等专家学者对鄂尔多斯学和地方学的研究论述，笔者认为，对一个地方的研究构成"学"要具备"四有"，即有自身特征的研究对象，有自成体系的研究内容，有其自身发展的脉络和规律，有相应的理论知识和研究方法等，这"四有"可称为地方学的四要素。笔者谨以鄂尔多斯学为例进行简要探讨。

"鄂尔多斯"这个名词很有个性和特色。历史文献上的"鄂尔多斯"最早出现在《蒙古秘史》里，写作"斡尔朵思"，是众多宫帐的意思。后来守护成吉思汗宫帐的人们又称为"鄂尔多斯部"。15世纪中后期，鄂尔多斯部陆续入驻河套（蒙文名：宝日套亥），"鄂尔多斯"逐渐成为该区域的名称。清朝推行盟旗制后，将鄂尔多斯分为左右两翼、前中后六旗的行政区划，统称为伊克昭盟。21世纪初，伊克昭盟行政公署退出历史舞台，"鄂尔多斯"成为内蒙

---

[*] 奇·朝鲁：鄂尔多斯学研究会第一任会长。此文写于2019年。

古自治区一个新兴地级市的名称。由此可见,"鄂尔多斯"已有近千年的历史记载,是值得研究的一个对象。

　　繁衍生息在鄂尔多斯这方热土上的各族人民传承并创造了鄂尔多斯文明和文化。各路文人学者为此奉献了聪明才智,他们呕心沥血,创造了浩如烟海且自成体系的文明成果。比如鄂尔多斯与成吉思汗的渊源,使这里成为祭奠成吉思汗英灵的圣地,有了世界上唯一传承至今的成吉思汗和苏勒德祭祀礼仪,形成丰富、完整且有特色体系的祭祀文化。又如蒙汉民族长期和谐共处,草原游牧文化与中原农耕文化相交相融形成的"漫瀚调"等许多地域和民族特色鲜明的文化遗产,都可以成为构成鄂尔多斯学的优势资源。

　　从地域环境看,在地理学上,这里有被黄河三面环绕的鄂尔多斯高原,有中国十二大沙漠之一的库布其沙漠和毛乌素沙地;在地质学上,这里有富有煤炭、石油、天然气等宝藏的鄂尔多斯盆地等。这些独特的地域环境和地上地下丰富的自然资源,为在鄂尔多斯繁衍生息的人们提供了创造物质文明和精神文明的基础。处于改革开放时代背景下的鄂尔多斯,率先呈现出的奇迹般巨大的发展变化,更是引起世人的注目。人们发现鄂尔多斯的发展变化不只是依赖自然资源的孤立经济现象,而是经济建设与文化建设并行、生态重建与经济发展并赢、自然资源开发与人文资源开发并举的综合现象。人们在认识和研究鄂尔多斯经济振兴飞跃、文化传承创新、生态演进重建的过程中,逐步形成了综合性研究鄂尔多斯发展规律的态势,鄂尔多斯研究者的思维广度和深度不断拓展,进而认识和研究了鄂尔多斯人与自然环境和社会文明进步相适应的生存、生产、生活的一些规律性。对鄂尔多斯这些历史和现实的存在进行理性思考和科学阐释,就可以形成一门有特色、有体系、有规律、有理论且有实践意义的学问,最恰当的表述就是"鄂尔多斯学"。

　　目前,我国的地方学还处在形成和发展的初期。从北京学、泉州学、温州学、长江三峡学、晋学等地方学研究现状来看,地方学因概念界定的不同而表述得不尽相同。但,确立为地方学,它在对研究对象的确定性、概念的规范性、内容的特殊性和认识的系统性上逐渐趋于一致。对这样一门既不同于传统学科定位，又包容众多学科的新型综合性学科，更有待于我们从理论与实践的结合上，从现实与未来发展的规律上，继续探讨，深入研究。

二、鄂尔多斯学是地方学

20世纪60年代国外兴起的"地区学"，在我国称为"地方学"（或"地域学"），作为一门新兴学科，它在20世纪80年代兴起，目前仍然处在讨论中。当前对地方学研究对象的界定，全国各地大体上有两种情况，一种是将该地方综合体作为研究对象，其研究内容从古至今综合全面；另一种是将该地方的某一领域或某几个方面作为研究对象，突出其特色和个性。无论哪种情况，地方学以特定地方为研究对象这一点是有共识的，就是说以某一特定地方为研究对象的学问就叫地方学。地方学在研究内容上有两个特点，一个是综合性特点，即对一个地方的经济、政治、文化、社会、生态、民族等各方面的内在联系及其规律进行综合性研究，所以涉及许多传统学科；另一个是地域性特点，即对该地方具有自身特色、自成体系、有自身发展规律的一些特殊的地域性特点进行研究。

鄂尔多斯学，就是以鄂尔多斯地方为研究对象的一门学问，在研究对象的界定上具有地方学的基本属性。在研究内容上，鄂尔多斯学主要以鄂尔多斯从历史到现实的那些具有自身特色、自成体系、有自身发展规律的社会文化现象、经济现象、生态现象为研究内容。对此进行综合性研究，突出其地域特色，从知识上系统归纳，从认识上加以升华，从规律上深入探讨，从理论上概括提高，使之成为鄂尔多斯最具价值的科学知识和精神财富。鄂尔多斯学的提出和创建，是对鄂尔多斯人文资源的丰富性、独特性给予新的认识和评价；是对鄂尔多斯地域及民族特色的文化资源和文化体系的一个新概括，建立起的一个新知识架构。从这一点上说，鄂尔多斯学又是鄂尔多斯大文化学，是鄂尔多斯经济快速发展带来的人们的文化需求日益提升的必然结果，它调动了人们认识文化、开发文化、建设文化的积极性，并将成为经济社会发展的精神动力和软实力。

鄂尔多斯学作为地方学，与我国传统的方志学有一定的渊源，但它又不同于方志学，它是随着地域文化的发展及人们对地域文化的认识提升提炼后产生的一门新兴学科。鄂尔多斯学的出现和快速发展，得到了学者、领导和社会各界的认同，成为鄂尔多斯改革开放以来引人瞩目的文化现象，被人们称为"鄂尔多斯模式"的组成元素之一。鉴于鄂尔多斯学研究对象的动态性和社会功能的实践性，鄂尔多斯学的理论建设也要逐步发展、逐步深化。随着全国地方学研究的扩展和深入，鄂尔多斯学的理论问题会越来越引起人们的关注，研讨的问题会越来越多，范围会更加广泛，认识也会更加深入。随着中国特色社会主义文化大发展大繁荣，构建鄂尔多斯学的意义也会逐渐显现出来，鄂尔多斯学研究的作用会更加必要和重要。这就需要我们不断夯实鄂尔多斯学学科建设的基础，不断思考、讨论、概括鄂尔多斯学研究的理论和方法，不断厘清和把握鄂尔多斯学研究的脉络和内在规律。

三、鄂尔多斯学的时代背景

"鄂尔多斯学"这个名词概念创立已经近二十年了。当初我们是经过一年多时间的多方咨询、反复商讨后提出的。十多年以后的今天，我们再对鄂尔多斯学产生的客观背景略加分析，则可知道它是在国内地方学方兴未艾和鄂尔多斯具备天时地利人和的环境条件下产生的，其萌发于改革开放时代，根植于鄂尔多斯热土，成长于新时代新文化，因此，对于构建新时代新鄂尔多斯进程中的必然性，我们会有新的认识和理解。

改革开放时代是鄂尔多斯学的"天时"。如果没有改革开放时代，就不会有全国各地地方学的兴起，也就不会有鄂尔多斯学。改革开放给鄂尔多斯带来的发展变化是深刻而多方面的，如现代生产生活方式的输入，人们代际思想观念的异变和文化需求多样化的显现等。时代发展变化的走向和实质是解放和发展生产力，持续推动鄂尔多斯多方位的扩大开放和多领域的改革创新，这就为各类事物的新生提供了良好的社会环境和时空条件，从而激活了人们的开放型思维，增强了人们的开拓性创造能力。有那么一些热衷于研究鄂尔多斯的人们，从20世纪90年代起跟踪、观察、研究鄂尔多斯，发现鄂尔多斯的经济、生态、文化等方面快速发展的现象，并刻意研究其发生和发展的根本原因。这些就是鄂尔多斯学具备的"天时"。

鄂尔多斯热土是鄂尔多斯学的"地利"。历史地理上的鄂尔多斯，是处于黄河中上游被其三面环绕，又被贺兰山、阴山、吕梁山山脉三面环抱的一个地理单元。其适宜人类生存发展的自然生态环境和富硕的地上地下自然资源，对北方游牧民族和中原农耕民族都有很强的吸引力。这里曾是多民族（或部落）繁衍生息的地方，他们共同创造了极其丰厚而珍贵的物质和非物质文化遗产。鄂尔多斯地处祖国正北方，位于东经106°～112°，北纬37°～41°之间，是内蒙古的"西部"，也是中国西部"老、少、边、贫"地区之一。但其资源富集、地广人稀，发展潜力巨大。改革开放后，国家能源战略西移，鄂尔多斯成为国家工业化发展的重要能源战略基地之一，进入了大开发、大建设、大发展的新时代。迈上"三开一治一转化（改革开放、思想开明、经济开发、国土整治、资源转化）战略"征程的鄂尔多斯，相继出现了许多引起世人惊叹的"率先"现象。这些所谓的经济、生态等社会文化现象出现在鄂尔多斯这方热土并不偶然，而是得"三明"（政策英明、领导精明、群众开明）、"三气"（底气足、勇气大、灵气活）之先的鄂尔多斯人，遵循自然资源开发和人文资源开发并举、经济建设和文化建设同行、经济发展和生态重建共赢的客观规律使然。这些都为鄂尔多斯学根植于这方热土增添了新的养分，形成了鄂尔多斯学的"地利"。

建设和谐文化、和谐社会是鄂尔多斯学的"人和"。和谐文化是和谐社会的灵魂工程。在经济全球化和文化多元化的世界大势下，我们党和国家提出建设和谐文化、构建和谐社会的重大决策。鄂尔多斯文化的创造力、亲和力、向心力有了充分释放的机遇，解放和发展文化生产力，成为构建和谐鄂尔多斯，促进鄂尔多斯科学发展的强大动力。国家对保护传承地域性很强的民族民间传统文化遗产给予了高度重视，尊重文化差异，使鄂尔多斯的传统文化遗产进一步弘扬中华民族的和谐精神，充分体现中华民族团结统一大家庭的优势，成为必然抉择。和谐社会以人为本，重在人和，贵在心和。人心向背是社会和谐的尺度。鄂尔多斯人对自己推动传统文化和谐的自信和新时代传承优秀文化的自觉，在传统文化与现代文化并存，地域民族文化与外来文化复合互动的过程中，正在逐步树立适应鄂尔多斯现代化的文化观和发展观。和谐文化观是科学发展观的要素之一。经济和谐发展，社会和谐进步，都要有和谐文化引领、和谐精神支撑。这就要求我们把中国特色社会主义理论与鄂尔多斯地区实际紧密结合起来，进行实践总结和理论思考。从这些客观需要出发，历任党政领导、专家学者和实际工作者大都认为，应该有一个自己的全面研究鄂尔多斯的社会团体，有一门运用各门类传统学科知识解读、诠释鄂尔多斯社会现象的综合性、地域性学问。这些就为鄂尔多斯学具备了"人和"。

总之，鄂尔多斯学是改革开放时代文化大繁荣大发展的产物，也是鄂尔多斯天时地利人和的表征物，有其生成的缘由、存在的理由和发展的空间，已被社会大众所接纳。鄂尔多斯学作为试图研究揭示鄂尔多斯自然规律、经济规律、社会规律的综合性、地域性学科，将继续接受鄂尔多斯扩大开放、深化改革、转型发展、文明进步的实践检验，并在研究、诠释、认识社会实践的过程中，逐步充实、规范、提升和完善自己。

四、地方学与地域文化

鄂尔多斯学是鄂尔多斯地方学，是新名词术语；鄂尔多斯文化是鄂尔多斯地域文化，是老名词称谓。地方学与地域文化之间的关系问题，是在构建地方学学科体系时必须深入研讨、认真回答的一个重要问题。鄂尔多斯学与鄂尔多斯文化的关系问题，始终是鄂尔多斯学研究中涉及的一个热点问题，也是鄂尔多斯学研究会研而究之的着力点。我会近20年来举办的各类论坛研讨会，几乎都是以鄂尔多斯学和鄂尔多斯文化为主题的。如鄂尔多斯学学术研讨会、两届鄂尔多斯文化学术研讨会、三届成吉思汗文化论坛、两届阿尔寨文化论坛、《鄂尔多斯大辞典》编纂研讨会以及鄂尔多斯文化塑市、城市规划建设、魅力鄂尔多斯、转型发展等多次研讨活动，都是以鄂尔多斯学与鄂尔多斯文化的关系问题为切入点，多方位、多视角地进行了深入研讨。我会编辑出版的《鄂尔多斯学研究文选》《鄂尔多斯文化论文集》以及《鄂尔多斯学研究》季刊、专刊上发表了众多专家学者关于鄂尔多斯学与鄂尔多斯文化之间关系的专题论述文章。鄂尔多斯学研究的阶段性成果——《鄂尔多斯学概论》，较系统地归纳吸收了各方面的见解，阐述了我们的基本认识。2013年9月举办的以"中国地方学建设与发展"为主题的研讨会，收到来自9个省区市、10多家地方学与地域文化研究单位及社会各界专家学者的论文40余篇。许多论文对地方学与地域文化的关系问题提出了真知灼见，大家进行了广泛深入的研究探讨。这次研讨会的论文集也已出版。这些都表明我们对鄂尔多斯学与鄂尔多斯文化以及它们之间外在和内在的联系等有了进一步的研究。欢迎有兴趣的读者将我会论著作为参照系，进行比较、思考、深入探讨。

　　如同地方学与地域文化那样，鄂尔多斯学和鄂尔多斯文化之间的关系，是既有密切联系又有明显区别的。在这里我们仅从概念定义和社会功能两方面谈谈它们之间的联系和区别。在概念定义上的密切联系主要有：一是鄂尔多斯学是一门综合研究鄂尔多斯整体的学问，但它的产生是鄂尔多斯文化发展及人们对鄂尔多斯文化的认识提炼提升后的结果，因而有人称其为鄂尔多斯大文化学；二是鄂尔多斯学的基本内涵包括了鄂尔多斯传统民族文化、祭祀文化、精神文化、生态文化、现代工商文化等等，都是鄂尔多斯文化的内容，但其中有特色的部分才构成鄂尔多斯学的基本内涵；三是鄂尔多斯学可归属于广义的鄂尔多斯文化范畴，鄂尔多斯学及其研究的创立亦可谓是一种鄂尔多斯文化现象。这些又都成为鄂尔多斯学研究的核心内容。关键的区别有：

一是鄂尔多斯学是一门新兴学科，立足学术规范，着力规律性研究，定义不像鄂尔多斯文化那么宽泛、模糊；二是鄂尔多斯学是基于对鄂尔多斯文化丰富性、独特性的新认识、新概括而建立的一个学术理论体系，不像鄂尔多斯文化那么有现实针对性和局限性。

从社会功能定位来看，某种程度上可以说，社会功能决定学科、学会之间的区别。在创办鄂尔多斯学研究会之初，我们就确立了鄂尔多斯学研究"立足学术、服务建设、创新机制、着眼发展"的社会功能定位。鄂尔多斯学研究会是专门研究鄂尔多斯学的学术团队，因此这既是鄂尔多斯学的社会功能，也是鄂尔多斯学研究会的办会宗旨。简要表述，就是要立足于鄂尔多斯学这门综合性、地域性学问，服务于鄂尔多斯经济、政治、文化、生态、社会建设，创新于鄂尔多斯学学术研究的体制机制，着眼于鄂尔多斯学及其研究以人为本的科学发展观。我们对此从学理上给予阐释并在实践中加以运用。对鄂尔多斯文化的社会功能，见仁见智，莫衷一是，这大概与文化概念、文化特征的千差万别有关吧。一般认为文化有广义和狭义之分，我们这里说的鄂尔多斯文化亦有广狭之别。人们把文化分为物质和非物质（精神）两大类，还有人把文化分为学术、艺术、技术三个层次。对其社会功能定位的表述也各有千秋，这些都有一定的道理。我们在鄂尔多斯学研究中，广集众议、博采众长，对鄂尔多斯文化的社会功能概括为：传承功能、凝聚功能、激励功能、创造功能。我们在《鄂尔多斯学概论》的有关章节中对此给予了阐释和运用，可谓抛砖引玉，期冀共鸣、共谐、共建。

鄂尔多斯文化是中华文化的重要组成部分，与中华文化同呼吸共命运，共同经历了文化的分化与整合。面向现代化和经济全球化背景下的文化创新和重构的历史进程，鄂尔多斯文化必然顺应历史潮流，通过积极重构和集成创新，驶上文化现代化的新征程。经济基础的转型必然带来文化形态和层次的转型，反过来文化转型又会推动经济转型，这是由经济与文化、硬实力与软实力之间的辩证统一关系所决定的。深入研究、正确认识、准确理解这种辩证关系和规律性，是鄂尔多斯学研究的长期重要任务，也是积极重构和集成创新的重要途径。从这一意义上来说，鄂尔多斯学就是在积极推进鄂尔多斯文化的重构和集成创新，并在这一进程中集成创新、科学发展。鄂尔多斯学要集成创新、科学发展，就要集中华文化之大成，借鉴世界各国现代科学文化和地方学研究的有益成果，在促进鄂尔多斯文化现代化中，构筑鄂尔多斯学科学发展的理论体系，更好地服务于鄂尔多斯经济、政治、文化、生态、社会五位一体的创新发展。

透过现象看本质，探索本质论规律，运用规律服务现实，是鄂尔多斯经济研究的主要目的。鄂尔多斯人创造的鄂尔多斯文化，其实质就是改革开放、解放思想、实事求是的重大战略决策。解放和发展鄂尔多斯的文化生产力，既为创造经济实力注入了思想保证、智力支撑和精神动力，又激发了鄂尔多斯文化自身创新发展的活力。鄂尔多斯经济发展的实践，以改革创新的精神文化引领为先导，成就了鄂尔多斯经济现象或模式。其内涵在于加大改革力度始终不动摇，体制机制转型升级不停步；在于逐步树立辩证资源观，妥善处理资源、环境、人口的辩证关系，实现可持续发展；在于树立科学生态观，敬畏自然，遵从生态法则，维系生态平衡；在于确立"大文化观"，发展文化产业，解放和发展文化生产力，提升"软实力"；在于结合鄂尔多斯实际，贯彻落实科学发展观，以人为本，转变发展方式。这些文化基质才是鄂尔多斯人推动经济持续高效发展所需的长期内生动力，是值得我们因时因势加以应用的基本经验。经济发展越是遇到艰难险阻时，越要倾心于民、问计于民、取信于民；越要发挥精神文化的引领疏导和排忧解难功能；越要重视民间智库的作用，研究、阐释并倡导内敛平和、诚信务实、兼容大度、矢志不渝的鄂尔多斯精神，传承宽厚重义、通情达理、和衷共济的纯朴民风；越要恪守唯物辩证、务实求真的学风和真话实话多说、空话大话少说、假话坏话不说的文风，研以致用，更好地服务于鄂尔多斯的经济发展、社会和谐、民生幸福，为把鄂尔多斯建设得更加美丽、富裕、文明、和谐而共同努力。

鄂尔多斯丰富的自然资源是经济社会发展所需要的重要物质基础。但资源优势转化为经济优势的过程，靠的是政策英明、领导精明、群众开明，靠的是传承和发扬鄂尔多斯精神，这才是真正推动鄂尔多斯改革发展加速、持续向好的内在动力。党和国家提出并落实经济、政治、文化、社会、生态等五大建设五位一体全面推进的总体布局，以及以人为本的科学发展观，正是基于对生态危机的高度警觉和对客观规律的正确认知。鄂尔多斯人和各种生物以及周围环境之间相互作用构成的整个体系，可以称为鄂尔多斯生态系统或鄂尔多斯自然生态环境。对鄂尔多斯这样一个生态环境仍十分脆弱而又在加速工业化进程中的地区来说，生态文明建设应该是、也必须是放在五大建设之首去思考和实践的基本建设。因为，生态文明是人类生态智慧的结晶，生态文明建设是追求"天人和谐""人伦和谐"价值观的必然途径，也是直接或间接影响其他各项建设的一项根本性建设。

经济社会发展的主体是人，说到底是人的全面自由发展，也就是人与自然界、人与社会、人与人之间的和谐发展，是人的生存、生产、生活状态与人的精神文化的综合进步发展。不论是理想、信仰、崇拜、敬重还是对父老乡亲、宗族、祖国的认同，都是人所秉持的一种精神理念。精神是文化的内核，文化是精神的表达。这些精神理念会自觉不自觉、有意无意地渗透进人们习以为常的生产生活和文化活动中，发挥着能动作用，引领着人们对精神境界的追求和对物质生活的欲望。以文化人重在"化"，要化出智慧，化出精神。要以"文"凝聚人心，激活底气，激发灵气，激励勇气，使精神文化转化为精神力量，推动鄂尔多斯科学发展、富民强市。

总之，鄂尔多斯学与鄂尔多斯文化之间的关系有点像"鸡和蛋"的关系。鄂尔多斯学是一门综合性、系统性地研究鄂尔多斯经济、政治、文化、生态、社会五位一体内在规律的学问，是鄂尔多斯文化的学术理论体系；鄂尔多斯文化是鄂尔多斯学的基础和主干，是鄂尔多斯学研究的核心内容；鄂尔多斯学又是广义鄂尔多斯文化的组成部分，二者辩证统一。遵循马克思主义认识论和方法论，去探寻事物发展变化的内在规律，包括鄂尔多斯学与鄂尔多斯文化及其与鄂尔多斯经济、政治、生态等社会文化现象的内在客观规律，是鄂尔多斯学研究的根本任务。运用规律，引领发展；认识自我，超越自我；集成创新，道法自然是终极目标。由此可以延伸为地方学研究的根本任务是探索规律，终极目标是道法自然。

论地方学与地方发展

奇海林 *

古今中外地方学的实践证明，任何一个地方学，都需要弄清楚是什么时候而立，为什么而立，中兴的原因是什么，强盛的根源又是什么。本文以鄂尔多斯学为例，试论地方学与地方发展的关系。

一、鄂尔多斯学因时代而立

人类文明是有时代划分的。在西方，雅斯贝尔斯在《历史的起源与目标》一书中说过，人类文明的"轴心时代"是从公元前800年至公元前200年，这一时期是人类精神文明的重大突破。当时古希腊、古中国、古印度等文明古国都产生了伟大的思想家，他们提出的思想原则塑造了不同的文化传统，并一直影响着人类生活。在谈及文艺复兴运动时，恩格斯也说过："这是一个需要巨人而且产生巨人——在思维能力、热情和性格方面，在多才多艺和学术渊博方面的巨人的时代。"[1] 在我国历史上，先秦时期也曾出现过百家争鸣的兴盛局面，使中国古代文化进入鼎盛时代。20世纪初，五四新文化运动对中国社会变革产生过重大影响，成为全民族思想解放运动的重要引擎。改革开

---

* 奇海林：中国民族理论学会常务理事，内蒙古民族理论学会副理事长、鄂尔多斯学研究会会长、专家委员会主任，鄂尔多斯市决策咨询委员会委员，鄂尔多斯市社会主义学院常务副院长，鄂尔多斯市委党校副校长、教授。此文写于2019年。

[1] 恩格斯：《自然辩证法导言》，《马克思恩格斯选集》第三卷，北京：人民出版社，1975年。

放以来，中国的巨大变化正在影响着人类世界百年未有之大变局，党的十九大宣告，中国从 2012 年始，进入中国特色社会主义新时代。

新时代面临着新问题，问题是时代的格言，是公开的、无所顾忌的、支配一切个人的时代之声。问题是创新的起点，也是创新的动力源。一切学问只有聆听时代的声音，回答时代的呼唤，才能把握历史脉络，找到发展规律，推动理论创新和实践创新。恩格斯认为，每一个时代的理论思维，都是一种历史的产物，在不同的时代具有非常不同的形式，并因而具有非常不同的内容。为什么鄂尔多斯撤盟设市伊始偏就出现了一个"鄂尔多斯学研究会"呢？陈育宁教授给出了中肯的回答："我在 2002 年初解释鄂尔多斯学这个名称时提出，鄂尔多斯学是以鄂尔多斯为研究对象的一门学问。需要说明的是，鄂尔多斯学这个概念不属于目前我国对于人文社会科学所界定的学科范畴。在人文社会科学里面，国家已对各种专业的学科有了一个明确的规范和界定，比如说历史学、语言文字学、经济学，都是以专门特定的领域为研究对象的学科。依据学科涵盖的范围和层次，又分为一级学科、二级学科等。这些规定也是目前我国在划分专业、界定学位、评定职称、申请课题立项等方面的依据。而鄂尔多斯学则是以鄂尔多斯的历史、文化、经济、自然环境变迁等众多领域为研究对象，它不是一门学科，而是一门地方性的综合学问，这门学问里包含了不同学科，不同的学科里又包含了若干鄂尔多斯学的子系统。比如研究鄂尔多斯历史时，必然涉及蒙古史，这部分内容在人文社科的学科规范中，是属于历史学这个一级学科之下的一个二级学科专门史的内容，在专门史中又是属于民族史的范围。作为鄂尔多斯学这个概念，显然和规范学科中的历史学、法学、经济学等学科概念不属于一个范畴。那么，'鄂尔多斯学'的概念应该怎样去理解呢？我认为，鄂尔多斯学就是以鄂尔多斯为研究对象，主要是以那些具有自身特色、自成体系、有自身发展规律的社会文化现象、经济现象为研究对象，把这些研究的问题加以概括提炼，成为一门有专门知识和理论方法的学问，构成'学'。""鄂尔多斯学是以一个特定的地区为研究对象，但仅这一点是不能构成一种专门的地方学问的，因为每一个地区的历史、文化、民族、民俗、经济社会的发展，都有可研究的内容，但是不能说每个地区的研究都是一门'学'。要形成一个专门的学问，必然要有它一些特殊的内容，有它自身的体系，有它自身的规律性的东西，还有历来对它研究成果的积累所形成的基础。从这个意义上讲，尽管每个地区都有自身专门的研究，但不一定都能概括成一门'学'。""构成一门专门的地方学，应该有其独具特色的基本内涵。鄂尔多斯学的基本内涵和特征是什么呢？第一，鄂尔多斯较完整地保留了蒙古族最基本的传统文化，是蒙古族传统文化的标本。第二，鄂尔多斯保留了蒙古族最完整、最丰富、最有特征的祭祀文化。第三，鄂尔多斯有着研究和传承地区文化的深厚传统。第四，改革开放以来，鄂尔多斯走出了一条资源转换促进发展的成功道路，构成了鄂尔多斯学研究的新内容。"[1]

人类的实践一再证明，不同时代有着不同问题，不同问题需要不同的解决办法，而各有特色的方法几乎全部来自于不同学问的解答，不同学问就是不同时代的产物。习近平总书记指出："当代中国的伟大社会变革，不是简单延续我国历史文化的母版，不是简单套用马克思主义经典作家设想的模板，不是其他国家社会主义实践的再版，也不是国外现代化发展的翻版，不可能找到现成的教科书。我国哲学社会科学应该以我们正在做的事情为中心，从我国改革发展的实践中挖掘新材料、发现新问题、提出新观点、构建新理论，加强对改革开放和社会主义现代化建设实践经验的系统总结，加强对发展社会主义市场经济、民主政治、先进文化、和谐社会、生态文明以及党的执政能力建设等领域的分析研究，加强对党中央治国理政新理念新思想新战略的研究阐释，提炼出有学理性的新理论，概括出有规律性的新实践。这是构建中国特色哲学社会科学的着力点、着重点。一切刻舟求剑、照猫画虎、生搬

---

[1] 陈育宁：《我与鄂尔多斯学》，银川：宁夏人民出版社，2009年，第23—33页。

硬套、依样画葫芦的做法都是无济于事的。"[1]

马克思认为，一切划时代的体系的真正的内容都是由于产生这些体系的那个时期的需要而形成起来的。理论是时代前进的最强音，最能够代表一个时代的呼声，最能够集中一个地方的民意，最能够引领一个时代的民情，最能够促进人们为美好生活而努力奋斗。时代对于人们而言可遇而不可求，时代总会将历史机遇留给那些有思想准备的智者。"鄂尔多斯学"的创始人可谓把握住时代发展脉搏的人们，他们为鄂尔多斯历史文化的传承与弘扬，为鄂尔多斯改革开放的经验总结与提升，为鄂尔多斯绿富同兴的高质量发展，为鄂尔多斯各族人民群众的美好幸福生活，为鄂尔多斯走向世界搭建起一个无法替代的研究平台。对此，杨勇研究员有过独到的认识："鄂尔多斯学研究会，是15年前由奇·朝鲁同志从伊克昭盟（今鄂尔多斯市）副盟长、巡视员的领导岗位上退下来后创办的一个民间社会组织。在创办之初陈育宁教授给予了理念上的支持与依据，夏日主席给予了精神上的鼓励与信心，周围的诸多老同志给予了创业式的鼓动和参战般的期盼，从鄂尔多斯走出去的老领导和盟委行署的领导更是赞美有加、大力支持。时至今日，鄂尔多斯学已经成为一门独立的学科体系。""鄂尔多斯学已经历经15年的不懈努力，表现出了非常显著的三大特点：第一，始终坚持办会宗旨不变。即'立足学术、服务建设、创新机制、着眼未来'的办会宗旨。第二，建立专家委员会研究机制。现有专家委员会专家160多人、研究会会员240多人。第三，开展学科体系建设与课题性研究。鄂尔多斯学＝知识体系＋应用服务。"[2]时代是思想理论之母，实践是思想理论之源。中国改革开放的伟大时代催生了鄂尔多斯跨越式发展的壮丽实践，鄂尔多斯的实践又催生出"鄂尔多斯学"这样一门新时代的地方学学问。正如陈育宁先生所言，"鄂尔多斯学的出现，是鄂尔多斯模式发展

---

[1] 习近平：《习近平谈治国理政》第二卷，北京：外文出版社，2017年，第344页。
[2] 杨勇：《努力开创地方学研究与实践的坚实阵地》，《地方学研究》第2辑，北京：知识产权出版社，2018年，第70—71页。

的一个产物,是鄂尔多斯模式的重要标志之一;鄂尔多斯模式又是鄂尔多斯学研究和宣传的重要内容之一。"[1]

马克思认为,问题就是时代的口号,是它表现自己精神状态的最实际的呼声。文军说过,"任何一门学科的产生和发展,都是为了满足现实的认知需要,回应时代所面对的问题。"[2]鄂尔多斯学研究会创始人奇·朝鲁在《鄂尔多斯学与地方学》一文中提出:"1. 鄂尔多斯学是地方学。地方学,就是一个地区长期形成的有自己独特特征、自成体系、有自身规律的专门学问;是把国内某一地区作为相对独立的研究对象,除了涉及该地区的地理、历史、人文、民族等之外,揭示该地区在现阶段的生存状况和发展方式等诸多方面所呈现的特点;地方学是一门交叉科学、边缘科学、综合科学。地域性和综合性是其显著特点之一。2. 鄂尔多斯学是以地区历史、文化、经济、民族、生态环境及其互促联动发展规律为研究对象,是研究'鄂尔多斯现象'产生、发展及其规律性的科学。具有强烈的为区域发展服务的意识,其出发点和归宿就是面对鄂尔多斯历史与现实去探索规律,如人与自然和谐相处、各民族共同团结奋斗共同繁荣的发展规律,地区经济、政治、文化、社会'四位一体'和谐发展规律等,以人为本,为人的全面发展服务。3. 鄂尔多斯学有独具特色的基本内涵。如具有独特的资源禀赋(地质矿产、生态环境、文化积淀),特殊的经济社会变革追求,易于凝聚的团队精神、地区性格和开放意识等。4. 鄂尔多斯学以人为本,研究鄂尔多斯人及其人文精神,注重鄂尔多斯亲和力、向心力、创造力的传承和弘扬,历久弥新,与时俱进。具有宣扬知识、揭示规律、凝聚精神的功能,发挥引导决策、服务经济建设、提高人口素质的作用。5. 鄂尔多斯学是以鄂尔多斯为品牌标志,注重历史与现实、传统与时代对接,打造地域文化国际品牌,是在独有传统智慧基础上构建新区域新文化的诸多学科的集大成者。6. 要以世界的全国的科学的眼光去看去研究鄂

---

[1] 陈育宁:《我与鄂尔多斯学》,银川:宁夏人民出版社,2009年,第218页。
[2] 文军:《增强社会工作学科的理论自觉》,《人民日报》2014年10月10日。

尔多斯学。确立地方学要有世界的眼光和大中华的胸怀。正如有关专家所言，用战略眼光看鄂尔多斯学研究，要采取跨学科、跨民族、跨地域、跨文化，调查与分析、形式逻辑分析与辩证逻辑分析、分期与分类研究等相结合的方法进行综合研究。"[1]

由此可见，鄂尔多斯人在改革开放这个伟大时代不仅创造出许多人间奇迹，"三次创业"实现三次转型发展，团结奋进、走进前列、战胜自我、推进文明、实现跨越，而且立于时代潮头的大浪之中，创造出"鄂尔多斯模式"，创立了"鄂尔多斯学"，硬实力和软实力都得到长足发展，实现了富裕和文明的双飞跃。

二、鄂尔多斯学因作为而兴

历史上的鄂尔多斯先因部落得其名，后泛指区域，2001年被国务院确定为地级市名。鄂尔多斯学诞生在鄂尔多斯，时间是2002年9月16日。鄂尔多斯学从出生之日起，就始终坚持用马克思主义的立场、观点和方法来研究解决鄂尔多斯的问题。在发现问题、研究问题和回答问题时，坚持以中国特色社会主义理论体系为指导，正确处理了问题与思想这对关系；在学术与政治这对关系上，坚持旗帜鲜明讲政治的同时，又善于用学术来讲好政治，做到以理服人；在历史与现实这对关系上，既有无比深厚的历史底蕴和视野，又有特别注目的现实发展与成就；在理论与实践这对关系上，既大胆用理论来明辨是非、知晓善恶，又充分用实践来检验和发展理论；在地方研究与中华文化和世界潮流这对关系上，既有世界眼光，又立足地区实践，还有机对接国情国策，在放眼全球，认识和把握世界大势和时代潮流的同时，又顺应我国发展新常态的新变化，更着力解决鄂尔多斯转型发展的各种挑战。

---

[1] 奇·朝鲁：《鄂尔多期学与地方学（代序）》，陈育宁：《我与鄂尔多斯学》，银川：宁夏人民出版社，2009年，第6—7页。

立于改革开放伟大时代的鄂尔多斯学，一出世就与众不同，其表现如下：一是起点高。研究会立足存史、立论、资政、惠民的高起点。突出表现在研究会的研究人员是由"三结合"构成的，有研究鄂尔多斯的专家学者，有退下来的老领导老同志，还有实际工作部门的同志，这种"三结合"的组成结构，优势在于"1+1+1>3"，思想、经验、方法交流碰撞产生出众多的精神火花，形成数不清的理论脉络，经过淬炼，出现了大量的报告、论文、著作，为各级领导、各行各业提供咨政智囊的作用。如，提供给国家文化部有关单位的"关于阿尔寨石窟保护的建议"，得到高度重视；再如，建议中华世纪坛在适当时候考虑弥补缺失成吉思汗这一伟人的重大失误，中华世纪坛管理部门回复，诚恳采纳此建议等等。此外，在2005年，鄂尔多斯学研究会牵头，与江苏扬州文化研究会、福建泉州学研究所、浙江温州学研究中心、广东韩山师范学院潮学研究所、安徽徽学研究会共6个地方学研究机构共同发起成立了"中国地方学研究联席会"，这是地方学发展历史上的一个重大突破。二是作为大。鄂尔多斯学研究会初步破解了社会科学研究领域中存在的"两个循环"之难题。所谓"两个循环"，一个是一些专家学者的研究是学院式的，提出课题，进行研究，写成文章、写成书，发表出版，之后评奖评职称，任务完成，这个循环就结束了；另一个是在实际工作部门，领导出题目，如发展战略、发展规划，秘书班子按照领导意图写成报告，然后开会，领导做报告，形成文件，下达贯彻，这个循环也完成了。专门的研究机构和专家，与实际部门缺少沟通、缺乏结合，体制上也把它们割裂为两个独立的循环系统，理论和实际的资源没有整合在一起，这种状况是普遍存在的。如何把理论智力和实际经验结合起来，把这两个循环结合起来变成一个大的循环，需要一个媒介。鄂尔多斯学研究会在这方面探索出一些自己的做法和经验，叫作"立足学术、创新机制、服务建设、着眼发展"。三是成果丰。10多年时间里，鄂尔多斯学研究会组织学术会议近70场，出版《鄂尔多斯大辞典》《鄂尔多斯学概论》《鄂尔多斯研究》《成吉思汗文化》《温暖世界骄子情怀》《伊金霍洛旗改革开放40

年》等百余部论著；在《鄂尔多斯日报》上刊出 200 期专刊，发行《鄂尔多斯学研究》蒙汉两种文字期刊 80 期；网络上推出了鄂尔多斯学公众号，实现了线上线下的随时交流；正在与北京学研究所进行联合出版中国地方学研究成果系列《地方学研究》四辑的工作；鄂尔多斯学研究会的专家学者在当地和全国各地先后进行学术交流超过百场，听众达 3 万多人次；鄂尔多斯学研究会接待海内外专家学者超过千人次，深度交流了鄂尔多斯厚重的历史文化、现实发展状况及未来宏图美景。四是获奖多。从 2002 年至 2018 年，鄂尔多斯学研究会先后获得市里各类奖 12 项，连续多年被评为全市"先进学会"。2007 年被内蒙古自治区民政厅评为"全区先进民间组织"，2007 年被内蒙古社会科学联合会评为"先进学会"，2009 年会长奇·朝鲁被评为"内蒙古自治区离退休干部先进个人"和"全国离退休干部先进个人"，2010 年被国家民政部评为"全国先进社会组织"，2012 年鄂尔多斯研究会在全国大中城市社科联第二十三次工作会议上被评为"先进社会科学团体"，2017 年被内蒙古自治区社科联选为内蒙古自治区社会科学普及基地；2017 年在全国社科联第十八次学会工作会议上被评为"全国社科联创建新型智库先进社会组织"，2018 年荣获鄂尔多斯互联网办公室"2017 年度网络社会工作先进集体"称号。2010 年《鄂尔多斯大辞典》被评为内蒙古自治区第三届哲学社会科学优秀成果政府奖三等奖，2014 年《鄂尔多斯学概论》被评为鄂尔多斯市第三届哲学社会科学优秀成果一等奖，2015 年《鄂尔多斯学概论》被评为内蒙古自治区政府第五届哲学社会科学优秀成果二等奖，鄂尔多斯学研究会出版的论著也多次获奖。

总结鄂尔多斯学研究会为什么能在不太长的时间内取得众多收获呢？"领军人物"德才兼备是关键的关键。他们事业心极强，号召力极大，团结带领那些研究地方历史文化及发展现状与未来趋势的研究人员，协调社会各界，为研究会想方设法提供各种优质服务。"智库"指挥中心的力量无比坚强又不缺少办法，既有短期任务，又有中长期规划；既能让当地研究人员发挥作用，又能够充分利用外地专家学者所长；专家学者们聚起来有话要说，分散后有报告、论文、专著可提供；说鄂尔多斯事，研究鄂尔多斯史，谈论鄂尔多斯发展，成为200多位会员的心头之事，成为160多位专家委员会成员的研究之事。今天，我们这代人应该可以说，鄂尔多斯学研究会第一代领军人物对研究会这个平台作用的发挥已经到了极致的水平。研究人员众多且能各领风骚、各抒己见，又情愿为"五斗米"折腰。回过头来看，鄂尔多斯学研究会第一代研究人员多半出生在20世纪三四十年代，民族成分有蒙古族有汉族，出生地有当地有外地，文化程度有高有低，工作经历普遍复杂，理论研究功底深厚，他们的共同特点是在鄂尔多斯工作过、热爱鄂尔多斯、眷恋鄂尔多斯，还想为鄂尔多斯历史文化研究贡献余热，为鄂尔多斯发展腾飞建言献策。服务人员年轻有为、精干熟练且各尽所能，又"不爱金钱爱书本"，忙里忙外、忙东忙西，有条不紊、头头是道。报纸月月出专版，期刊使用蒙汉两种文字，书稿天天联络，信件日日处理；会前会后迎来送往，会上会下马不停蹄……每年三百六十五个日子忙得不亦乐乎，领导指示、专家材料、上级要求、地方会议，都要在他们那里落地开花。受众群体有高有低，既有各级政府，又有企事业单位，出题者越来越积极踊跃，买单者越来越出手大方。鄂尔多斯人有著书立说的优良传统，当代鄂尔多斯人又深谙协商民主的咨政作用，鄂尔多斯学研究会成为众多部门特别欢迎的民间研究机构。由此可见，诞生在改革开放这个阳光灿烂年代的鄂尔多斯学，在沃野千里的能源富集区，巧遇一群酷爱家乡的舞文弄墨者：谈古的，让历史活灵活现；论今的，让当下绿富同兴。问题导向立项研究，制度管理奖励先进，中小课题层出不穷，中长规划扎实推进。鄂尔多斯学研究会在习近平总书记"要按照立足中国、借鉴国外，挖掘历史、把握当代，关怀人类、面向未来的思路，着力构建中国特色哲学社会科学，在指导思想、学科体系、学术体系、话语体系等方面充分体现中国特色、中国风格、中国气派"[1]，加快构建中国特色哲学社会科学思

---

[1] 习近平：《习近平谈治国理政》第二卷，北京：外文出版社，2017年，第338页。

想的指引下，排除各种干扰，扎扎实实工作，沿着"知识体系+应用服务"的方向努力奋进。

三、鄂尔多斯学因文化而强

北京大学渠敬东说过，"任何一项社会科学的研究，都免不了会受两个基本问题的'诱惑'：一是求'真'，就是探寻生活中真实的社会存在；二是求'全'，生活的真实若不能说明社会全体的脉络和逻辑，自然就难说是'社会'科学的。当然，所有的困惑也都从此诱惑中来，因为绝对的'真'是求不到的，'全'也一样。人们常常连自己的'我'都认识不清，何况对一个所谓全体的'社会实在'呢？所以，社会科学家们只能在接近于'真'和'全'上面做文章。一个社会总要有'真相'，并且这个'真相'一定是对整个社会而言的，否则每个人自说自话，学问便不存在了。"[1] 鄂尔多斯学研究会的诸位研究人员怀着弘扬鄂尔多斯历史文化、说清鄂尔多斯发展路径、探索鄂尔多斯未来走向的心愿，在文献库里海底捞针，在田园牧歌里走村串户，在工厂煤矿井上井下，在座谈会上争鸣交锋，坚持在探索中守正出新，不断超越自己；在交流中博采众长，不断完善自我，好像从未计较过他人喋喋不休地纠缠文字符号里的是"学问"，还是"学科"，更别说是"学术"之类的无谓讨论。

鄂尔多斯学生机勃勃存活这些年的实践告诉人们，地方学不仅因时代而立，因作为而兴，还因文化而强，这是地方学发展的生命逻辑。鄂尔多斯学既是历史的，也是当代的，不仅是民族的，也是地区的，更是世界的。只有扎根脚下这块生于斯、长于斯的土地，鄂尔多斯学才能接住地气、增加底气、灌注生气，在创新解决问题的办法中站稳脚跟、枝繁叶茂，走得更远、更高。

鄂尔多斯是中国北方民族长期生息繁衍的地方，又是游牧文化与农耕文化相互交往交流交融的要地。7万年前，萨拉乌素人使用旧石器留下了不朽

---

[1] 渠敬东：《迈向社会全体的个案研究》，《社会》2019年第1期，第1页。

的"河套文化";战国时期,秦昭襄王在鄂尔多斯东部(今准格尔旗)修建了一条南北走向的长城;秦统一后修筑的南起云阳县甘泉山(今陕西省淳化县),北达九原郡(今包头市),全程1800里的"秦直道",纵贯鄂尔多斯南北,著名史学家司马迁曾沿着秦直道遍游鄂尔多斯,《史记》有翔实记载;匈奴冒顿单于在秦汉时期曾建立国家管辖过鄂尔多斯地区,并在杭锦旗阿门其日格阿鲁柴登埋下了惊世奇宝匈奴"金冠";公元前33年(西汉竟宁元年),宫女王嫱(王昭君)嫁与呼韩邪单于,出塞后途经鄂尔多斯草原,汉元帝号昭君为"宁胡阏氏","胡汉和亲"成为千古佳话,今达拉特旗昭君镇的百姓仍年年祭拜黄河边上的昭君坟冢;魏晋南北朝时,在鄂尔多斯地区生存的各民族与中原地区的联系日益密切,公元407年匈奴人赫连勃勃建立了"十六国"之一的大夏国,建都统万城,在今乌审旗巴图湾无定河对岸;公元607年(隋大业三年),隋炀帝北巡古榆林(今准格尔旗十二连城),同突厥首领启民可汗及所属各族各部酋长共3.5万人举行盛大宴会,同庆各族友好交往,后人将此次古榆林大会称为古代民族团结的盛会;公元1205年(南宋宁宗开禧元年)至公元1227年(南宋理宗宝庆三年),一代天骄成吉思汗曾5次途经鄂尔多斯,他盛赞过这里茂密的森林和美丽的草原,叹其为花角金鹿栖息之所,戴胜鸟儿孵化之乡,衰落王朝振兴之地,白发老翁享乐之邦,并留有"我死后可葬之地"的夙愿;1227年后,鄂尔多斯部就按照传统的祭奠日期和规模程序将祭祀成吉思汗的活动一代一代流传下来,而今,鄂尔多斯成为蒙古族传统礼仪保持最完整的一个地方;蒙古族曾有过辉煌历史,中外专家达成共识,认为研究蒙古史有三部史书必读,其中两部都是由鄂尔多斯人撰写的:一部是萨冈彻辰在1662年完成的《蒙古源流》,另一部是罗卜藏丹津(1649—1736)完成的《黄金史》(《蒙古黄金史》);16世纪末,藏传佛教(喇嘛教)在蒙古族地区广泛传播,1613年(明万历四十一年),鄂尔多斯部吉农博硕克图亲自主持建成了鄂尔多斯地区第一座喇嘛庙——王爱召;清代后期,移民垦殖使鄂尔多斯地区再次出现各民族交融的局面。鄂尔多斯悠久的历史、独特的区位，孕育了韵味奇特、古朴典雅的民族文化，民间广泛流传的蒙汉调（蒙曲汉词）和蒙古族"古如歌"共同构成鄂尔多斯歌舞的海洋……从远古一路走来，人们不难看到，在鄂尔多斯多民族共生共存的历史上，生活最长久和最稳定的是蒙古族，鄂尔多斯蒙古人由于承担着守护成吉思汗"八白宫"和祭祀成吉思汗的神圣历史使命，成为成吉思汗祭祀文化的最主要载体，也最忠实地继承了以成吉思汗文化为核心的精神文化，其内涵集中表现在"恪守信仰、敬天爱地、开放包容、坚韧不拔、团结一心"等方面。

中华人民共和国成立后，特别是改革开放以来，鄂尔多斯这片古老的土地发生了翻天覆地的变化，穷则思变优势、能源资源优势、民族团结优势、拼搏奋斗优势得到极致发挥，经济实现了跨越式发展，民族团结故事传遍四面八方，文化交融开出绚烂之花，互助和谐结出文明城市之果，在新理念下毛乌素、库布其沙漠变绿。鄂尔多斯人之所以在如此短的时间内取得如此骄人的成就，天时地利固然非常重要，但从根本上来说，真正推动绿富同兴局面的内在动力应当是鄂尔多斯人的文化精神，应当说是这种文化精神的凝聚功能、传承功能、激励功能和创造功能得到极大释放的一种表现。

习近平总书记在《在纪念马克思诞辰二百周年大会上的讲话》中指出："马克思认为，在不同的经济和社会环境中，人们生产不同的思想和文化，思想文化建设虽然决定于经济基础，但又对经济基础发生反作用。先进的思想文化一旦被群众掌握，就会转化为强大的物质力量；反之，落后的、错误的观念如果不破除，就会成为社会发展进步的桎梏。理论自觉、文化自信，是一个民族进步的力量；价值先进、思想解放，是一个社会活力的来源。国家之魂，文以化之，文以铸之。我们要立足中国，面向现代化、面向世界、面向未来，巩固马克思主义在意识形态领域的指导地位，发展社会主义先进文化，加强社会主义精神文明建设，把社会主义核心价值观融入社会发展各方面，推动中华优秀传统文化创造性转化、创新性发展，不断提高人民思想觉悟、道德水平、文明素养，不断铸就中华文化新辉煌。"[1]

综上，从鄂尔多斯学创立、中兴到强盛，从鄂尔多斯由贫穷进入绿富同兴，可以得出如下结论：地方学皆因时代而立，因作为而兴，因文化而强；地方学强势则助力地方发展，地方学混乱则制约地方发展，地方学缺位则地方发展迟缓。反之，地方快速发展时亟需地方学提供理论支撑，地方发展迟滞时疏忽地方学的作用，地方发展停顿时地方学就会销声匿迹。

---

[1] 中共中央党史和文献研究院、中央"不忘初心、牢记使命"主题教育领导小组办公室编：《习近平关于"不忘初心、牢记使命"重要论述选编》，北京：中央文献出版社、党建读物出版社，2019年，第346—347页。

地方学研究思路浅析

张冷习　张雨霏[*]

开展地方学研究，对于研究地方发展脉络、挖掘地方文化积淀、传承地方文化遗产、服务地方社会发展，具有十分重要的意义。做好地方学的研究，不论是从人文地理学的角度，还是从区域发展的角度，都是值得提倡的；不论是从城市发展的需要，还是从美丽乡村建设的需要，都有许多内容可做。从近几十年的地方学研究进展看，随着专业机构的建立、学科的梳理、理论探讨的深入、相关合作项目的进行，这门学科越来越显现出它的活力和深度。特别是进入21世纪，一些大学开设相关地方学课程、一些学者选择地方学课题研究、一些地方设置地方学项目，这些都从一个侧面反映出地方学的发展趋势。但我们也应该认识到，地方学不是一门单纯性的学科，而是一门具有社会性、地域性、综合性、应用性、开放性、人文性等功能的学科，所以研究地方学，视野要宽一些，立足要高一些，挖掘要深一些，涉猎要广一些，这样才能取得更多的成果。在地方学研究中不但要立足于地域性，做好本地域方方面面的研究，还要具有世界性的目光，在世界范围内、从全球的角度，寻找本地域的优势与差距，进行对比性研究，为该地域的社会发展做出贡献，同时也为该地域学的学科性质、目标定位、理论方法、应用实践等提供依据。地方学研究还要具有中国学的视野，有人说，中国各个地方学加

---

[*] 张冷习：内蒙古博源控股集团有限公司主任编辑。张雨霏：鄂尔多斯市第三中学教师。此文写于2019年。

在一起，就形成了中国学，有一定道理，但也不尽然。中国学是一门大学问，需要我们进行系统性研究。过去的汉学是指明末清初依汉世儒林家法之说研治经学名物制度、小学训诂的考证学。国外学者研究中国，系统地称之为汉学，这个来源李福清先生解释为："汉学最初只是对中国古代文化的研究，主要研究古文和哲学、文学、音韵学、史学等，不包括现代中国的研究。'二战'后，也逐渐开始研究现代中国。汉学可以分为古代汉学和现代汉学。古代汉学根据不同的划分，主要是对于1850年以前或者1911年以前或者1949年以前中国的研究，这以后的时期则属于现代汉学的领域。"[1] 从汉学到中国学，有一个过程，中国学是汉学式微之后，伴随着中国的崛起而兴起的学问。《光明日报》在探讨这个问题时所发的《编者按》，就很能说明这个问题，其中说道："面对中国的崛起和西方学术潮流的冲击，学术界近年兴起'中国学'（China Studies）的研究，有些学者甚至提出让'中国学'成为一门独立的学科，建立自己的一套研究方法。"[2] 李焯然在《从"汉学"到"中国学"》一文里说："从'汉学'到'中国学'，其转变关键，可谓有迹可循，也反映中国研究范式的转变。海外对中国的研究，从传统的语文史哲到走出传统，延伸到现当代的研究，并以社会科学及多元学科的研究方法去探讨中国课题，反映中国研究的新趋势，也凸显人文学科面对时代变迁的挑战而迈向更多元的发展。"[3] 地方学对中国学的发展有贡献，反过来中国学也对地方学的研究有很大的促进作用，二者相得益彰。我们研究地方学，要学习、借鉴、参考学者研究中国学的方法和经验，在中国学的带动下，进一步开展地方学研究。经过几十年的发展，我国地方学方兴未艾，相关研究机构陆续涌现，有许多研究机构召开了研讨会议，出版了学术著作和刊物，建立了交流网站，有的甚至开展起了

---

1 李福清：《汉学研究五十年》，课程网站，http://mooc.chaoxing.com/course/1222831.html。
2 李焯然：《名家谈学科：从"汉学"到"中国学"》，国学网，http://www.guoxue.com/?p=29256。
3 李焯然：《名家谈学科：从"汉学"到"中国学"》，国学网，http://www.guoxue.com/?p=29256。

国际间的学术交流,有力推动了地方学研究的深入,这些都是好事。本文从全球学视野、中国学带动、各区域地方学互动交流三个角度,探讨地方学发展的一些问题。有的问题分析得可能不太准确,还望有关专家、学者予以指正。

一、在全球学视野下开展地方学研究

现在随着科技的迅速发展,地球上的时空距离缩小了,国际间人们的来往越来越多,交往也日益频繁便利,因而整个地球就如同茫茫宇宙中的一个小村落,这被人们形容为"地球村"。地球村需要人们对地球进行一个整体的研究,因为全球化带来了全球性的观念,也带来了全球性的问题。这些为全球学的形成和发展提供了基础,全球学正在成为一门方兴未艾的学问。现在国外许多机构在开展全球学研究,国内的一些机构也在开展全球学研究,如中国政法大学和上海大学招收全球学博士研究生进行全球学研究,这些为国内全球学的开展开了一个好头。中国政法大学教授蔡拓的研究领域是政治学理论、国际关系理论、全球化与全球问题,特别是对全球学有自己独到的认识。在第一届"内蒙古学"论坛上,蔡拓教授发表了名为《全球学与地方学的发展离不开人类文明的大道》的论文,他在论文里说:"全球学是以全球化为时代和学科背景,以全球化和全球问题所催生的全球现象、全球关系为研究对象,以探寻全球治理为研究归宿,以挖掘、揭示全球性为学术宗旨,探究世界的整体性联系和人类作为一个类主体的发展特点、进程与趋势的新兴综合性学科。它力图在本体论、方法论和价值论上有所突破。在本体论上,全球学强调全球化与全球问题所带来的全球景观这一本体对全球学知识体系建构的基础和核心意义;在方法论上,全球学从全球本体出发,突破民族国家视野的束缚,超越方法论国家主义,以全球主义方法论重新构建人类对政治、经济、文化、社会等领域全球化的认知和知识系统;在价值观上,全球学倡导全球意识、全球思维、全球价值、全球性来矫正单纯的国家性、民族性、国家主义的不足。总之,全球学围绕全球这一中心展开,突出全球性这一灵魂，从而与人们所熟悉并认同立足于民族与国家观察、思考、处理社会生活的思维、方法、原则、价值区分开来，也与人们在方法论国家主义框架下学习、认知和构建知识的传统路径与框架相区别。"[1]我们研究地方学，要有全球学的视野、全球学的情怀，从大处看问题，力求在一个高的起点来研究地方学。特别是在地方学整体性的建构和分析上，要站在全球性的角度观察、思考、处理社会问题，在思维、方法、原则、价值等方面要有新的视野和角度，在本体论、方法论、价值观等方面要有新的认识和突破。地方学研究不但要有理性思维、清晰判断，还要有系统思维、整体意识，在现象上要进一步深入挖掘，在问题上要进一步深入分析，在模式上要进一步深入梳理，让地方学真正成为一门发现问题与研究问题的学问。但地方学作为一门学问，要保持学术的严肃性和独立性，不能人云亦云，也不能无的放矢。所以研究地方学，要注重国际间的交流，特别是国际间文化方面的交流。陈乐民先生在《中西文化交流中之不平衡与前瞻》一文里说："康德的意见比较严格，他认为，只有能造福于人的东西才好称为'文化'；文化应该有人文价值，它的内核最终系于每个民族的历史传统和哲学观念。所以，中西文化交流本质上是两大价值体系的交流。"[2]多交流，才能多理解；多交流，才能多合作。这样才能取长补短，互相促进。

二、在中国学带动下开展地方学研究

中国学的建立和发展，和中国的发展与强盛有着密切的关系。国外在进行中国学研究，我们国内也在进行中国学研究。国外进行中国学研究，是国家间经济往来、人员交流、地缘战略、国际关系的需要。周毅先生在巴蜀讲

---

[1] 蔡拓：《全球学与地方学的发展离不开人类文明的大道》，第一届"内蒙古学"论坛论文集，呼和浩特，2018年，第17页。
[2] 陈乐民：《中西文化交流中之不平衡与前瞻》，《中西之交》，北京：北京出版集团公司、北京出版社，2017年，第31页。

坛上说:"汉学(Sinology)或称中国学(China Studies)是指中国以外的学者对有关中国的方方面面进行研究的一门学科。包括中国历史、政治、社会、文学、哲学、音韵学、史学、经济、书法等等,甚至也包括对于海外华人的研究。法国汉学家马伯乐(Henri Maspeero)曾说:'中国是欧洲以外仅有的这样的一个国家:自远古起,其古老的本土文化传统一直流传至今。'"[1]而国内进行中国学研究,是我们对自己国家认识、理解、分析、概括的需要。学者不同于文学家,文学家可以感性大于理性,但学者必须理性大于感性,对于事物的认识首先要提出问题,再对这些问题进行归类分析,然后才能根据这些分析做出判断。我们对于我们国家的情况,也要进行梳理与研究,当然我们可以自己收集资料,也可以利用国外的资料和研究成果,这样得出的研究成果和报告才具有价值。李焯然在《从"汉学"到"中国学"》一文里说:"目前的中国研究,不管是在中国大陆(内地)、台湾、香港,新加坡、马来西亚或欧美国家的汉学系、东亚系,都有本土化和国际化的挑战和两难。每个地区的中国研究,不管重点是传统的还是现当代的,都会具有其本土的特色。张耀铭先生的《中国崛起与'中国学'的本土化》一文中提出提升中国的学术话语权。认为'中国学'本土化的目标,聚焦'中国问题',坚守'中国立场',创新'中国视域',总结'中国经验',诠释'中国道路'。过分强调本土特色的中国学,最终目的只能够满足一己的要求,无法作为国际学术沟通的平台。"[2]地方学也一样,在强调地域性的同时,还要注意强调开放性。强调地域性,能够突出地方个性和地方特色,但过于强调地域性,不强调开放性,同样使地方学不能更好地发展。我们可以发现,中国学研究的兴起和发展,对于地方学有很好的带动作用。地方学可以在中国学的带动下,在更多角度、更大范围、更好条件下进行研究。中国学的许多研究成果,地方学

---

[1] 周毅:《近代中西文化交流史之八讲座回顾》,四川省图书馆网,http://sclib.org/info.htm?id=1021505382799445。
[2] 李焯然:《名家谈学科:从"汉学"到"中国学"》,国学网,http://www.guoxue.com/?p=29256。

可以加以利用；反过来，地方学的许多研究成果，也可以为中国学添砖加瓦。比如方汉文先生在《比较文学和比较文化的新辩证论》一文里说："我们现在中国这个名称有很多的争论，说中国为什么叫作 CHINA（支那），这是什么意思，其中比较典型的有两种看法：一种看法是以法国学者伯希和（音）为代表，认为中国的名字最早都是用秦，CHINA 其实就是秦的拼音；另外一种看法则认为，支那其实就是古代文字中的 cina 或是 sino，其原意是'丝'，因为中国出产丝绸，世界是通过丝绸之路知道中国的。所以，支那就是丝的音译。我是主张后一种看法的，最近我还在《寻根》杂志上发表文章谈过这个问题。"[1] 我们每一个地方都有自己的名字，这些名字有什么来由，包含了什么内涵，在历史的变迁中经历了什么变化等，这些我们也应该进行研究，从地名的梳理中，我们可以得出诸多地方的文化内涵。还有许多地方学方面的知识，我们可以从中国学的研究中得到启发，这些启发，不但对我们开展地方学研究有好处，也对我们在传承文化遗产和继承文脉方面有好处。

三、在各区域地方学互动交流下开展地方学研究

中国地方学的发展是改革开放后，受区域研究与城市学研究的影响，而逐步兴起的一门学问。由于地方发展的不平衡、人们认识观念的差异，以及地方学依托平台的不同，全国各区域的地方学研究也呈现出一些差异。但总体来说，地方学研究机构是南方多一些，北方少一些。姜成坛先生在《北京学与北京学研究所》一文里说："从国内来看，80 年代广东省学术界提出'香港学'，上海也明确提出建立系统研究上海地区的综合性学科——'上海学'，还有以历史文化为主要线索的'敦煌学''稷下学'，以战略研究为主要目的的'海南学''南沙学'等。"[2] 我也在论文里提出，各区域的地方学研究在侧

---

[1] 方汉文：《比较文学和比较文化的新辩证论》，《北大讲座精华集（文学）》，北京：北京大学出版社，2014 年，第 331 页。
[2] 姜成坛：《北京学与北京学研究所》，《专家学者谈北京学》，北京：学苑出版社，2018 年，第 8 页。

重点方面有所不同。如以地下发现文物为研究侧重点的"敦煌学""黑城学"等，以城市为研究侧重点的"北京学""上海学""广州学"等，以综合研究为研究侧重点的"鄂尔多斯学""三峡学"等，不一而足。各区域的地方学研究机构要广泛进行交流，以交流促相知，以合作致共赢。特别是地方学联席会的建立、《地方学研究信息》的出版、地方学机构开放举办学术研讨会，对全国地方学的交流和合作有着重要的意义。地方学研究机构之间的交流，要以新的理念和方式，来促进地方学研究的深入。一是让地方学交流成为一种联系方式。地方学机构之间要多加联系，多联系才能多交流，多交流才能多合作。在地方学机构的联系中，不但要交流学术问题，还要对这些学术问题进行深入探讨。地方学机构之间不但要横向联系，如鄂尔多斯学研究会和泉州学研究所之间的联系；还要多进行纵向联系，如内蒙古社科联内蒙古学研究机构和鄂尔多斯学研究会之间的联系。把交流当成一种联系方式，可以使问题得到便捷化解决。二是让地方学交流成为一种工作方式。地方学研究人员在工作中，要有交流意识。在工作中不但要和同事多进行交流，还要和同行多进行交流。在交流中把产生的火花及时记录下来，并进行扩展和整理，使之成为观点或文章。清华大学教授王宏伟先生在接受专访时说："学术交流是科研很重要的一个部分，它对科学研究新思想和新概念的产生有很重要的推动作用。一潭死水的学术研究氛围会严重阻碍科学的进步，可以说，现有的科学成就都是思想交流和碰撞的结果。"[1] 对于地方学研究也一样，要注重交流，交流才能碰撞，碰撞才能溅出火花。三是让地方学交流成为一种合作方式。各区域地方学机构之间要多交流，并把这种交流固定化、常态化、深度化。各区域地方学机构可以开展多方面的合作，但在合作中要把学术交流放到一个重要的层面，在交流中认识到彼此的优势和不足，在交流中扩大双方合作的基础。通过地方学交流，让双方深入而持续地合作。四是让地方学交流成为一种研究方式。每一个地方学机构，在立足地方的同时，更要开放性研究。

---

[1] 王宏伟：《让学术交流成为一种生活方式》，搜狐网，https://www.sohu.com/a/201068114_176416。

每一个地方学机构在研究力量方面，有自己的长处，也有自己的短板。地方学机构间就是要通过交流，促进彼此的研究，实现双方的优势互补、各取所长。五是让地方学交流成为一种生活方式。就是地方学研究者在日常生活中，要重视学习和讨论交流的机会。把出差的路上、吃饭的食堂、散步的地方、学习的间隙，都当成学习和交流的场所，只要遇到对地方学感兴趣的人就可以进行学习和讨论。在讨论中不但要亮出自己的观点，还要听取别人的观点，在学习和讨论中相互提高、相互督促。

地方学研究，是一门理论性与现实性都很强的学科。它对一个地方的过去进行挖掘、对现在进行分析、对未来进行预测，为该地方的发展提供理论依据和实证研究；它对一个地方从不同方面、不同层次、不同范围、不同阶段进行综合性研究，从而得出一个综合性结果。地方学在分析一个地方现象和情境的同时，还要总结出一个地方的发展原因和规律。地方学伴随着地方的发展而发展，地方学在地方历史和现状的研究中得以深化，让我们在全球学的视野下、在中国学的带动下、在各区域地方学的互动交流下，迈向新的研究水平。我们要认认真真开展研究，扎扎实实打好基础，多出研究成果，为中国地方学的发展做出贡献！

地方学价值及对地方经济社会贡献分析

柴银蛇*

地方学是一定地域内最有特色、自成系统、传承久远、影响较大的文化资源和文化现象的集中体现。地方学是通过对地方文化挖掘整理、保护弘扬，来推动学术交流与地方文化的研究。地方学能有力促进地区经济社会可持续发展，通过对地方学的创新，能有力推动地方经济创新；挖掘地方学内在的精神力量，能有效促进地方经济健康发展；地方学也是促成消费形态转移的推动力量。

一、地方学的价值

（一）对地方文化的挖掘整理、保护弘扬

地方学视野下的地方文化研究与一般的文化专题研究不同，它有着显著的特点。它既关注当前的地方文化，也关注地方的传统文化，重视地方文化性格与地方文化精神的研究；它既关注前人的研究成果，更重视今后的研究方向；既关注理论研究，更重视现实作用……因此，地方学必然会对本区域的文化有挖掘、整理、保护、传承、弘扬的作用。

1. 挖掘、整理作用。目前，中国的地方学大多数是从研究地区历史文化

---

* 柴银蛇：鄂尔多斯学研究会专家委员会委员。此文写于2019年。

的某一或某几个方面入手，进而研究该地区整体的历史文化。所以，地方学成立之初，重点大多在资料的搜集整理上，学者充分挖掘地方的资料蕴藏，依照研究专题搜集整理文献档案资料、教研资料与田野调查资料，将资料数据化、系统化，建立地方资料信息库，为进一步的研究做准备。例如鄂尔多斯学研究会自 2002 年成立以来，首先建立资料中心，收集各类文献资料、实物资料、口碑资料，然后进行各种研究，这一工作对于挖掘、整理鄂尔多斯文化起到了巨大的作用。当资料整理到一定程度，当单项研究达到一定程度，就可以使研究向纵深发展。

2. 保护、弘扬作用。随着现代化的发展，大批的文化遗址被破坏，民间艺术遭到遗弃。如果我们不及时去保护和抢救，也许会永远失去这些宝贵的文化遗产。地方学的兴起，无疑会对各有特色的地方文化遗产起到相当重要的保护、传承、弘扬作用。例如，鄂尔多斯学研究会成功举办"阿尔寨石窟文化专题研讨会"，促使国务院特批将阿尔寨石窟列为第五批国家级文物保护单位，加快了鄂尔多斯文物保护的进程。同时举办的两届阿尔寨文化论坛，也让更多人了解阿尔寨石窟，对弘扬地方文化起到了非常重要的作用。鄂尔多斯学研究会承办拍摄的 7 集《走遍中国·鄂尔多斯》大型专题片，使鄂尔多斯文化得以在全国展示；《我与鄂尔多斯》《鄂尔多斯学研究丛书》《成吉思汗文化丛书》等系列丛书的出版加大了对外宣传力度，扩大了对外影响，从而使河套文化、朱开沟文化、鄂尔多斯青铜文化、河套匈奴文化，草原文化、黄河文化一点点走进人们的生活，让更多人认识了解。这些对于继承宝贵的精神文化遗产，开发文化资源；对于建设繁荣富庶的鄂尔多斯，塑造鄂尔多斯形象；对于弘扬鄂尔多斯精神，让鄂尔多斯走向世界，具有重要意义。

（二）对学术交流与研究的作用

地方学因为研究范围非常广泛，研究内容涉及多个学科，专家也遍布各行各业，所以它的组织机构是开放的，更像一个交流的平台，通过举办各种学术活动、创办杂志，加强学术交流和研究，从而推动对地区文化的研究。例如，鄂尔多斯学研究会成立以来，吸收了200多个团体会员与个人会员，聘请了160多位各方面的兼职专家，培育了一支有理论素养、有实践经验、功能齐全、有一定攻关和著述能力的研究队伍。鄂尔多斯学首先从颇受世人关注的文化现象入手，组织学术交流研究活动，尤其是2009—2011年的三次"成吉思汗文化论坛"，对成吉思汗文化概念的提出、研究内容的确定以及最终形成文化产业具有重要意义；2010年组织的"地方学与鄂尔多斯发展研讨会"，进一步明确了地方学对地方政府的理论导向作用；2011年组织的"鄂尔多斯转型发展研讨会"，更进一步明确了鄂尔多斯今后的转型发展方向；2011—2012年组织的两次"阿尔寨文化论坛"，则促进了阿尔寨石窟的研究保护。

二、地方学对地方经济社会的贡献作用

美国知名经济管理学家德鲁克认为，在当今社会生产中，具有决定作用的要素已不再是传统意义上的资本、土地和劳动，而是文化。现代经济社会发展的一个重要趋势就是经济与文化的一体融合，文化因素几乎渗透于所有的经济活动。可以说，一切经济行为的终点都是文化，经济发展是以货币流通的方式换来非货币的文化成果。底蕴深厚、富有特色的地方学是地方经济社会发展源源不断的内生动力和主导性资源。

（一）地方学能有力地促进地区经济社会可持续发展

在经济体制、政治环境、资源禀赋等条件大致相同的情况下，寻找两个地区之间经济发展差距的原因，重点应该放在地方学因素上。地方学不仅可以为经济社会发展提供持久的智力支持和精神动力，而且在与地区经济社会互动融合过程中孕育而成的文化生产力，能够催生出巨大的经济效益和社会效益。传统经济产业链对自然物质资源的依赖性是众所周知的，但由于自然资源的稀缺和环境问题的日益突出，这种依赖性的不可持续已经变得越来越明显。而文化经济是一种清洁型、智力型、增值型的新兴经济业态；文化与

经济结合生成的文化产业是绿色产业、朝阳产业、高技术产业，其典型特征是能耗低、污染小、附加值高。在全力推进经济转型的当下，文化产业已成为培育经济增长点的重要酵母，地方文化产业大有可为。地方文化产业大体可分为三类：地方文化产品生产销售行业，如书籍、影视产品；地方文化服务行业，如文艺演出、体育娱乐；为其他产品或行业提供地方文化附加值的行业，如文化旅游、形象设计。上述三类地方文化产业都是以开发生产精神文化产品为主。

地方学不仅致力于基础理论研究，更要从事应用研究。即使涉及历史和历史人物，也是为给今人某种启示和引导。地方学研究院所必须把主要力量用在当代的课题上，揭示规律，解疑释难，为党政领导决策施政发挥参谋助手作用，为五大文明建设提供智力支撑。20世纪90年代以来，鄂尔多斯经济持续高速发展，人们称之为"鄂尔多斯现象"。但是鄂尔多斯经济增长的动力主要来源于"原"字号产业，资源要素投入过大，科研基础薄弱、高层次人才紧缺、自主创新能力不足的问题仍很突出，远没有形成科技、人才、管理等高端要素支撑发展的格局。如何转型发展，保持经济可持续快速发展，是鄂尔多斯市迫切需要解决的重要课题。针对这种情况，2010年9月，研究会组织了"地方学与鄂尔多斯发展研讨会"，2011年5月，组织了"鄂尔多斯转型发展研讨会"。两次会议邀请了许多经济学方面的教授和各行业专家，就鄂尔多斯的转型发展建言献策，从而确定了鄂尔多斯"发展文化产业，建设文化大市"的发展方向。2009年、2010年、2011年的成吉思汗文化论坛，使成吉思汗研究不断深入。与会专家一致认为应该打造成吉思汗文化品牌，促进鄂尔多斯旅游业的发展，提升旅游业的文化内涵。成吉思汗陵、蒙古历史文化博物馆、母亲公园的建立，《永远的成吉思汗》《鄂尔多斯婚礼》《一代天骄》等大型民族歌舞的演出，电视剧《成吉思汗》的拍摄，动漫产业的开发……可以骄傲地说，这些文化产业都是建立在鄂尔多斯学研究的基础上，随着宣传力度的加大，这些文化产业一定会成为鄂尔多斯经济新的增长点。无古不成今，研究过去更重要的目的在于服务现在和将来。通过研究历史文化进而认识现在，综合当地的各种信息、因素，为地方政府制定社会经济发展政策提供参考和依据，必然有利于地方经济的长远发展。

人类社会对精神文化的需求和对精神文化产品的开发具有无限的弹性，故而文化经济没有传统经济所具有的发展极限和扩张边界。这就使地方经济社会发展获得了摆脱资源稀缺和环境问题的有效路径，从而保证经济社会发展的可持续性。

（二）地方学的创新有力地推动地方经济创新

创新是一个民族进步的灵魂，是一个国家兴旺发达的不竭动力。地方学作为文化，与地方文化密切相关，其创新是文化发展的实质之一，是文化自身发展的内在动力之一。文化基因蕴含于社会实践，文化创新又引导、推动、制约着包括经济发展在内的社会实践的发展。在文化经济一体化、知识经济浪潮化的背景下，高新技术产业的生存发展越来越依赖于创新，而创新的核心与灵魂越来越指向文化创新。地方经济的发展当然也越来越需要地方文化的创新，地方文化创新内在地推动着地方经济社会发展，而创新又是在特定的地方文化背景下发生的。地方文化创新的内涵十分丰富，主要包括制度创新、管理创新、政策创新、知识创新、技术创新、人力资源创新、产业创新等。而连接这些创新的纽结就是地方文化，推动这些创新的动力就是地方文化的内生力。一个地方的恒久魅力在于特色，而特色的恒久根基在于文化。地方经济创新的源泉来自文化创新，文化创新是经济创新尤其是文化产业创新的前提和先导。文化创新带动文化产业创新，文化产业创新又不断衍生新的产业门类，从而催生新的市场需求，为经济发展培育新的增长点。地方文化创新的重点应放在创新精神、创新意识和创新思维的培育上，并努力在这一过程中建立突破地方文化创新阻碍的成熟机制，从而创新文化环境，进而对地方经济创新主体施以良性影响，为地方经济创新注入活力，驱动地方经济不断实现创新。此外，地方文化中包含的创新意识、创新理念对现代经济的主体即企业家的影响不可低估。企业是靠创新而生存的，地方文化在一定条件下能转化为具有现代意识的企业家群体的创新动力，而富有创造精神的企业家是区域经济发展的主体，他们的创新能力和创新作为也是地方经济创新的强大牵引力。

（三）地方学内在的精神力量是有效促进地方经济健康发展的正能量

地方学中蕴含的价值观念、群体意识、精神风貌本身就是一股强大的精神力量。生活在某一特定地域的人们，在社会交往和生产实践中会自然而然地受到这种深沉的精神力量的熏染。优秀的地方学传统是在长期发育、积累、传延的过程中形成的文化精髓，生活在本地区内的人们在受其影响的同时，必然会将这种影响作用于当地的经济社会发展。通过挖掘、整理、归纳、定型后的地方学，会在日后的生产生活中融入人们的血液，并逐渐汇聚成大家普遍认可的共同理想和价值追求，从而成为协调群众关系、干群关系的润滑剂和粘合剂，推动广大干群共谋经济社会发展大计，共同致力于本地区的经济社会发展。

（四）地方学是促成消费形态转移的推动力量

地方学对经济社会发展产生的一系列影响中，还包含着一个重要的方面，那就是对人的经济行为——消费的影响。地方学能够丰富消费内容、创新消费模式。某一地域特定的地理环境和生产生活方式，经历史演进和社会的变迁沿革，必然会形成反映本地特点的文化特质。每一个地方都有着丰富的文化形态，如饮食文化、山水文化、风俗文化、红色文化、历史文化、宗教文化等。一方面，这些文化形态作为精神文化而存在，不仅能满足域内人民的精神文化需求，而且能促使文化消费者提高自身文化修养和素质，从而提高全民族文化素质；另一方面，这些文化形态经加工提炼、物化为文化产品之后，又能满足具有不同社会背景、文化水准和性格特征的消费者对文化产品消费多样性、个性化、特色化的需求，提高消费者的生活品质，实现人的全面发展。客观上，在市场经济全球化浪潮的作用下，人们的"物欲观"在某些层面已经显现出"横流"的迹象。当人们的消费观回归理性后，我们赫然发现，这种近乎扭曲的观念应该朝着文化消费的道路转向。而作为直接作用于人们思想观念和行为方式的地方学，在促成消费形态转移的过程中发挥着不可替代的影响力。于是，"本土文化消费""地方特色消费"等词汇在文化消费领域常常见诸报端。伴随着文化经济时代的脚步，生产和消费正渐由物质形态向文化观念形态转移，商品的文化含量正在成为消费者选取商品的重要参考取向，企业间的竞争也从产品质量的比拼升级为企业文化的竞争，文化附加值逐步成为经济活动中的决定因素。

三、结语

一方水土孕育、滋养一方文化，一方文化影响、反哺一方经济。作为一个地区特有的宝贵财富，地方学是优化招商引资环境、创新文化业态、拉动文化产业发展的深厚根基，是区域经济社会发展的名片和标签。地方学是现实生产力转化的重要源头，从某种意义上说，地方学就是未来的地方经济，有价值的地方学的产业化发展是必然趋势。文化的"经济化"与经济的"文化化"已经成为世界发展不可阻挡的新趋势，决定着区域产业结构和经济结构的调整和升级，引导着居民消费结构升级，推动着人和环境的结合与互动。完善社会主义市场经济，建设和谐社会，不仅是经济社会发展的课题，也是文化大发展大繁荣的课题。没有文化的参与，经济社会发展就缺少了灵魂和动力。人类文化发展的终极目标就是要实现人与自然、人与社会的和谐共处，推动经济社会全面进步，使人获得全面自由的发展。研究地方学，并非"迎合"潮流，也非"发思古之幽情"，而是在探究地方学内在发展演变规律的基础上，科学把握地方学与经济社会发展的互动关系，充分挖掘地方学文化资源的价值，发展文化生产力，培育新的经济增长点，推动地方经济持续、快速、健康发展。

地方学研究如何走向深入

高海胜*

我国学者认为,中华文化由江河文化、海洋文化、草原文化三大部分组成,笔者以为中华文化还应加上沙漠文化。中国地方学研究既属于区域文化研究范围,又是中华文化的有机组成部分。地方学研究对象,涉及城市学、区域学、地理学、历史学、民族学、民俗学、经济学、社会学、生态学、宗教学、文学艺术等多个学科领域。地方学在区域文化研究领域主要包括地方史、地方文化、地方生态文化、地方经济发展、地方历史社会变迁、地方人文文化、地方文学艺术、地方文献和地方民间口头资料整理等。地方学研究离不开自然科学和社会科学的繁荣与发展,通过交叉学科的研究,地方学着重围绕本地区经济社会发展实际开展应用对策研究和有地方特色及区域优势的基础理论研究。基础理论研究为应用对策研究提供文化视角和地域视角,围绕总结、追寻、研究地方发展的阶段特征、发展规律、发展动力进行理论升华和理论创新,对地方未来做出与时俱进的科学判断。

当今中国地方学研究各有千秋,研究成果显著,发展势头喜人,一些省、自治区、直辖市以下的县市也都行动起来了,文化自觉已走向文化自信阶段。特别是党的十八大以来,党和国家重视传统文化,2017 年中共中央办公厅和国务院办公厅联合印发《关于实施中华优秀传统文化传承发展工程意见》,党

---

* 高海胜:鄂尔多斯学研究会专家委员会副主任、副教授。此文写于 2019 年。

的十九大报告中又提出建设新时代中国特色社会主义文化,强调"文化是一个国家、一个民族的灵魂。文化兴国运兴,文化强民族强"。这些对于地方学研究发展有主要推动作用。对于如何将地方学研究推向深入,我从基础理论研究和应用对策研究提出以下几方面的思考和建议:

一、基础理论研究

一是要加强各自地方学文化资料的发掘和整理。搞地方文化研究,首先要发掘和整理地方文化资料,为基础理论和应用对策研究提供有价值的研究方向和内容。在这方面,据《地方学研究》第二辑资料,中国地方学分为区域地方学 37 个,城市地方学 36 个。这些被人们熟悉公认的地方学中,大体上北京学、上海学、杭州学、泉州学、广州学、温州学、鄂尔多斯学走在前面,成果斐然。这与发掘和整理地方文化资料密切相关。鄂尔多斯学研究会成立十几年来,通过发掘和整理地方文化资料的研究,据不完全统计,已出版了百部专著与论文集,如《鄂尔多斯大辞典》《鄂尔多斯学概论》《我与鄂尔多斯学(1-4)》《鄂尔多斯植物志(上、下)》《成吉思汗陵》《蒙古历史长卷》等几十部专著,为地方文化建设作出了贡献,也为文化研究提供了极大便利。为纪念改革开放 40 年,鄂尔多斯学研究会自 2018 年至今,参与了《鄂尔多斯农牧经济》《鄂尔多斯工业经济》《鄂尔多斯文化旅游》《鄂尔多斯生态建设》《鄂尔多斯社会建设》等九部专著的编写,集中展现了对鄂尔多斯改革开放 40 年发展、经验和未来展望的研究成果。2019 年 10 月将要出版九本展现旗区风采的《鄂尔多斯风采》,2020 年要出版《我与鄂尔多斯(第五卷)》等几部专著。鄂尔多斯学研究会虽在基础理论和应用对策研究方面取得了一定成果,也为地方党委、政府起到决策咨询的智库作用,但因地方文化资料的散存性,很多资料在社会和个人手中,未形成地方文化资料库,难以形成系统的分类研究成果,难以建立研究会学科体系。为此,鄂尔多斯学研究会于 2019 年上半年采取有偿和捐赠方式进行了地方文化资料的发掘、收集与整理,将于 2019

年9月成立鄂尔多斯学研究会地方文化图书资料库，分别在市党校、鄂尔多斯应用技术学院、鄂尔多斯职业学院开设地方文化图书资料馆。

据我收集的鄂尔多斯出版物看，从20世纪70年代以来，鄂尔多斯人对地方历史文化资料做过一些零散的整理和研究，出版的书籍有《鄂尔多斯文史资料》（十几本）、《鄂尔多斯通典（1-3）》《鄂尔多斯地方志（1-6）》《可爱的鄂尔多斯（上、下)》《鄂尔多斯大辞典》《鄂尔多斯通史稿（上、下)》《鄂尔多斯博览（上、下)》《鄂尔多斯模式研究》《鄂尔多斯农牧业产业化之路》《鄂尔多斯工业化之路》《阅读鄂尔多斯》《鄂尔多斯文化（1-4）》，《鄂尔多斯革命斗争史料（上、下)》，鄂尔多斯金冠文库重印丛书一套六种：《伊克昭盟志》《伊克昭盟概况》《伊盟左翼三旗调查报告书》《伊盟右翼四旗调查报告书》《鄂托克富源调查记》《准郡两旗旅行调查记》，以及历史人物传记、鄂尔多斯大事记、回忆录、成吉思汗研究等。据自治区几家出版社称，其出版书籍数量在自治区盟市中居首位。这些出版物除市图书馆收集外，大部分书籍散存在有关单位和个人手中。怎么发掘和整理地方文化资料，鄂尔多斯学研究会专家委员会主任奇海林教授以全新视野决定在市内外发掘、收集和整理地方文化资料，以此补齐基础理论研究的短板，为今后创建研究会学科体系做出有价值的创举。

二是要探讨各自地方学在中华文化中的地位与作用。中华文化是民族文化和地方文化绽放的文化库，汇聚了全国各地方文化的民族风情和风貌，形成多彩多姿的中华文化。我们探讨不同的地方民族文化为中华文化的发展贡献了什么，在其中占有什么样的地位和起了什么样的作用，这就需要通过基础理论研究，探索本民族和地方文化性格特征的内涵性认知度。例如鄂尔多斯人性格特征的内涵性集中体现在蒙古族的"诚信、敢为、开放、包容"，以此影响其他民族的思维方式和行为习惯，形成了鄂尔多斯各民族共同地域、共同心理、共同风俗的特征。

"诚信"的内涵性有两个方面：一是祭奠成吉思汗的形式多样、内容丰富，完全保留着13世纪的祭奠形式，距今已有780年的历史。成吉思汗各类祭祀活动中所应用的诸多祝词、颂词、祭文、祭歌等，涉及的内容涵盖了蒙古族古老的、原始的语言、文字、法律、风俗、观念、历史、文化、信仰等诸多方面，具有诚信教育的深厚内涵。二是长达数百年的宗教教化，成为鄂尔多斯人文特质的又一历史渊源。鄂尔多斯的诚信品格，既有成吉思汗祭典传承，又有蒙汉民族共同的传承因素，也与长达数百年的宗教传统密不可分。历史上的鄂尔多斯蒙古族长期信奉喇嘛教。喇嘛教源于元朝，盛行于清朝。清朝时期，兴黄教的第一站选在鄂尔多斯地区。据史料记载，清政府将推行盟旗制度和建筑寺庙同时并进，先后建有大小召庙243座，共有喇嘛18000人左右，整个鄂尔多斯蒙古族部落遵守喇嘛教的287条戒律，固然形成"诚信"文化积淀，也为鄂尔多斯人诚信品格的锻造提供了民族心理层面的行为准则。

"敢为"是鄂尔多斯性格特征的主要组成部分。"敢为"是一个民族勇气、胆量和智慧的象征，而且有具备超乎常人的卓越思想和才干的人物在特定历史环境中登上时势造英雄的舞台。在中国2000多年封建社会的地方割据中，唯有成吉思汗走向统一、走向世界。陈育宁教授在《我与鄂尔多斯学》一书中讲道："成吉思汗是蒙古族的民族英雄，也是中华民族的民族英雄。"[1]在中国历史上的大一统事业中，他具有与秦皇汉武相媲美的崇高地位；他为西域进入元朝的直接行政辖区，明确列入中华版图奠定了基础；他恢复了（汉唐时）西域、漠北，包括中亚西河流域一带的西北历史疆域，统一了中原大片土地。最后由他的孙子忽必烈建立了元朝，最终完成了全国统一。元朝是我国版图最大的一统王朝，对于我国统一多民族国家的巩固和发展做出了巨大的贡献。

成吉思汗的思想、作为，潜移默化地影响着人们，使人们在处理问题的时候，善于从实际出发，机智、灵活，富有胆识，充满了独特的创意，形成了敢于标新立异、敢于争先的群体性格。比如，历史上有名的鄂尔多斯"独贵龙"运动，斗争形式既像请愿，又像暴动，既像民众闹事，又像武装起义，

---

1 陈育宁：《我与鄂尔多斯学》，银川：宁夏人民出版社，2009年，第80页。

此起彼伏，持续了 70 多年，使当权者难以应付。再比如，改革开放以来，鄂尔多斯人敢为人先的创新精神和争先意识得到了充分的发挥，推行"包产到户"责任制，比安徽省凤阳县小岗村早半年，在资源开发方面快速突破、招招领先。鄂尔多斯组建企业集团并成功上市融资，建立现代企业制度，改变产权单一的国有企业，实现产权多元化，超前构筑国家重要的能源重化工基地。类似举措无不以解放思想、抢抓机遇为前提，而且立足当地资源优势，使工业经济迅速崛起，于 20 世纪 90 年代中期步入快车道，创造了令世人瞩目的鄂尔多斯经济现象。由现象形成模式的背后，是鄂尔多斯人机智灵活、敢于创新、敢于标新立异、敢于争先的群体性格，即鄂尔多斯人独特的文化心理模式，引领着人们果敢行动、勇立潮头，在改革开放中拼搏进取、独领风骚。

"开放"，既是包容，又是敢于接受新鲜事物的一种进取。自古以来，许多北方游牧民族都先后驻牧于鄂尔多斯，有时是一个民族在这里活动，有时是几个民族在这里共同活动，甚至杂居相处，这就形成了相互包容的传统，贯穿于各族劳动人民之间的频繁交往和不可分割的联系中。在历史上，鄂尔多斯人的"开放"，集中体现在敢于接受新鲜事物方面。一是清朝时期兴黄教（喇嘛教）的第一站就被鄂尔多斯蒙古族所接受。二是"洋教"在鄂尔多斯传播。三是"独贵龙"运动的领袖锡尼喇嘛原是一个普通牧民，但就是这样一个人，在中国共产党成立初期就与共产党领袖人物有了接触，后又赴乌兰巴托与第三国际建立了联系。中央红军刚到延安，鄂尔多斯很多普通牧民就奔向延安。四是在改革开放初期，自治区盟市首推"包产到户"责任制，1980年率先以补偿贸易的方式引进日本先进的成套纺织技术设备建立羊绒衫厂（现在鄂尔多斯集团）。改革开放以后，鄂尔多斯人把目光投向全国、投向世界，促进了经济快速发展。正是因为鄂尔多斯人的群体性格中具有鲜明的包容性和开放性，各种新的观念、新的思想被吸收进来，而且各种文化形态、宗教形态可以在这里长期并存、相互补充、取长补短，形成了"开放、包容、诚信、敢为"的心理特征和思维方式。社会上凡是与鄂尔多斯人交往过的人，普遍喜欢鄂尔多斯人诚实、憨厚、大气、直率的品质，这种品质始终伴随着人们前进的步伐。

三是要梳理各自地方文化中的物质文化遗产和非物质文化遗产。各地方文化都有衣、食、住、行、用方面的物质文化遗产。物质文化遗产有考古发现的人类早期活动遗址、岩画、古城、寺庙、王府、革命旧址等。非物质文化遗产包括口头方面的回忆与整理，以及传统美术、书法、音乐、歌舞、戏剧、曲艺杂技；传统技艺、医药；民族传统礼仪、民族民俗节庆、体育游戏等，但因地理文化区域的不同，体现出地方文化的特色性，由于区别特性，才能进入物质文化遗产与非物质文化遗产名录。鄂尔多斯具有草原文化和沙漠文化的特征，这个地区人类历史悠久、文化底蕴深厚、文化遗产资源丰富。据鄂市文物普查资料，目前，鄂尔多斯境内有物质文化遗产1000多处，其中国家级重点文物保护单位14处，自治区级65处，旗区级500多处。全市有馆址文物5.2万多件（套），民间收集品有260余万件（套），摸清了非移动物质文化遗产和移动物质文化遗产的家底和分布情况。地方学要在文物普查、文物征集、文物研究上，加大重点文物遗产的申报、开发利用与保护修复工作。习近平指出："要保护好前人留下的文化遗产，包括文物古迹，历史文化名城、名镇、名村，历史街区、历史建筑、工业遗产，以及非物质文化遗产，不能搞'拆真古迹、建假古董'那样的蠢事。既要保护古代建筑，也要保护近代建筑；既要保护单体建筑，也要保护街巷街区、城镇格局；既要保护精品建筑，也要保护具有浓厚乡土气息的民居及地方特色的民俗。"[1]

四是要深入研究各自地方文化中的英雄人物和重要人物。文化是与人联系在一起的，所谓文化就是人化。一个地方文化底蕴怎样，首先要看这地方产生的文化人物，文化精英就是地方的名片。我们研究地方文化的英雄人物

---

[1] 习近平：《在中央城市工作会议上的讲话》，《习近平关于社会主义文化建设论述摘编》，北京：中央文献出版社，2017年，第190页。

和重要人物，要列举其产生的数量和整理其功业事迹与作用影响，还要解析其产生的原因、土壤和条件。

二、应用对策研究

这项研究应反映社会科学、自然科学和文学艺术的民族性与时代性内容，把有价值的民族历史文化积淀融入与时俱进的、对外开放的各项发展中，为地方政府起到决策的智库作用。

一是基础理论研究为应用对策研究提供民族性、时代性和规律性的研究。在各自地方文化中，民族性是保留、传承，时代性是开放、融合、趋同，规律性顺应天时、地利、人和。任何一种应用对策研究都包含着优秀传统文化，吸收外来文化和面向未来文化的创新。一般来说，地方文化精神应包括科学层面、道德层面、价值原则层面、人本主义层面、关怀层面等结构系统。这些层面包括一个地方的历史地理、人口迁移、民族融合、资源环境、政区沿革、历史变迁、建设发展，以及新时代出现的新情况、新方式等，作为应用对策研究的对象，其研究成果为地方政府决策提供决策依据。

二是要深入社会主义核心价值观与地方民族文化关系的研究。社会主义核心价值观分为国家层面、社会层面和个人层面，其科学内涵具有包容性、民族性、引领性、崇高性、时代性，是科学性与价值性的有机统一。中华民族是一个具有 5000 年悠久历史的文明古国，海洋文化、江河文化、草原文化和沙漠文化构成了中华文化，充分显示出中华民族传统文化的源远流长、博大精深。在地方文化领域中，其思想、道德、宗教、学术、教育、文学、地理、医药、科技等各个方面，包含着中华民族血脉的精神基因和精神标识，是凝练社会主义核心价值观珍贵的思想资源。中国特色社会主义进入新时代，国家提出了发展素质教育的新要求，不仅在成人教育中推进，而且在国民教育中对"德、智、体、美、劳"五个基本元素与民族传统文化进行整合提炼，把"立德树人"作为教育的根本任务，把先进性、民族性和广泛性有机结合，全面实施素质教育。

  三是要深入围绕各地区的政治、经济、文化、社会、生态等发展进行专题研究，结合地区创新、协调、绿色、开放、共享的发展理念，以及发展战略理念，对发展定位、发展成果和未来发展作出系列性课题，进行有针对性的研究。以党的十九大为标志，中国特色社会主义思想进入新时代、各地区也相应做出新选择，这就需要中国地方学在完成地方改革开放 40 年的基础上，重点研究高质量的转型发展，研究社会治理和基层治理，研究城镇规划和城镇品质，研究工业化、城镇化、农牧业现代化当今与未来的发展，研究农村、牧区脱贫致富和乡村振兴。根据基础理论研究成果，为应用对策研究提供理论与实践的导向，要不忘本来、吸收外来、面向未来。

文旅融合新时期的杭州学研究：
机遇·挑战·路径

马智慧 *

"特定区域"和"独特特征"是地方学的基本要义，"历史文化"是众多地方学研究最主要的内容。我国的地方学是在区域文化研究已经取得不小成就的前提下，要求以此为基础进一步开展整体综合研究方才大量出现的。[1] 很多地方学都从研究地区的历史文化入手。但是，如果地方学只研究历史文化，不研究现实问题，研究范围就会太局限。文化与旅游具有天然的联系，文化是旅游最重要的资源，旅游是文化最广阔的市场。文旅融合为以文化研究为主的地方学发展，注入了新的动力，有助于地方学研究拓展视野、丰富内涵、转化成果。在机遇与挑战并存的背景下，地方学要积极寻找新路径，迈上新台阶。本文以杭州学为例，分析文旅融合新时期地方学发展面临的机遇、挑战，探索新的发展路径。

一、杭州学研究的智库特色

杭州学是发掘、整理、保护和研究杭州传统文化和本土特色文化的综合性学科，包括西湖学、西溪学、运河（河道）学、钱塘江学、余杭（良渚）学、湘湖（白马湖）学、南宋学等重点分支学科。2009年以来，杭州学研究坚持

---

* 马智慧：杭州国际城市学研究中心（浙江省城市治理研究中心）副研究员。此文写于2019年。
1 张有智、仝建平：《地方学研究之我见》，《北京学研究文集》，北京：同心出版社，2009年，第175—185页。

创新研究范式和研究方法，有效整合各方研究资源，以编纂出版《杭州全书》和服务地方经济社会发展为载体，取得了大量成果，形成了地方学研究的"杭州模式"。目前，杭州学研究已编纂出版《杭州全书》400 余种，助推西湖、大运河杭州段、良渚古城遗址成功申报世界文化遗产，西溪湿地成为 5A 级景区，湘湖成为首批国家级旅游度假区。

杭州学研究坚持基础研究与问题导向相结合，以研究带动城市规划、建设、管理、经营、保护等各方面工作，具有鲜明的"智库"特色。智库是生产、销售智慧型或思想型产品的服务组织。中共中央办公厅、国务院办公厅《关于加强中国特色新型智库建设的意见》指出，智库要以服务党和政府决策为宗旨，以政策研究咨询为主攻方向。智库具有灵活的体制机制、高度的市场意识、高超的成果转化能力、强劲的造血功能。以智库为发展目标和模式，是杭州学的重要特色。经过近十年的实践和发展，杭州学研究已成为推进杭州规划、建设、管理、经营、保护的前提，成为人们认识杭州、建设杭州的基础。"智库型研究"不但有助于杭州学提高可持续发展能力，还有助于为区域文化传承和综合发展提供更加丰富、有效的研究成果。

二、文旅融合发展与杭州学研究的新机遇和新挑战

杭州是国务院首批命名的国家历史文化名城和重点风景旅游城市、中国七大古都之一、国家旅游局和世界旅游组织认定的"中国最佳旅游城市"、世界休闲组织命名的"东方休闲之都"。杭州处处是景观，地地有遗迹，步步有文化。厚重的文化是杭州旅游业发展的优势条件，丰富的文化遗产是杭州旅游发展的优良载体和平台。文化资源是杭州城市的最大资源，旅游产业是杭州城市的核心竞争力，"旅游胜地"是杭州城市的"金名片"。可以说，抓住了文旅融合，就抓住了发挥比较优势、走差异化发展之路的关键，就抓住了弘扬城市特色、打响城市品牌、提升城市竞争力的关键。文旅融合，以文促旅、以旅彰文，既需要深入挖掘历史文化，讲好"杭州故事"，又需要系统、综合

研究旅游业发展的现实问题，推进高质量发展。这种发展需求对杭州学研究工作而言，既是新的机遇，又是新的挑战。

（一）研究广度与研究深度需要同步加强

文旅融合立足于推动文化事业、文化产业和旅游业深度融合发展，既要增强旅游产品的文化内涵，又要提升文化供给的品质和适应性。当前，杭州学研究的广度还未覆盖文旅融合的所有领域，不少旅游产品的"故事"还比较单薄，甚至存在分歧或空白，具体到"一事一地"和具体项目的研究还有待拓展。例如，文旅融合激活了深度游、体验游、自助游市场，城市的背街小巷、城市居民的生活方式成为旅游的热点，但这些领域的文化脉络、历史变迁等，亟待挖掘和梳理。就研究深度而言，虽然在历代文献整理、专项研究领域等方面取得了不少成果，但将文化研究成果创造成为文旅产品或应用于旅游市场，特别是在高端文旅产品和品牌的培育方面，还存在不少研究空白和短板。例如，与每年1.8亿旅游人次相比，杭州世界遗产和5A级景区的数量还需要进一步增加。如何申报更多的世界文化遗产、打造更多的5A级景区，是亟待破解的时代命题。

（二）基础研究与现实问题需要共同关注

文旅融合新时期，既要关注文化传承，又要激活旅游市场；既要讲好地方故事，又要服务旅游产业。做好文化传承需要强大的地方学基础研究作为支撑，发展旅游产业需要回应现实问题，综合破解旅游产品的规划设计、服务供给、设施保障等系统问题。地方学是涉及多学科、多领域的学科，研究范围十分广泛，一个区域的历史、地理、经济、社会等方面的各种问题，都可以置于地方学的研究视野之中。地方学基础研究的工作量之繁重，不是一个地方学会或者某个科研机构能够全部承担的。如果不能全面吸收社会各界的研究力量共同参与，就无法完成地方学研究工作的使命。同时，如果地方学无法及时、有效回应现实问题，无法破解文旅融合发展过程中的热点、焦点问题，就会"坐而论道"，与市场需求和时代发展格格不入，进而难以承担地方学研究应有的使命。

（三）成果形式与转化方式需要同时更新

文旅融合进一步缩小了文化与旅游相互作用的时空距离，文化赋予旅游以内涵和旅游供给文化以市场都需要更加高效。地方学研究以论文、著作为主的传统成果形式已很难适应文旅融合的发展形势，需要更加新颖、灵活的表现方法，才能有效服务于文旅市场的需要。就研究成果的转化方式而言，多样性需求更加突出，既要有效转化为理论成果，又要及时转化为决策参考、产品咨询和媒体宣传。如果只关注于将研究成果转化为理论成果，其受众面和影响力往往十分有限，无法适应文旅融合新时期共建、共治、共享的发展格局。互联网、移动互联网时代，每个人既是受众，又是内容的生产者，因此，地方学研究成果需要"泛在化"的转化和表达。

三、杭州学研究对文旅融合的适应路径

面对文旅融合的迅速发展态势，杭州学研究必须以更加开放的姿态，积极迎接机遇、应对挑战。重点是要针对性地做好以下工作，补齐短板。

（一）进一步丰富研究体系以深化文旅重点领域研究

研究体系是地方学研究始终面临的重要课题。按照地方学的内涵和外延，其研究覆盖面应包含某一地方的方方面面。但由于历史积累和人力、物力、财力以及理念的限制，地方学研究体系的覆盖范围，往往与当地经济社会发展需求不相匹配。这既是内因决定的，又是外因影响的。文旅融合新时期，地方学研究体系迎来新的拓展机遇。就杭州学研究而言，要加快补齐地理、经济、建筑艺术、非遗等研究短板，系统化地推出研究成果，进一步完善研究体系，为讲好"杭州故事"提供更加丰富的成果支撑。

同时，要加快深化文旅重点领域研究，特别是加强世界遗产保护与申报的研究。世界遗产保护与申报是杭州学的一大特色，也是杭州学坚持问题导向的例证。杭州的优势和特色首先在于历史文化名城的厚度和底蕴，这是进

行杭州学研究和建立杭州学分支学科重要的出发点。杭州学学科研究要有特色和重点，即服务于杭州市世界遗产的保护与申报。对于杭州这样一座拥有8000年文明史、5000年建城史的城市而言，建设独特韵味、别样精彩的世界名城，重中之重就是要做好历史文化遗产的保护和利用。西湖、大运河杭州段、良渚古城遗址已分别于2011年、2014年、2019年成功列入世界文化遗产，南宋皇城大遗址、西溪湿地、钱塘江古海塘与钱江潮、湘湖与跨湖桥文化遗址，国内外专家都认为具备申遗的条件。杭州正在通过长时间的努力，成为一座拥有五处、六处乃至七处世界文化遗产的城市，从而推动杭州城市的核心竞争力、知名度与美誉度再上新台阶，成为真正的"人间天堂""世界名城"。世界遗产的保护与申报已经覆盖到了杭州学所有分支学科的研究范围，甚至超出了分支学科研究的范围。杭州还需要加强对世界遗产申报地的价值研究、世界遗产申报经验模式研究。只有实现申报更多世界遗产的目标，杭州才真正称得上是一座"历史文化名城"和"世界名城"。

（二）完善平台型智库机制以积极回应文旅融合发展现实问题

规模和力量问题，始终是地方学发展面临的难解之题、必解之题。文旅融合新形势要求地方学研究提供更加丰富的成果，而体制机制限制又制约着地方学完成这一庞大的任务，可行的办法就是寻求体制机制的突破，推动地方学研究机构增强"造血"能力和可持续发展能力，建设现代"智库"，特别是以"平台型智库"来创新研究范式、整合更多资源、提高工作效率。就杭州学研究而言，要坚持"产学研型智库"而非"纯学术型智库""创新学科型智库"（交叉学科融合创新）而非"传统学科型智库"，进而打破"单位型智库"的传统路径，构建"平台型智库"，在平台经济时代，打造整合多方资源的集成创新平台矩阵。

要积极回应文旅融合发展现实问题，特别是5A级景区的创建问题。当前，杭州旅游业发展已进入新阶段，正在大力推进旅游从数量扩张型向质量效益型转变，从国内旅游"一轮独大"向国内旅游和入境旅游"两轮驱动"转变，从观光游"一枝独秀"向观光游、会展游、休闲度假游、养老养生游"四位一体"转变，从"以管理者为中心"向"以游客为中心"转变，实现从"旅游城市"向"城市旅游"的历史性跨越。5A级景区代表了我国旅游产品的最高等级，是旅游行业的最高荣誉，更是极具价值的城市名片和金字招牌，是推动文旅融合的主抓手、主载体。目前，杭州5A级景区仅有3处（西湖、西溪湿地、千岛湖），与杭州旅游业可持续发展要求并不相符，亟需进一步加大创建工作力度。5A级景区创建是一项复杂的系统工程，既要总揽全局、登高望远、谋篇布局，又要坚持"细节决定成败""抓大不放小"，对具体项目要一抓到底。要抓好规划、保护、建设、管理、经营、研究"六篇文章"，坚持保护第一、应保尽保、依法保护、积极保护、研究先行，依托杭州七大世界遗产，在严格按照世界遗产管理规章和国家文物保护管理制度要求，依法保护好世界遗产和国家、省、市文保单位、文保点的基础上，坚持以保护为目的，以旅游开发、5A级景区创建等利用模式为手段，通过适度利用实现真正的保护，在保护与利用之间找到一个最佳平衡点和最大"公约数"，形成保护与利用的良性循环，实现生态效益、社会效益和经济效益的最大化、最优化。特别是坚持5A级景区创建与申遗工作同步推进，将5A级景区创建作为申遗的"标配"，纳入遗产保护规划，同时编制旅游专项规划，实现"申遗成功之时，便是成功创5A之日"的联动目标。

（三）构建高效的成果转化渠道以服务文旅融合高质量发展

智库是优化决策方案、提升决策质量、落地政策举措的重要力量，智库成果不仅提供基础理论、理念方法，更注重应用实效，进而推动政策实施或项目落地，产生巨大的经济、社会、生态等综合效益。文旅融合新时期，推动杭州学研究成果及时转化，服务文旅融合高质量发展，必须有效构建高效的成果转化渠道。杭州学及各分支学科研究机构应始终围绕"成为所在区域党委、政府、社会不可或缺的智库"这一目标，谋划研究工作，遵循文旅融合发展规律，关注发展趋势、研究难点、焦点问题，提供可行性建议，为党委、政府、社会当好"参谋"。研究机构应组织研究人员和有关专家，积极参与党委、政府有关论证会、咨询会，参与有关政策文件起草，参与第三方评估；加强成果转化，促进研究成果转化为地方政策、规划设计、工程咨询，推动研究成果进学校、进社区、进企业、进景区、进博物馆、进公共空间；在市场检验中，增强"造血"能力，确保经费来源。

要在服务文旅融合高质量发展方面形成两大拳头产品：

一是文旅与高新技术的融合发展。新一代信息技术的广泛应用，带来了生产方式、生活方式、消费方式的深刻变革。居民消费步入快速转型升级的重要阶段，文旅融合正迎来黄金发展期；同时，文旅融合也处于矛盾凸显期，产品供给跟不上消费升级的需求，政府管理和服务水平跟不上旅游业快速发展的形势。随着年青一代消费群体的成长，出境游、自由行时代到来，文旅无疑呈现移动化、散客化和个性化的趋势。人工智能、虚拟现实、物联网等新兴互联网技术使文旅产业的未来充满了挑战与机遇。要充分发挥杭州互联网技术的规模优势和应用优势，加大文旅与互联网融合发展的广度和深度，提升文旅创新能力和创新优势，挖掘文旅发展潜力和活力，培育新业态，发展新模式，构筑新动能，加速提升文旅产业发展水平。实施"互联网＋文旅"战略要以互联网和信息技术为核心，以物联网为基础设施支撑，以软件加分享为特征，以信息技术产品和服务的智慧应用为目标，主动呼应人工智能时代的到来。

二是文旅与国际化的融合发展。旅游业是一个天然的国际化产业，是对外开放的重要窗口和前沿阵地。实施"文旅国际化"，就是要让杭州这座文化旅游城市在国际上富有鲜明的城市个性和魅力，具有高质量的国际文旅环境，拥有知名度高、竞争力强的文旅产品，能为游客提供符合国际惯例的旅游服务，打造具有独特性、差异性的国际文旅品牌，真正成为国际风景旅游城市和"东方休闲之都"。文旅经济是一种产品经济，没有好的文旅产品，就闯不出大市场，更闯不进国际大市场。为此，必须坚持以"文旅国际化"战略为抓手，对西湖、西溪湿地、湘湖、良渚、大运河、南宋皇城大遗址等综合保护工程进行"回头看"，对原有文旅产品进行再挖掘、再更新、再提升，打造一批具有独特性的世界级文旅精品。只有打造一批具有时代特征、中国特色、杭州特点的本土化文旅产品，推出一批具有独特性、差异性、震撼力的世界级文旅产品，才能以文旅产品的本土化，推进文旅的国际化；才能以文旅的国际化，推动城市的国际化；才能以文旅产品结构的提升，带动文旅产业结构的提升。

地方志与地方学学科体系的构建
——以明清时期《大冶县志》为例

刘金林[*]

黄石市位于湖北省东南部，素有"青铜古都""钢铁摇篮""水泥故乡"之称。黄石地区人民在千百年的矿冶实践中创造了光辉灿烂的矿冶文化，使黄石成为闻名世界的"矿冶文明之都"。

黄石市是由大冶县（今大冶市，黄石市管辖的县级市）的黄石港、石灰窑两个镇发展而来的。大冶县始建于宋乾德五年（967年），李煜为南唐主时，以境内矿产丰富，冶炼业发达，置青山场，并划武昌三乡与之合并，新设一县，取"大兴炉冶"之意，定名为"大冶县"。

大冶学是一门创建于资源枯竭城市中特色鲜明的综合多学科的地方学科体系，是以历史上的大冶地区为核心，以矿冶文化为主要内容的一门地方文化学科。大冶学不仅仅是一门研究地方文化的学科，也是以整体史角度主要研究中国古代矿冶史以及中国近代重工业史的具有地方特色的一门学科。

明清时期《大冶县志》是大冶学学科体系构建的重要学术基础。明清时期的《大冶县志》有大量有关矿冶文化资源的记载，对于黄石矿冶文化的传播以及近代重工业的发展，起到了积极的促进作用。

---

[*] 刘金林：湖北师范大学研究员，黄石港地方文化研究会会长。此文写于2019年。

一、明清时期《大冶县志》概况

大冶自公元 967 年建县以来，至清朝末年共纂修县志 9 次。其中明朝 4 次，永乐十五年（1417 年）、宣德年间（1426—1435 年）、嘉靖十九年（1540 年）、万历十二年（1584 年）各修 1 次。清朝 5 次，康熙十二年（1673 年）、康熙二十二年（1683 年）、同治六年（1867 年）、光绪八年（1882 年）、光绪二十一年（1895 年）各修 1 次。除康熙十二年（1673 年）纂修的只有抄本外，其他 8 次皆印刷出版。由于年代久远，明永乐十五年（1417 年）、宣德年间（1426—1435 年）、万历十二年（1584 年）等 3 次纂修的《大冶县志》已无从查找。

（一）明嘉靖《大冶县志》

全志共七卷。赵萧修，冷儒宗纂。该志由序、凡例、图域、目录和正文构成。知县赵萧、徐应华、冷儒宗分别作序。卷一舆地志、卷二田赋志、卷三建设志、卷四祠祀志、卷五秩官志、卷六人品志、卷七附录。

（二）清康熙《大冶县志》

1. 清康熙《大冶县志》九卷本

该志由谢鑅修，胡绳祖纂。首都图书馆现存清康熙十二年（1673 年）第 1~4、8、9 卷抄本。中国科学院图书馆、上海图书馆等保存该志胶卷照片。

2. 清康熙《大冶县志》十二卷首一卷本

该志由陈邦寄修，胡绳祖纂。首一卷包括余国柱、胡绳祖、陈邦寄、余国梅写的序，和张仕可、郭逵、徐应华的旧序。还包括凡例、修志姓氏表、目录、《大冶县志》舆图（县境图、县治图、县署图、儒学图、八景图）。卷一舆地志、卷二建置志、卷三田赋志、卷四治忽志、卷五秩官志、卷六官绩志、卷七选举志、卷八人物志、卷九至卷十一艺文志、卷十二逸事志。

（三）清同治《大冶县志》

该志十八卷首一卷。胡复初修，黄杰纂。该志卷首包括胡复初序，冯修藩跋，修志职名，目录，赵萧、张仕可、郭逵、陈邦寄、余国柱、胡绳祖作的原序和胡绳祖作的后序，明永乐十五年（1417 年）修志职名，凡例和《大冶县志》舆图（县治图、县城图、县署图、儒学图、八景图）。卷一疆域志、卷二山川志、卷三建置志、卷四田赋志、卷五学校志、卷六祭典志、卷七秩官志、卷八宦绩志选举志、卷九及卷十人物志、卷十一及卷十二列女志、卷十三至卷十六艺文志、卷十七逸事志、卷十八补录艺文志。

（四）清光绪续修《大冶县志》

1．清光绪续修《大冶县志》十卷首一卷本

该志由林佐修，陈冠洲纂。中国科学院存光绪八年（1882年）续修《大冶县志》稿本。

2．清光绪《大冶县志》续编七卷首一卷末一卷本

该志由林佐修，陈鳌纂。首卷包括由林佐、陈鳌序，例言，《大冶县志》续编目录，《大冶县志》续编姓氏，舆图，图说。卷一官师志、卷二户口志、卷三祠祀志、卷四建置志、卷五学校志、卷六人物志、卷七祥异志、末卷附录。

3．清光绪《大冶县志》后编二卷本

该书由陈鳌纂。全志内容包括陈鳌叙，卷一城池、仓敖、学校公局祥异、职官，卷二选举、人物、列女等。

二、明清《大冶县志》对矿冶文化资源的记载

（一）明嘉靖《大冶县志》的有关记载

明嘉靖《大冶县志·卷一·舆地志·建置沿革》记载：

> 五代属吴、南唐，置青山场以兴建炉冶，宋乾德三年升青山场并析武昌三乡置大冶县。

明嘉靖《大冶县志·卷一·舆地志·古迹》记载：

> 金井：在县治西南五里，水泛没入湖，水固坑窟如池，相传古淘金井也。

银场：在县治西十里，与兴国州（今阳新县）界，元时江西陈提举在此开炉煎银。兵变，炉户散亡，坑湮没，银矿无出。

铜矿：旧志云在白雉山南出铜。晋、宋、梁、陈采矿烹炼，后废。今山麓尚有土墩留存，俗谓之铜灶其遗迹。或云县治西南铜绿山亦古出铜之所。

铁冶所：在县治东二十里，地名安田炉。本朝已巳年建，洪武十八年住罢，二十六年复建，二十八年住罢，三十二年仍设衙门煎销，三十五年复罢。

铁山炉：在县治北四十里，旧志云宋于此置炉煮铁，今铁滓尚存。

青山场：五代南唐置。

明嘉靖《大冶县志·卷二·田赋志·货类》记载：

金：古出金井，今无。

银：古出大小银炉，今塞。

铁：古出县治东围炉山，旧有铁务，今废。

铜：旧志云在白雉山，今无。

石灰：出县道士洑、铁山，保安亦有。

煤炭：出章山、道士洑二里。[1]

（二）清同治《大冶县志》的有关记载

清同治《大冶县志·卷一·疆域志·沿革》记载：

南唐于永兴属地置青山场，以兴炉冶。保泰十三年，时乾德三年也，升青山场并析武邑三乡，置大冶县，仍属鄂州。

---

[1] 赵䇹修，冷儒宗纂：《大冶县志》，嘉靖十九年刻本。

清同治《大冶县志·卷二·山川志·山》记载：

铁山：在县北铁山堡，距城四十里。宋于此置炉烹炼铁□，故名。磊落嵌寄，连起数十峰。中有石洞，每阴雨，占龙出入，以洞口草偃仰为度。岁旱，取洞中水祷雨，有验。

青山：在县西，距城十里。旧设青山场，故名。

铜绿山：在县西马叫堡，距城五里，山顶高平，巨石对峙。每骤雨过，时有铜绿如雪花小豆，点缀土石之上，故名。绵延数嶂，土色紫赤，皆官山也。或云古出铜之所，居民掘取铁子石，颇伤山骨。

金山：在县西金山堡，距城三十五里，与银山相望。

清同治《大冶县志·卷二·山川志·古迹》记载：

金井：在县前金湖中，相传古有淘金井，水泛则没。

银场：在县西十里，一名小银炉，地界兴国。元时江西陈提举开炉煎银，后兵变，炉户散亡，银矿无出。

铜矿：在白雉山之阳，旧云出铜。晋、宋、梁、陈采矿煎炼，后废。今山麓土墩，谓之铜窟者，其遗迹也。

青山场：南唐于此置炉鼓铁，今废。

铁山炉：在铁山下，宋设冶鼓铁，遗滓堆积。

铁冶所：在县东二十里，一名安田炉，明洪武初设，旋罢。有大使赵景先创七宝庙，以佑炉冶，今俱废。[1]

清同治《大冶县志·卷十六·艺文志》收录的诗歌：

道边铁炉

---

[1] 胡复初修，黄昺杰纂：《大冶县志》，清同治六年刻本。

胡率祖

辛苦耕耘尽纳输，村村为活赖洪炉。

夏王大有铜山帐，可□三千六百无。

贺柯太史禹峰五十韵

刘光蓘

南金雄北楚，曛冶发新芒。

望气凌霄汉，腾身破大荒。

山川挺异秀，草木袭余芳。

捷骑驰星彩，颂舆载道场。

名随仙侣著，地标达人望。

湖照瀛洲月，江凝玗洞霜。

天台仙鹤举，石堰架龙翔。

日影披桃李，露华映梓桑。

清同治《大冶县志·卷十七·逸事志》记载：

万历二十六年，道士浼民徐鼐，于吕文德宅基劚地，得黄金一窟，数武即墓隧，以小金垱垫棺四角，前有石几，上置瓶、炉、剪、尺、盆、盂，皆金也。鼐取之不已，为土人所觉，共发其棺，则妇人也。有镜焉，尸未变，舁而弃之江中，并碎其圹志。

崇祯七年，土人又于前地数武外，得钱一窟。方中丈余，皆满钱贯，铁线已朽。崇宁通宝大可径寸，间以五铢、半两、朱砂、翡翠、石青，古色种种。因征前事，乃封穴以报。上遣兴国缉捕、同知齐待问，发掘捆载，与商船兑价而去。按金钱皆吕文德宅中遗物也。

(三) 清光绪续修《大冶县志》的有关记载

运道矿务总局：在县东五十里石灰窑江堤边，北向以居总理矿务委员，左为收支所，已司出纳，又左公馆二，以栖往来员绅，又左武弁公馆、兵卒营房，右前电报房，又堤左先为堆机器厂，今为武营教场及营官公馆，堤右为李士墩煤局炭厂，总局门首即铁路回车支路，稍左为火车水台，左近即小轮船停泊所。

谢家畈大公馆：在县东三十里，为矿务往来员绅行台。

铁山大公馆：在县北四十里，以居矿务员绅，左后洋房、营房、机房、机匠房各一，东前电报房一，北首上机房二，铁门坎侧开山机器房一。

王三石煤局：在县北二十五里，向无房室，光绪十六年，洋弁踏勘山煤甚佳，设局开窟，购房数十楹。上台派员绅监理，历数年，而煤不济用，现经停采，其机器房屋仍委员绅看守。

铁路：自铁山至石灰窑计程五十二里六分，光绪十六年十二月前任知县林佐奉委勘定里数，十七年春兴筑土堤面，宽一丈五尺，下铺碎石，上安铁轨，十八年七月工竣，其间明桥暗洞五十余道，以消水潦，十九年始用火轮车运铁矿至盛洪卿小停，下陆中栈，计程二十六里三分，又分小支路六条，为开车、歇车、屯车之所，由下陆至李家坊小停，至石灰窑止。运倾入小轮船载至汉阳铁炉化炼，十八年十月，林委署县事总办补用知县李增荣继之，复于铁山上机房，左修小铁路至铁门槛、老虎垱，又修小铁路至龙洞大铁石纱帽翅，各处开采矿苗，由此下山。[1]

三、明清《大冶县志》是大冶学学科体系构建的学术基础

明清《大冶县志》有关黄石丰富的矿产资源、众多的矿冶遗迹、深厚的矿冶文化底蕴以及近代重工业基地创建的内容，成为大冶学学科体系构建的学术

---
[1] 林佐修，陈鳌纂：《大冶县志续编·附后编》，台北：成文出版社，1970年，第304—307页。

基础。

（一）黄石矿产资源丰富　矿冶文化灿烂辉煌

明嘉靖《大冶县志》记载有金、银、铁、铜、石灰、煤炭等资源。现代黄石已发现金属、非金属、能源和水气矿产4大类共计77种。

黄石铜矿的开采、冶炼历史最早可以追溯到商朝中晚期，春秋战国时期达到鼎盛阶段。唐天祐二年（905年），吴王杨行密在今大冶铜绿山一带置青山场，采矿冶炼，大兴炉冶。北宋乾德五年（967年）李煜为南唐国主时，析武昌县三乡，与青山场合并新设一县，取"大兴炉冶"之意，定名为"大冶县"。1973年考古发现的铜绿山古铜矿遗址，始于商代，经西周、春秋、战国延续至汉代，时间长达千余年。其年代之久远、生产时间之长、规模之大、保存之完好举世罕见。黄石铁矿的开采、冶炼始于三国时期，兴于宋朝和明朝。黄石的煤矿开采始于宋朝，金银矿及石灰石矿开采的年代也很久远。

明清《大冶县志》记载了大冶县铜绿山、白雉山、青山场、铁山等处迭经晋、南朝宋梁陈、五代南唐、宋元明清时期铜、铁等矿产资源开采和冶炼的情况，可见先辈们创造的矿冶文化灿烂辉煌。

（二）黄石矿冶遗迹众多　矿冶文化源远流长

明嘉靖《大冶县志》、清同治《大冶县志》记载有金井、银场、铜矿、青山场、铁山炉、铁冶所等大量古迹。当代黄石有全国重点文物保护单位铜绿山古铜矿遗址、鄂王城遗址、汉冶萍煤铁厂矿旧址、华新水泥厂旧址等矿冶文化遗址，还有黄石市博物馆、大冶市博物馆、铜绿山古铜矿遗址博物馆、大冶铁矿博物馆等多家与矿冶文化有关的博物馆。

明清《大冶县志》有关铜绿山的记载对于当代铜绿山铜矿的开发以及铜绿山古铜矿遗址的发掘有重要的参考意义。1974年1月至1985年7月，考古工作者通过对铜绿山古矿冶遗址的7处采矿遗址、2处冶炼遗址进行发掘清理，出土古代采矿竖（盲）井231个，平斜井100条，炼炉12座和7大类的工具文物。1982年被国务院公布为全国重点文物保护单位的铜绿山古铜矿遗址，是我国20世纪100项重大考古发现之一,在世界采矿史、冶金史和科技史上占有重要的地位。黄石矿冶之火从古至今三千年生生不息。[1]

(三)黄石矿冶文化底蕴深厚　近代工业文明发祥地

明清《大冶县志》记载有大量的矿冶文化资源,铜绿山古矿冶遗址发掘的文物向世界展示了3000年前中国高度先进的采矿和冶炼技术,体现了当时科技创新的矿冶文化。清同治《大冶县志·逸事志》记载了明万历二十六年(1598年),乡民徐鼐在山下掘得一窖,内藏的瓶、炉、剪、尺、盆、盂皆为纯金制品,计万余两。明崇祯七年(1634年)村人又于前地附近得宋钱一窖,"方中丈余,钱贯皆满。"这两次发现钱窖的大小、窖藏的时代和发现的数量与1967年发现的西塞山古钱窖大体相当。[2]西塞山古钱窖发掘的钱币数量之多、内容之丰富,为中国钱币考古史所罕见,有着极其重要的文物价值,在中国矿冶史特别是钱币铸造及发展史上占有重要的历史地位。

黄石人民在3000多年的矿冶历史长河中,不仅创造了丰富的物质财富,而且通过诗歌、逸文等矿冶历史文学作品创造了反映人们生产、生活的大量精神财富。如清同治《大冶县志·艺文志》的诗歌作品《道边铁炉》《贺柯太史禺峰五十韵》等反映了大冶地区"村村洪炉"的火热冶炼场景以及矿冶文化的深厚底蕴,大冶成为"南金雄北楚,曜冶发新芒"的矿冶文明之都。

清光绪《大冶县志续编·附后编》记载的铁路、运道矿务总局、矿务公馆、煤局等内容,成为中国近代工业兴起的重要史料,也是黄石近代工业文明摇篮的重要依据,其中有关铁路的记载不仅丰富了黄石近代工业文明的内涵,还弥补了近代中国铁路史研究的不足。1875年,李鸿章委派盛宣怀兴办湖北矿务,创办湖北开采煤铁总局。1889年张之洞就任湖广总督,创办钢铁工业。盛宣怀、张之洞等参考明清时期《大冶县志》的有关记载,促进了大冶铁矿的重新发现,以及重工业基地的兴建,使黄石成为近代重工业的发祥地。

---

1 郭远东:《黄石矿冶文化源远流长》,《黄石日报》2010年5月27日。
2 徐劲松、胡莎可、谢四海:《试论黄石西塞山宋代钱窖的性质》,《江汉考古》,2004年第4期。

探析地方社团组织在当地经济文化建设中的作用与展望
——以张家口历史文化研究会为例

李殿光 *

近年来,随着我国经济社会的快速发展,文化事业的日益兴盛,各类地方社会团体组织得到了快速发展,在出成果、出人才方面取得了很大成绩,为改革开放和社会主义现代化建设作出了重要贡献。本文的地方社团组织主要指开展学术研究的社团组织(以下简称学术社团),即从事学术研究、咨询和社科知识普及类文化活动或公益性为主的民间社会组织(即协会、学会、研究会等),是取得法人资格的学术社团组织机构。这类团体组织的会员(主要为热爱家乡、关注地方历史文化的退休干部、知识分子和社会上各行各业的文史爱好者)以相同的兴趣爱好为基础走到一起,主要围绕地域经济社会发展、历史演变、文化事业、社会现象等方面的内容,开展学术研究、学术交流和学术咨询活动,并在社团组织内、社会上定期或不定期举办专业或相近专业的学术讲座、报告会。改革开放后,我国文化领域经过拨乱反正后几十年的改革和强劲发展,文化事业呈现出旺盛发展的生命力。20世纪80年代推行改革开放的巨大动力,为社会提供了丰厚的物质基础,使更多的人有条件、有能力关注文化事业。现实社会中,在经济社会快速发展的同时,一方面,相对地方文化的缺失,已引起有识之士的关注;另一方面,每个地方都有各自特有的活力,这种活力也有来自地域文化研究提供的支撑。另外,各级党委、

---

* 李殿光:张家口历史文化研究会常务副会长、秘书长。此文写于2019年。

政府对文化十分重视,发展特色文化产业,推动社会主义文化大发展、大繁荣,已成为决策者们的共识。凡此种种,使研究地域文化的各类学术社团如雨后春笋般地出现。如鄂尔多斯学研究会、北京学研究所等就是近些年发展起来的有较大社会影响力的学术社团组织。但是,随着经济社会的快速发展,学术社团也存在组织建设跟不上、不适应的问题,主要表现在学术社团的重要地位没有受到普遍重视,作用还没有充分发挥出来。各地学术社团发展层次不一,活动内容单一,参与决策性咨询还不够多,具有较大影响力和国际知名度的高质量学术社团还比较少。一些地方学术社团还处于各自为战的状态,没有合理规范整合,形成组合拳,以致研究工作各自为政,研究课题没有整体规划,重复研究多,高质量的研究成果少。另外,学术社团还存在缺乏领军人物、人才结构不合理等问题。但瑕不掩瑜,目前,学术社团正以勃勃生机耕耘在各地文化领域,并取得了具有一定学术价值的研究成果,展示在世人面前。2012年11月,中国共产党第十八次全国代表大会提出"五位一体"的发展总体布局,将文化建设提升到与经济建设、政治建设、社会建设、生态文明建设同样的高度,做出了"要坚持中国特色社会主义文化发展道路,激发全民族文化创新创造活力,建设社会主义文化强国"的战略部署,地方文化的研究更加活跃和繁荣。

一、学术性社团组织与当地经济社会发展的关系

当今社会,文化是一个地方提升核心竞争力、推动经济社会发展的软实力。可以说,文化是聚合人才、激发活力、引领一个地方创新发展的原动力,对改革开放和现代化建设有着极为深刻的影响。但是,学术社团在其产生、发展过程中,总是离不开特定地域经济社会提供的生存与发展空间,并把其作为坚实的基础而生存发展。也就是说,学术性社团不断涌现,研究队伍不断壮大,是与地方经济社会发展水平相适应的。这些学术社团通过学术研究、咨询和社科普及为社会服务,解决地方经济发展过程中遇到的各种难题,能

够推动地方经济社会的又快又好发展。而地域经济社会发展过程中出现的新问题、新矛盾，又成为学术团体进行科研创新的突破口和研究重点。也就是说，地方经济社会发展需要学术社团提供强有力的人才和智力支持，而学术社团的发展更离不开当地经济社会实力的支撑。学术社团只有在促进地域文化的大发展、大繁荣方面有所作为，才能在当地文化建设中争得一席之地，发挥智囊作用，并对当地现实工作产生影响，真正树立文化自信。所以，挖掘地域文化资源，增强地域文化软实力，区域经济社会发展就能获得坚实的文化支撑。如20世纪80年代末90年代初的"文化热"，就是经济"唱戏"、文化"搭台"的范例。"但是面对现代社会经济与文化密切结合、互动共荣的发展趋势，经济固然是包括文化在内的社会发展的基础，然而包括文化在内的社会发展也成为经济发展的动力。这便是经济发展带动包括文化在内的社会发展，包括文化在内的社会发展推动经济发展，二者相互促进、共同发展的可持续发展观"[1]。所以，学术社团与地方经济社会发展之间是相辅相成、互为支撑的关系。张家口历史文化研究会成立于2003年12月，是以学术研究、学术咨询、历史文化知识普及为主的民间学术团体，是张家口地域文化最早的研究机构，也是普及张家口历史文化知识、宣传张家口优秀地域文化的重要阵地。从它成立之日起就立足于张家口，以研究张家口、为张家口服务作为办会宗旨，正是扎根在张家口这片热土，使它发挥了应有的功能，由此拉开了张家口地域历史文化研究的序幕。16年来，由张家口历史文化研究会牵头对张家口丰厚的历史文化资源进行了较为系统的发掘和整理，并对当地经济文化建设发挥了重要的作用。

二、学术性社团组织在当地经济文化建设中的作用

学术社团一般是当地人才济济、实力较强的文化组织，肩负着学术研究、学术咨询、社科普及和服务地方经济社会的功能，对当地文化具有重要的辐

---

[1] 刘开美：《地域文化与地方学研究》，北京：学苑出版社，2015年，第281页。

射带动作用。张家口历史文化研究会从成立以来，紧紧围绕市委、市政府的中心工作，在挖掘、整理、研究、宣传、弘扬张家口历史文化方面，研究人员怀着对张家口历史文化的深爱，十几年如一日，潜心发掘张家口历史文化资源，为研究张家口历史文化书与写、为宣传张家口历史文化鼓与呼，用一流的研究成果博得人民群众的认可，带动了全市文史爱好者对历史文化的关注和研究，推出了一系列历史文化研究成果，进一步增强了全市人民的文化自信，开创了张家口市历史文化研究的新局面。

（一）围绕地方党委、政府的中心工作开展学术咨询服务

学术社团紧紧围绕当地党委、政府的中心工作开展工作，既有利于发挥社团组织的参谋咨询作用，又有利于取得领导的支持。多年来，张家口历史文化研究会，在市委、市政府的领导下，充分发挥研究、参谋咨询、宣传教育三项职能，为建设文化大市、构建和谐张家口，促进张家口市经济社会协调、可持续发展而不懈努力，在文物保护、开发、利用和城乡文化建设、发展旅游业等方面积极开展各项研究活动与咨询参谋活动，受到市委、市政府的重视和社会各界的好评。研究会的人员先后参与了阳原县泥河湾博物馆、涿鹿县合符坛、桥西区大境门文化广场、桥西区堡子里开发、桥东区水泉沟龙泉广场、高新区市民广场历史文化浮雕墙等大型文化工程的设计规划活动；应邀赴张北、万全等县区参与文化产业发展规划的论证；参与张家口市演艺集团召开的《大境门下》《情系京张》的戏剧论证工作。研究人员还重点参与了市清水河建设、市察哈尔都统署修复后的布展工作、市委宣传部编写的《可爱的张家口》一书的审稿等重点文化工程的学术咨询论证，提出了有益的意见和建议。一些意见或建议受到市、县（区）领导和有关部门的重视和关注，不少研究成果还进入市委、市政府、市直部门及有关县委、政府的决策程序。2012年，研究会专家学者参加了张家口市委宣传部召开的"张家口文化大发展大繁荣"座谈会，所提建议受到市委主要领导的重视，并在《张家口日报》上整版发表。同年，为适应全市文化产业大发展的形势，研究会正式成立文

化咨询委员会，在更大范围内、更高层次上开展各种文化咨询活动。研究会紧紧围绕促进全市文化大发展、大繁荣，打造大好河山张家口的城市形象品牌，建设文化强市的目标，先后参与了恒通集团企业文化专刊策划、金凤房开集团怡安历史街区重建策划、张家口教育学院文化博览园碑文修改、德盛文化发展公司旅游纪念品策划、大境门景区地雕内容设计、口梆子戏剧《少年董存瑞》评戏、市展览馆老照片展审查、堡子里抡才书院文化沙龙策划、园林局城市雕塑评奖等多项学术咨询论证活动，还为市城管局策划了"环卫节"纪念活动并撰稿。是年，研究会凭借扎实的学术研究和参谋咨询等一系列活动，被市委、市政府评为全市文化大发展、大繁荣先进社团。

2015年，张家口历史文化研究会紧紧围绕市委、市政府的中心工作，研究人员参与申办2022年冬季奥运会答卷论证会；为市申奥办举办英语秀比赛活动，进行张家口历史文化知识介绍和英语节目制作，并担任比赛评委；为市申奥办撰写张家口历史文化简明知识稿件，部分会员还担任《张家口历史文化知识手册》编委和副主编，具体负责有关历史知识的核对和英语部分的审校。2016年，研究会人员参与了京张冰雪体育旅游文化项目研讨论证。因积极为申办2022年冬季奥运会献计出力，研究会被市申奥办授予了为申办冬奥会做出积极贡献的奖牌，会长卢永庆、秘书长韩祥瑞获得为申办冬奥会作出积极贡献的奖状。

（二）积极参与当地文化建设以引领区域文化繁荣的发展

如今文化在经济社会中的作用日益凸显，文化软实力已经成为一个国家综合实力的重要组成部分。张家口历史文化研究会不仅是张家口最早研究张家口历史文化的学术性组织，还是当地人才济济、实力较强的学术性文化阵地。研究会成立以来，先后组织编写或参与编写出版了一批有关张家口历史文化方面的书籍。主要有：《张家口历史文化丛书》（12本）、《话说京西第一》《张家口历史文化读本》《张家口事典》《张家口——历代长城博物馆》《历代咏张家口诗词赏析》《张家口百年史话》《寻根张垣——纪念张家口肇建580

周年研讨文集》《大境门史话》《日军占领下的伪蒙疆政权》《历代帝王与张家口》《名人笔下的张家口》等23部著作，较全面地对张家口市历史文化进行了挖掘和梳理。在研究会成立之前，很难见到张家口历史文化方面的专著。

《张家口历史文化丛书》，全书12册，计220万字，1500余幅照片、图片，是全市第一部较权威的全面系统反映张家口历史文化的大型丛书。2008年，该丛书获张家口第六届社科优秀成果市长特别奖、河北省文化厅非物质文化遗产征文（著作）一等奖。《张家口历史文化读本》是一部简明的干部读本，全书12.5万字，市委、市政府将其作为科级以上干部的学习资料，成为全市第一部历史文化方面的干部读本，还获得了张家口市第八届社科优秀著作二等奖。2010年，张家口历史文化研究会组织人员编写出版了大型外宣图册《张家口——历代长城博物馆》。该书由中国文联出版社出版，全书共收录380余幅有关历代长城的珍贵照片，并有详尽的文字说明。该书是全市第一部全面反映张家口市境内长城的大型外宣画册，对深入研究长城文化提供了丰富的历史资料和摄影图片资料。《张家口事典》是全市第一部普及张家口历史文化知识的工具书，为热爱张家口市历史文化的广大读者提供了较为准确、全面的历史资料，荣获张家口市第八届优秀社科成果著作一等奖。同时，一些会员还以个人名义出版了历史文化研究专著，会长安俊杰所著《解读张家口》荣获张家口市社科联第五届社科成果著作一等奖。在研究会带动下，各县区也相继成立了历史文化研究会或专题研究类学会、协会，竞相出版专著、专刊，在全市形成一股历史文化研究热。这些书籍、专刊的出版发行，对张家口丰厚的历史文化进行了较为系统的梳理，为进一步深入研究张家口市历史文化奠定了坚实的基础。

（三）挖掘当地历史文化资源是学术社团的重点工作

张家口地处京、冀、晋、内蒙古四省市区交界处，属游牧民族、农耕民族交错地带，各民族为了争夺资源获得生存权，自古便为兵家必争之地。由于交通闭塞、开化甚缺，明代修志之前，这里发生的人和事，很难找到较为完整系统的文字记载。这里是古人类发祥地之一,拥有深厚、博大、悠久的历史文化资源,如泥河湾文化、三祖文化、古长城文化、张库商道贸易文化、军事文化、边塞文化、红色文化等,是一处待开垦的历史文化资源处女地。多年来,张家口历史文化研究会立足学术、服务社会,通过举办大型学术研讨会、组织研究会人员积极参与社科项目课题研究、编辑专刊,挖掘地方历史文化资源,取得了丰厚的学术研究成果。

张家口历史文化研究会成立以来,每年都要策划组织召开或参与不同类型的学术研讨会。2005年,研究会人员分别参加了泥河湾博物馆建设、张库商道开发研讨会等有关张家口历史文化资源保护、开发、利用项目的论证活动,为有关单位提供了参谋服务和咨询建议。2006年,研究会与张家口市委宣传部在蔚县县委、县政府的支持下,联合举办了"中国蔚州飞狐古道文化研讨会",与会人员实地考察了飞狐古道,对飞狐古道文化的内涵、特点、开发、利用进行了深入的探讨。国内40余名有关专家学者参加研讨,并出版了论文集。2009年5月,研究会与市委宣传部、市社科联及桥西区区委、区政府一起,召开了"纪念张家口肇建580周年研讨会",会后由研究会编辑出版了《寻根张垣——纪念张家口肇建580周年研讨文集》,共收录有关文章、讲话、资料26篇,在社会上产生良好反响。2012年8月23日,在张家口光复67周年之际,研究会策划召开了"大好河山·'第二延安'文化高层论坛",邀请国内专家学者与研究会骨干进行专题研讨,市主要领导到会致辞。2013年,举办了长城文化研讨会,在抡才书院召开了张库商道研讨会,与桥西区一起举办了"来远堡肇建400年研讨会"。研究会通过研讨会的形式,有力地推动了张家口历史文化研究的进程。2016年,研究会人员参与了"一带一路"张家口国际高层论坛,安俊杰、韩祥瑞、陈希英等撰写的论文入选并获奖,安俊杰还在论坛做了主题发言。

同时,研究会按照市社科联的安排,组织会员积极参与社科项目研究,研究课题内容翔实、观点新颖,取得了丰硕成果,多项科研成果获市社科联科研成果奖。2007年，安俊杰的《试论新时期的张家口人文精神》、韩祥瑞的《张家口历史文化内涵阐释》、陈韶旭的《张家口历史文化如何为张家口旅游业提供有效支撑》等课题，列入张家口市第五届社会科学重点研究名录。其中泥河湾文化研究课题、宣化古城文脉保护研究课题、张家口历史资料整理课题、万全古城保护课题、鸡鸣驿保护课题取得了阶段性成果，为今后深入研究奠定了基础。为了更加深入地开展张家口历史文化知识的研究和普及，张家口历史文化研究会根据历史文化研究中发现的一些难点问题，公开向全市文史学者和爱好者征求答案，收到了很好的效果。

研究会编辑出版了《张家口历史文化研究》会刊1~18期，刊载467篇论文、专著2部，计约446万字。所刊载的文章，既有实证研究的内容，也有地方文化的理论探讨，都是由会员经过独立思考和研究完成的。主要包括地域、历史、文化、人物等方面的内容，可读性强，挖掘了很多新史料，提出了不少新观点，使张家口历史文化研究上了一个新的台阶，受到读者的普遍欢迎。论文中有许多具有借鉴意义的新观点和新建议，受到有关领导的重视，进入了各级领导的决策圈，对于张家口市历史文化的深入研究和历史文化资源的开发利用起到了推动作用。特别是2011年出版的《张家口历史文化研究》第10期，以研究会名义发表的《张家口文史常见的十个误说》一文，纠正了在此之前社会上流传的有关张家口历史文化方面的种种误说，并相继在《张家口日报》《张家口晚报》刊载，在社会上引起一定反响。由此，《张家口历史文化研究》成为全市历史文化工作者和文史爱好者交流研究成果的一个重要平台，受到有关部门的重视，还获得张家口市社科联各届社科成果不同等级的奖项。

（四）传播普及历史文化知识

为适应社会发展和群众需求，提高全民文化的认同感，增强文化的凝聚力，研究会还开展了张家口历史文化知识的普及工作，让更多张家口人知道家乡的历史文化，为生长在张家口感到光荣和自豪，进而更加热爱张家口、努力建设张家口。普及工作如下：

1. 和媒体合作开展了多种形式的历史文化知识宣传活动。2004年，张家口历史文化研究会与市委宣传部、张家口日报社、联通张家口分公司联合举办了"知家乡，爱家乡有奖知识竞赛"。研究会提供了《张家口历史文化知识集萃100题》题库，并拟写了竞赛试题，共收到了3000多份参赛答案，活动取得了圆满成功。2006年研究会与《张家口日报》联合开辟了"泥河湾史话"专栏，发表60期专栏文章。2007—2008年在市委宣传部组织下，研究会和电视台合办了《张家口大讲堂》节目，研究会的专家学者直接参与了张家口电视台《张家口大讲堂》节目的策划、组织、审定、讲演等工作，播出的《张家口》《宣府镇》《大境门》《慈禧西逃》《飞狐古道》等专题节目受到观众的好评。2008—2011年研究会人员参与了张家口市电视台《大茶坊》节目的演播，多人在电视节目中评说张家口历史文化，部分人员担任了节目的顾问，该节目在河北省电视社教类节目评选中获一等奖。2008年，研究会与张家口日报共同开辟专栏，连续刊载了《三祖文化漫谈》《漫话张家口体育》等系列文章，系统介绍了"中华文明从这里走来"的相关知识，并配合申办冬季奥运会，回顾展示了张家口体育发展的历史。2009年，研究会与《张家口日报》共同开办《张家口城建史话》与《细说张家口》专栏，为配合纪念张家口肇建580年及全市"一年一大步，三年大变样"中心工作，较系统地介绍了张家口的始建、变迁以来十项重大城建事项，向全市人民宣传普及了张家口的相关历史文化知识。

2. 为中央电视台、省电视台、市电视台制作宣传张家口的节目提供历史文化资料。2004年央视制作的《走遍中国》（共7集），均由研究会人员担任片中的文史学者。央视专题片《发现黄帝城》《抗日同盟军》及电视剧《大境门》均邀请研究会人员审读。2011年，研究会还参与电视专题片《乡音叙乡情》的策划和录制工作。

3. 研究会同张家口诗词协会开展历史文化和中华诗词进学校、进部队、进企业、进乡村活动。研究人员先后到河北北方学院、张家口教育学院、宣化科技职业学院、宣化三中、宣化十一中、桥东逸夫怡安小学、张家口市人民银行、华耐集团、蓝鲸集团、宣化河子西乡等举办讲座，激发人们对张家口的热爱、对历史文化和传统诗词的关注。部分单位还成为研究会和诗词协会的"历史文化教育基地""中华诗词教育基地"。

4. 捐赠书刊，传播历史文化知识。2013年，研究会向万全县、桥西区、市政协文史委、市委组织部干部培训基地、市申奥办公室、市社科联、张家口宾馆等有关县区和单位赠送了《张家口历史文化丛书》《张家口事典》《张家口——历代长城博物馆》《大境门史话》《万里长城（专刊）》等书刊3000余册。同时，研究会人员在参加各地研讨会或到有关单位、学校讲课时随时赠送书刊，有效地宣传了张家口历史文化知识。

通过研究会借助媒体等各种途径传播张家口历史、弘扬张家口文化、塑造张家口形象，让更多的人了解张家口，进一步提高了张家口在外界的知名度。2006年、2008年、2009年度研究会被张家口市社科联评为先进社团、优秀社团。

旅游是文化的载体，文化是旅游的底蕴。张家口地域文化的研究，成为挖掘张家口旅游资源的潜在优势，促进了全市旅游文化的发展和旅游产品的开发，张家口旅游业实现了跨越式的发展。十多年前，张家口旅游业刚刚起步。目前，张家口已经打造了十大旅游区：京西第一天然滑雪（崇礼）旅游区；京西第一门（长城大境门）旅游区；京西第一都（张北元中都）旅游区；京西第一川（沽源金莲川）旅游区；京西第一州（蔚县古城）旅游区；京西第一城（涿鹿黄帝城）旅游区；京西第一驿（怀来鸡鸣驿）旅游区；京西第一府（宣化古城）旅游区；京西第一泉（赤城温泉）旅游区；京西第一古人类遗址（阳原泥河湾）旅游区[1]。近年来，张家口市紧密依靠首都大都市圈的区

---

[1] 魏成元、刘欣茹、李欣：《张家口市全域旅游发展现状与展望》《张家口市文化产业发展研究（2017—2018年度）》，冀出内准字（2018）第AR020号，第34页。

位和市场优势，充分发挥草原、湿地、森林、温泉等资源优势，以全域旅游示范区建设和筹办2022年冬奥会为契机，充分挖掘和整合旅游资源，加快建设坝上生态（冰雪）旅游带和京张体育文化旅游带，精心培育和打造草原风光、特色乡村、冰雪运动、民俗文化、华夏祖源、避暑休闲、旅游康养等特色旅游品牌，为将张家口打造成为世界冰雪旅游名城和国际知名旅游目的地，经过全市上下干部群众的共同努力，旅游产业呈现出跨越式发展的态势。

2014—2016年张家口旅游业接待游客和收入[1]

年度	接待国内外游客（万人次）	旅游收入（亿元）	国际游客（万人次）	创汇（万美元）
2014	3318	237.6	9.93	2724.86
2015	3848	301.67	10.72	2908.97
2016	5193.77	519.24	11.2	2922.13

三、学术社团组织的展望

新世纪文化建设已成为中华民族伟大复兴的重要课题。随着改革开放和社会主义现代化建设的发展，学术社团已经成为各级党委、政府和学界公认的文化平台。任何事物的发展过程都是有规律可循的。展望学术社团的未来，在改革开放和现代化建设的大潮中，必将在充分体现自身价值的同时大有作为，在推动地域文化研究与普及中走向辉煌。

首先，学术社团在未来发展中必将凝聚大量人才，成为地域文化的新高地。一方面，学术社团的民间性、包容性、开放性，能够吸纳社会方方面面人才。另一方面，随着社会的进步、一大批文化人才的涌现，一些志同道合、有共同兴趣爱好的人士，通过社团组织必将走到一起，立足当地实际，挖掘地域文化，开展研究活动，繁荣地域文化，使人们守住精神家园、记住乡愁，

---

[1] 魏成元、刘欣茹、李欣：《张家口市全域旅游发展现状与展望》，张家口市社会科学研究所编著：《张家口市文化产业发展研究（2017—2018年度）》，冀出内准字（2018）第AR020号，第35页。

彰显一个地方文化的凝聚力。

其次,开展应用型学术研究,为当地经济社会发展服务,成为学术社团的主要职能,也是地方区域文化研究的活力所在。服务是学术社团研究不断发展的动力,也是学术社团的生命。针对中国文化产业地域化的状况,学术社团与当地党委、政府密切联系,坚持以地方的经济文化建设为服务方向,针对地方政府或企事业单位的需求,开展学术研究,提供咨询服务,势必会对当地社会、经济、文化发展起到更大的推动作用。同时,开展应用型学术研究,为地方经济社会发展服务,也有助于学术社团在文化领域占有一席之地,更加健康地发展。

再次,随着我国改革开放和现代化建设应运而生的地域文化研究,已进入全新的地方学学科建设阶段。"随着地域文化研究的深入发展,学科建设提到议事日程。于是,地方学研究在全国应运而生,并成为当今地域文化研究进入新阶段的根本标志和新发展的主流趋势。"[1] "地方学,简言之,即研究某一特定区域的学问。"[2] 跳出学会看学会,借鉴北京学研究所、鄂尔多斯学研究会办会理念,用地方学理论研究的成果指导建立张家口学,从而使张家口学理论研究取得丰硕成果。"没有大量的新史料的发现,冠以'学'的基础不太坚实,也容易在学界引起争议,当大量新史料被发现之后,'学'的呼声便与日俱增,直到最后被学界认可。"[3] 地域文化研究经历了十多年的探索,已经取得了一批初步研究成果。目前,张家口市在张家口历史文化研究会的研究和引领下,已挖掘整理了大量史料,具备了建立张家口学的条件。所以,张家口历史文化研究会今后的发展思路,要以弘扬张家口文化为宗旨,运用多学科的理论进行综合交叉研究,构建张家口学学科体系。实际运作中要聚焦重

---

1 刘开美:《地域文化与地方学研究》,北京:学苑出版社,2015年,第287页。
2 张有智、谢耀亭:《新时期地方学研究的几点思考——以晋学研究为例》,《北京学研究2014》,北京:中国社会科学出版社,2015年,第13页。
3 张有智、谢耀亭:《新时期地方学研究的几点思考——以晋学研究为例》,《北京学研究2014》,北京:中国社会科学出版社,2015年,第15页。

大问题、现实问题和焦点问题，设计科研项目，提出解决问题的对策和建议，使地方学研究起到事半功倍的效果，研究的成果也能经得起学界的检验。另外，创建张家口学，是张家口发展实践的需要，也是张家口扩大社会影响力、提升自身文化实力的需要。

最后，学术社团在改革的大潮中将通过创新机制发展，推动会员科研转型，紧贴当地经济社会发展，开展卓有成效的学术研究、学术咨询活动，逐渐向当地党委、政府的新型智库职能转变。

2015年1月，中共中央办公厅、国务院办公厅印发了《关于加强中国特色新型智库建设的意见》，指出："中国特色新型智库是以战略问题和公共政策为主要研究对象、以服务党和政府科学民主依法决策为宗旨的非营利性研究咨询机构，应当具备以下基本标准：

"（1）遵守国家法律法规、相对稳定、运作规范的实体性研究机构；（2）特色鲜明、长期关注的决策咨询研究领域及其研究成果；（3）具有一定影响的专业代表性人物和专职研究人员；（4）有保障、可持续的资金来源；（5）多层次的学术交流平台和成果转化渠道；（6）功能完备的信息采集分析系统；（7）健全的治理结构及组织章程；（8）开展国际合作交流的良好条件等。"[1]

学术社团经过多年的摸爬滚打，初步或已具备了向新型智库职能转变的条件。地域文化是中华文化的原生态，当代地域文化研究的兴起，便是中国改革开放的一道亮丽风景线。学术社团发挥文化智库的职能作用，将地域文化研究平台向新型智库职能转变，能够不断深化对区域文化发展方向、发展思路、发展格局的认识和研究，为政府部门决策提供服务，推动区域经济社会的发展和文化的繁荣。

---

[1] 中共中央办公厅、国务院印发：《关于加强中国特色新型智库建设的意见》，《中华人民共和国国务院公报》2015年第4期。

四、结语

在"全球化"背景下,以地域文化为标志的软实力,已经成为一个地方发展的巨大动力。一个地方的文化产业,与当地独有的历史文化价值有紧密的关系,这种特有的文化价值是带动一个地方社会、经济、文化发展的潜在动力。所以,学术性社团开展地域文化或地方学研究,有良好的基础和广阔的发展前景。为此,学术性社团要认清自身与经济社会发展的关系,坚持与时俱进的理念,立足当地,立足实际,以独特的视角对一个地方的政治、经济、文化、生态文明等方面内容开展卓有成效的学术研究,为当地党委、政府决策提供理论支撑、知识保障和智力支持,就会成为一个有作为的"智囊团"。只有在挖掘地域文化资源、发展地域文化产业上用功、用力,学术社团才会大有作为。

时代呼唤内蒙古学[1]

胡益华　杨宏杰[*]

进入 21 世纪，伴随着我国经济社会的快速发展和推进决策科学化、民主化的需求，社会科学类社会组织获得了长足发展的历史性契机；地方学研究更是借势发力、竞相开放，北京学、上海学、重庆学等以省市地域命名的地方学，从创意提出到集结成果的二十多年间，人才辈出，硕果累累；杭州学、武汉学、成都学、温州学、泉州学、鄂尔多斯学等地方性社会组织百花争妍，它们建立机构、组织研究、开展活动，在国内外产生了日益广泛、越来越大的社会影响，徽学、桂学、藏学等深耕细研、坚持不懈，也集结了大量专门人才，取得诸多研究成果。在这种背景下，作为专门研究内蒙古发展问题学问的地方学——"内蒙古学"应运而生。

2017 年，中国地方学研究交流暨鄂尔多斯学学术座谈会在鄂尔多斯市举办。会上，时任内蒙古自治区社科联党组书记、主席杭栓柱研究员提出创建"内蒙古学"的倡议，引起与会人员的广泛共鸣[2]。此后，内蒙古自治区社科联积极推动内蒙古学的建设，连续三年举办"内蒙古学论坛"，来自区内外的专

---

[*] 胡益华，内蒙古自治区社科联原一级巡视员，内蒙古学研究会会长、教授；杨宏杰，内蒙古鸿德文理学院客座，内蒙古自治区社科联学刊杂志社编辑。此文写于 2020 年。

[1] 本文为内蒙古社会科学基金项目——"内蒙古学基本问题研究"（立项编号：20W202）子课题"时代呼唤内蒙古学"的结项成果。

[2] 杭栓柱. 伟大的实践呼唤内蒙古学的构建[C]. 鄂尔多斯学研究 2017 年论文集。

家学者纷纷撰写内蒙古学文章，掀起了创建内蒙古学的热潮。

当然，在创建内蒙古学的过程中，也有一些专家学者提出质疑：内蒙古学能成为一门值得人们研究的专门学问吗？这就给我们提出了一些迫切需要研究解答的问题：如创建内蒙古学的重要意义是什么？创建内蒙古学有哪些客观需要？创建内蒙古学的现实基础有哪些？等。本文就是我们对上述内蒙古学问题进行研究与探索的初步成果。

一、创建内蒙古学的重要意义

提出创建内蒙古学，这在内蒙古自治区发展史上是破天荒的第一次，也是内蒙古自治区哲学社会科学发展史上具有里程碑意义的大事、喜事。要使人们深入理解创建内蒙古学的价值，我们需要深入挖掘创建内蒙古学的理论意义、实践意义、政治意义和历史意义。

（一）创建内蒙古学具有重大的理论意义

1、内蒙古学的创建，意味着一门专门研究内蒙古发展问题学问的诞生。内蒙古学是将内蒙古地区作为研究的核心区域，以现实问题为导向，采用跨学科研究与多领域协作的研究路径，探究当地人群在历史进程与社会变迁中创造的物质文明与精神文明，研究内蒙古地区的自然环境、社会经济、历史文化演变到今天的历史脉络，并且总结出当地各个领域的地方特质与发展规律的一门综合性的应用型人文学科。内蒙古学的宗旨是：在总结内蒙古历史、分析内蒙古现状、构想内蒙古未来的基础上，为内蒙古地区的经济发展、政治建设、文化建设、社会建设、生态文明建设和党的建设提出建设性的综合意见与智力支撑。建设"内蒙古学"学科，意在整合各学科中的内蒙古研究力量，引导内蒙古研究的方向，将多学科方法集中于内蒙古重大理论与现实问题研究之中，从而拓展内蒙古学研究的深度和广度。内蒙古学的构建，使得对内蒙古发展问题的研究从以往的单项研究上升到综合研究，形成一门综合研究内蒙古发展历史、现状与未来的学问，这对内蒙古自治区哲学社会科学的发展有推动意义，对内蒙古自治区实践发展也有指导价值。

2、内蒙古学的创建，标志着内蒙古自治区在构建中国特色、内蒙古特点的哲学社会科学研究上迈出了可喜的一步。2016年5月17日，习近平总书记在哲学社会科学工作座谈会上提出，要构建具有中国特色的哲学社会科学，在指导思想、学科体系、学术体系、话语体系等方面充分体现中国特色、中国风格、中国气派。这为我们开展内蒙古学研究提供了强大思想武器和宏大的思想视野。2018年8月，内蒙古自治区党委常委、宣传部部长白玉刚同志在内蒙古自治区第五届哲学社会科学优秀成果奖颁奖大会上提出：要构建具有中国特色、北疆特点、时代风貌的哲学社会科学。内蒙古学是一门新型学问，具有明显的地域性、多学科交叉性、多范式综合性和多领域应用性的特点。内蒙古自治区社科联着力推动创建内蒙古学，既是认真贯彻好习近平总书记的指示精神，贯彻好自治区党委的要求的具体体现，也为繁荣发展内蒙古哲学社会科学研究迈出了可喜的一步。

（二）创建内蒙古学具有现实的实践意义

1、创建内蒙古学，有助于综合研究内蒙古发展中的实践经验。实践是理论之母，实践发展需要理论上的系统总结和认识深化。内蒙古自治区成立于1947年5月1日，至今已走过70多年的发展历程。70多年来，内蒙古自治区在中国共产党的领导下，坚定不移地走中国特色解决民族问题的民族区域自治之路、走中国特色社会主义发展道路，各民族人民守望相助、团结奋斗，实现了民族团结、边疆稳定、社会和谐、经济社会发展，并且长期保持了"模范自治区"的光荣称号，在全国乃至全世界都树立了光辉榜样。总结内蒙古的发展经验，需要多学科发力、多层级联动、多方面挖掘。而内蒙古学恰恰具有这样的优势和特点，它能够在综合研究内蒙古发展中的实践经验方面发挥集聚、统领作用。

2、创建内蒙古学，有助于着力研究解决内蒙古发展中的重大问题。促进内蒙古经济社会繁荣发展，是以习近平总书记为核心的党中央对内蒙古的殷切期望，也是内蒙古 2500 多万干部群众的共同愿望。内蒙古自治区在发展中有许多重大问题值得研究解决，如习近平总书记在 2014 年 1 月深入内蒙古考察时的讲话中，指出内蒙古存在"四多四少"问题：即传统产业多、新兴产业少，低端产业多、高端产业少，资源型产业多、高附加值产业少，劳动密集型产业多、资本科技密集型产业少。针对上述问题，习近平总书记提出了内蒙古转变经济发展方式的"五个相结合""五个有效融入"的要求：即推动转方式同调整优化产业结构相结合，把转方式有效融入调结构之中，推动转方式同延长资源型产业链相结合，把转方式有效融入资源转化增值之中，推动转方式同创新驱动发展相结合，把转方式有效融入创新驱动发展之中，推动转方式同节能减排相结合，把转方式有效融入绿色循环低碳发展之中，推动转方式同全面深化改革开放相结合，把转方式有效融入改革开放之中，并强调要构建内蒙古传统产业新型化、新兴产业规模化、支柱产业多元化的产业发展新格局[1]。如何贯彻落实好习近平总书记的指示精神，需要我们聚合各方面力量进行深入的研究。又如在如何着力抓好农牧业和牧区工作方面，习近平总书记指出，内蒙古要实现"三个转变""一个跨越"，即推进畜牧业由自然放牧向建设养畜转变、由分散经营向适度规模经营转变、由规模扩张型向质量效益型转变，培育更多龙头企业和名牌产品，加快实现畜牧业大区向畜牧业强区的跨越，这也是一个需要研究、解决好的现实问题。2019 年 3 月，习近平总书记在参加全国"两会"内蒙古代表团审议时的讲话中，突出强调内蒙古要保持生态文明建设的战略定力，走出一条生态优先、绿色发展为导向高质量发展的新路子，那么这条新路子怎么走？值得我们深化研究。2020 年 5 月 22 日，习近平总书记在全国"两会"内蒙古代表团审议时的讲话中，进一步提出需要我们重点研究解决的问题：扩大内需，内蒙古应该如何找准症结、找到突破口，更好融入我国国内大循环？优化和稳定产业链、供应链，

---

[1] 2014 年 4 月 23 日自治区党委九届十一次全委扩大会议通过的"内蒙古自治区党委关于深入学习贯彻习近平总书记考察内蒙古重要讲话精神的决定"，2014 年 5 月 5 日人民网内蒙古频道。

内蒙古应该如何发挥能源资源富集、绿色农畜产品供给和军工等产业的优势，围绕更好保障国家能源安全、粮食安全、产业安全、生态安全来推进现代化产业体系建设？推进以人为核心的新型城镇化，内蒙古应如何克服地广人稀、生产要素分散的劣势，构建多中心带动、多层级联动、多节点互动的新型城镇化格局？这些都需要我们集思广益深入研究谋划。

关于内蒙古学研究什么的问题，早在2018年8月19日召开的首届内蒙古学论坛上，内蒙古自治区党委常委、宣传部部长白玉刚同志在致辞中就曾提出内蒙古学应该从理论层面予以阐释、解读的15个应用性课题：如何践行守望相助理念？如何扎实推动经济高质量发展？如何扎实推进脱贫攻坚？如何扎实推进民族团结和边疆稳固？如何把握新时代内蒙古发展的战略定位和路径？如何建设新时代模范自治区？如何筑牢祖国北疆生态安全屏障？如何铸牢中华民族共同体意识和建设祖国北疆安全稳定屏障？如何推进内蒙古乡村振兴特别是牧区振兴？如何在大数据基础上推进全区统一的基本公共服务和政务服务平台建设？如何传播好社会主义核心价值观与草原文化核心理念？如何促进乌兰牧骑与文化的繁荣兴盛？如何立足国家全局扩大内蒙古的对外开放和对外文化交流合作？如何加强各行各业各个门类人才队伍建设？如何推进内蒙古学体系的构建与应用研究？这些课题的提出，为内蒙古学的研究指明了努力方向，内蒙古学的创建也将在研究解决这些事关内蒙古发展中的重大问题上发挥重要作用。

（三）创建内蒙古学具有重大的政治意义

1、创建内蒙古学，对于总结研究内蒙古自治区长期保持了"模范自治区"光荣称号的成功经验具有重大政治意义。内蒙古是我国成立最早的少数民族自治区。内蒙古自治区成立70多年来，民族团结、边疆稳定、社会和谐、经济社会繁荣发展，长期保护了"模范自治区"的光荣称号，为中国特色社会主义制度增了光，为中国共产党的民族区域自治政策填了彩，为我国的民族团结进步事业树立了光辉榜样。长期保持"模范自治区"的光荣称号，是多方面作用、共同发力的结果，总结研究其成功经验也需要诸如"内蒙古学"这样的综合性学问来完成。

2、创建内蒙古学，对于打造祖国北疆亮丽风景线、书写新时代内蒙古发展的新篇章具有重大政治意义。2014年1月，习近平总书记在春节前夕亲临内蒙古调研考察，并在听取内蒙古自治区党委、政府工作报告后，对内蒙古自治区各族干部群众提出"把祖国北疆这道风景线打造的更加亮丽"的期望；2020年5月，习近平总书记在参加十三届全国人大三次会议内蒙古代表团审议时的讲话中，期望大力弘扬蒙古马精神，书写新时代内蒙古发展的新篇章。落实这些期望和要求，需要从经济、政治、文化、社会、生态文明等方面努力，这就需要内蒙古学这样的综合性学问从多侧面、综合地去研究、去探索，因为内蒙古学具有学科、人才综合性的优势和特点，能够综合性地调动各方面资源为政府科学决策提供有参考价值的意见和建议。"内蒙古学"把这项工作做好了，对于内蒙古自治区来说必将是一项功在当代、利在千秋的大好事。

（四）创建内蒙古学具有深远的历史意义

1、创建内蒙古学，有助于为内蒙古的历史发展提供综合性知识梳理。内蒙古历史悠久，自古以来就是北方民族繁衍生息、劳动创造、生存发展的乐园，在中华民族多元一体格局的形成过程中，始终发挥着不可或缺的作用。近代以来，内蒙古各族人们积极参加反帝反封建的民族民主革命。从五四运动开始，特别是中国共产党成立后，内蒙古革命与全国革命更加紧密地结合在一起，成为中国共产党领导的中国革命的重要组成部分。1947年5月1日，内蒙古自治政府成立，从此，内蒙古各族人民在中国共产党的领导下，在民族团结、政治稳定、经济发展、社会进步等方面都走在了民族地区的前列，成为"模范自治区"。内蒙古地区的历史是中国历史的重要组成部分，在中国历史发展和中华民族共同体形成过程中具有重要的、不可替代的地位。创建内蒙古学，对于我们用历史的眼光看待内蒙古的历史发展、了解内蒙古的文明演进与中华民族共同体的形成、了解内蒙古的革命历史与我国第一个少数民族自治区的成立、了解社会主义革命和建设时期的内蒙古、了解内蒙古的改革开放与快速发展，总结内蒙古发展的历史经验、挖掘内蒙古发展的特殊规律具有重大的历史意义。

2、创建内蒙古学，有助于为内蒙古的长远发展集聚综合性研究人才。党的十九大描绘了中国特色社会主义现代化建设的宏伟蓝图，作为边疆少数民族自治区的内蒙古，要落实习近平总书记对内蒙古提出的"建设亮丽内蒙古，共圆伟大中国梦"的期望，书写新时代内蒙古发展新篇章的要求，既需要激发全区各族人民的工作热情，也需要发挥社会科学界专家学者的积极作用，而内蒙古学的创建，有助于为内蒙古的长远发展集聚综合性研究人才，并从内蒙古发展的全局上谋划发展、推进发展。

3、创建内蒙古学，有助于为内蒙古的科学发展推出综合性研究成果。理论研究承载着为社会经济发展服务的重要使命，面对新时代社会主要矛盾的深刻变化，面对人民群众对美好生活的新期待，要求我们社科界站在新的历史起点上，系统梳理内蒙古自治区经济社会发展中的经验，深入剖析经济社会发展中的突出问题，提出推进经济社会发展的对策建议。而内蒙古学的创建，能够将多学科成果、多学科方法集中于内蒙古重大理论与现实问题研究之中，推出服务于内蒙古科学发展的综合性研究成果，从而整体上把握内蒙古发展趋势、探究内蒙古发展规律。

二、创建内蒙古学的必要性

创建内蒙古学的必要性可概括为以下四个方面：一是深刻认识的需要，二是系统总结的需要，三是综合研究的需要，四是长远规划的需要。

（一）对内蒙古进行深刻认识的需要

1、深刻认识内蒙古的历史，需要构建内蒙古学。内蒙古学是通过对内蒙古这个特定地域历史发展、经济发展、政治发展、文化发展、社会发展、生态文明建设和党的建设的综合研究，揭示其发展进步的独特规律，进而让世界了解内蒙古,让内蒙古走向世界。一方面,通过内蒙古学研究,能够使内蒙古各族人民在全面深入深入了解内蒙古发展历史的同时,激发内蒙古各族人民的国家认同、民族认同,增强归属感和自豪感,更加热爱中国共产党、热爱伟大祖国、热爱内蒙古,并积极为内蒙古的发展贡献力量。另一方面,创建内蒙古学,加强对内蒙古学的研究,有助于国内外加深对内蒙古的认识,扩大内蒙古在国内外的知名度和影响力。

2、对内蒙古的现状进行深刻认识,需要构建内蒙古学。把握内蒙古的现实状况,是谋划内蒙古发展的现实基础。内蒙古地处祖国北部边疆,外接俄罗斯、蒙古国、内联八省(区),是我国成立最早的少数民族自治区,也是我国北疆安全稳定的屏障和北疆生态安全的屏障,战略地位十分重要,区位优势比较明显。经过70多年的发展,内蒙古经济社会发展同全国各地一样,已经站在新时代的历史起点之上。综合研究内蒙古的现实基础,看优势、找弱项、挖潜力,才能更好地谋划发展。这不仅需要专门的学科去研究,也需要内蒙古学这样的综合性学问来把握。

3、对内蒙古的未来进行深刻认识,需要构建内蒙古学。古语云:"不谋万世者,不足谋一时;不谋全局者,不足谋一域"。"建设亮丽内蒙古,共圆伟大中国梦",需要对内蒙古的未来在预测研究的基础上进行深刻认识,需要我们全面把握、深刻认识、科学谋划2035年的内蒙古、2050年的内蒙古发展目标。在2019年第二届内蒙古学论坛上,一些专家学者就提出了"2035年的内蒙古"的设想,引发人们的思考,也让我们深切感到对内蒙古的未来进行深刻认识,不是哪一个学科单独能够完成的任务,它需要诸如"内蒙古学"这样的综合性学问来助力。诚如时任内蒙古自治区政协副主席伏来旺同志所言,"要看懂内蒙古,第一要把它放在历史的长河中看,看得较深;第二要多角度全方位看,看得较全;第三要用发展的眼光看,看得更远"。[1]

---

[1] 伏来旺:《我看内蒙古》,呼和浩特:内蒙古人民出版社,2014年,第4页。

（二）对内蒙古进行系统总结的需要

地方学研究是一个知识系统工程，对内蒙古进行系统总结也需要内蒙古学这样的学科来承担。

1、对内蒙古进行系统研究，需要构建内蒙古学。科学知识在经历了近现代学科细分、细致观察微观世界的累积过程后，面对当代认识和解决复杂问题的困境，重新走向综合共生的系统。构建内蒙古学的提出，既回应了整个时代知识整合的需求，也回应了内蒙古发展的需求。近些年来，内蒙古在发展中也遇到了一些重大而复杂的问题，这些问题很显然已经超出传统学科框架下单一学科的界限。没有经济学、政治学、文化学、历史学、社会学、民族学等学科的广泛合作，它们是不可能得以解决的，甚至问题本身都不会被提出。但是我们目前缺乏的就是将各问题领域整合起来的综合性，以及适合区情的学科引领学术界对内蒙古进行整体性研究。所以，内蒙古学这样一门集地方性、综合性、应用性特征于一体的学问的诞生，是对内蒙古进行整体研究的迫切需要。

2、对内蒙古进行全面总结，需要构建内蒙古学。内蒙古自治区是我国成立最早的少数民族地区，经过70多年的发展，内蒙古自治区在经济、政治、文化、社会、生态文明等方面取得了一系列成就，积累了多方面经验，总结这些成就，归纳这些经验，从中找出内蒙古发展中规律性的东西，需要内蒙古学这样的综合性学问来进行研究。

（三）对内蒙古进行综合研究的需要

1、谋求实现学科之间的交流交融需要对内蒙古进行综合研究。地方学是将一个特定区域作为主要研究对象，进行全面、系统研究的综合性学问。目前对内蒙古的研究，有从经济上研究的，有从政治上研究的，有从文化上研究的，有从社会上研究的，有从生态文明上进行研究的，但存在学科之间互相隔绝，缺少交流，没有交融。因此，不同学科领域的专门人才需要通力合作，采取协同创新的团队研究方式才能更好地探究内蒙古学的研究课题。问题的错综复杂需要一门统领性的学科去将分门别类的系统研究统筹起来，打破自然科学和社会科学界限，打破各领域各自为战的局面。所以内蒙古学既基于已有研究成果基础之上，又高于这些成果，可以为内蒙古的政治、经济、文化以及社会的发展提供科学可行的方法，从而有利于内蒙古发展过程中许多问题的解决。因此，内蒙古学致力于研究"是什么"和"如何做"。而且，从知识形成的路径来看，内蒙古学知识体系的形成需要更多实践的推动，而不是相反，所以内蒙古学应该是一门应用性较强的学问。

2、宣传扩大内蒙古影响需要对内蒙古进行综合研究。宣传内蒙古，讲好内蒙古故事，扩大内蒙古的对外影响，需要社会各界在对内蒙古有基本共识的基础上才能做好。时任内蒙古自治区政协副主席的伏来旺同志在其所著《我看内蒙古》一书中，从地大物博资源多、辽阔草原胜景多、游牧民族风情多、和谐文化典例多、发展面临挑战多、后来居上优势多等 6 个方面，全面介绍了内蒙古的地大物博、丰富资源、人文景观、文化遗存、历史胜迹、民族风情、经济发展、生态文明建设等，并进行了深层次的分析和研究，给人以很多启发[1]。宣传扩大内蒙古影响，还需要有更多的人对内蒙古进行研究，需要有更多的研究成果对内蒙古发展进行深度呈现。

（四）对内蒙古进行长远规划的需要

2017 年，内蒙古自治区迎来成立 70 周年，习近平总书记饱含深情为内蒙古题词："建设亮丽内蒙古，共圆伟大中国梦"。这一题词为内蒙古自治区的未来发展指明了前进的方向，也为内蒙古各族人民在新的历史起点上守望相助、团结奋斗，为把祖国北疆这道风景线打造得更加亮丽提供了精神动力，而这必然为内蒙古学研究、谋划内蒙古发展提出了新课题和新需要。

1、建设亮丽内蒙古需要内蒙古学的专家学者建言献策。建设亮丽内蒙古，是习近平总书记对内蒙古自治区各族人民提出的殷切期望，也是内蒙古 2500 万各族人民的共同愿望。如何建设亮丽内蒙古？它既需要实践工作者的

---
[1] 伏来旺：《我看内蒙古》，呼和浩特：内蒙古人民出版社，2014 年，第 1—8 页。

努力，也需要专家学者建言献策。2014年1月，习近平总书记亲临内蒙古考察提出把祖国北疆这道风景线打造得更加亮丽这一期望后，许多专家学者积极建言献策，围绕建设亮丽内蒙古这一目标指向，提出了更加细化的打造经济发展的风景线、政治稳定的风景线、文化繁荣的风景线、民族团结的风景线、生态文明的风景线、社会和谐的风景线的建议，并被自治区党委、政府采纳，列入此后的施政目标。今后，建设亮丽内蒙古，打造新时代的模范自治区，依然需要包括内蒙古学在内的社科界专家学者建言献策。

2、共圆伟大中国梦需要内蒙古学的专家学者出谋划策。党的十九大着眼实现中华民族伟大复兴的中国梦，规划了我国未来发展的宏伟目标：到2020年，全面建成小康社会；到2035年，基本实现社会主义现代化；到本世纪中叶，把我国建设成为富强民主文明和谐美丽的社会主义现代化强国。宏伟奋斗目标的确立，指明了中国人民和中华民族面向未来的发展方向，体现了中国共产党为中国人民谋幸福、为中华民族谋复兴的矢志不渝，进一步彰显了中国特色社会主义制度的优越性。为了确保这一宏伟目标的实现，党的十九届四中全会《决定》中提出，"到建党100年时，在各方面制度更加成熟更加定型上取得明显成效；到2035年，各方面制度更加完善，基本实现国家治理体系和治理能力现代化；到新中国成立100年时，全面实现国家治理体系和治理能力现代化，使中国特色社会主义制度更加巩固、优越性充分展现"[1]。内蒙古自治区作为祖国大家庭中的重要成员，必须围绕全国发展目标、发展大局来谋划自身发展，这就需要了解、把握内蒙古从哪里来、到哪里去的问题，而研究解答该问题恰恰需要各社会科学学科以及内蒙古学这样的综合学科来完成。内蒙古学坚持以问题导向为出发点，通过空间、时间和各个学科的不同维度来对内蒙古进行全面剖析，既要回答"我"是谁、"我"从哪里来、现在处于什么方位，还要回答"我"要到什么地方去。内蒙古学的一个重要目标，就是要整合各方面专家学者的力量向着这个方向努力。

---

[1] 习近平：《习近平谈治国理政》第三卷，北京：外文出版社，2018年，第21—23页，111页。

3、科学规划内蒙古未来发展是全面开启社会主义现代化新征程的客观需要。内蒙古自治区作为祖国北疆生态安全屏障与北疆安全稳定屏障，科学规划内蒙古未来发展是全面开启社会主义现代化新征程的客观需要，但前提是要清醒地认识内蒙古的发展阶段和面临的形势。就目前而言，内蒙古的综合实力还不强，工业化、城镇化、信息化、农牧业现代化水平还不够高；经济增长方式有待进一步优化，科技创新能力较弱，资源能源环境约束趋紧，社会安全稳定任务仍较艰巨，发展不充分、不平衡、不可持续的问题仍然存在，可以说建设新时代模范自治区，内蒙古任重而道远。科学规划的实施需要上升到地方学的层面来进行研究和思考，内蒙古学要描述内蒙古客观存在的各种现象或问题，揭示这些现象和问题形成的原因、发展变化的机制、相互之间的关系、所反映问题的实质，这有助于将研究的成果运用到未来发展的科学规划中。

三、创建内蒙古学的可能性

创建内蒙古学，需要多种学科支持、多年学术积累、各方人才支撑。目前来看，创建内蒙古学的基本条件已经具备[1]。

（一）全国地方学的启迪

在参加中国地方学研究交流的过程中，我们曾与全国各地地方学研究团体的同仁们有过交流，也关注了他们在构建地方学方面的成功做法和经验，这无疑为内蒙古学的研究带来许多启发与鼓舞。

1、全国各地兴起地方学建设热潮。早在20世纪90年代，全国范围内就有地方学的研究成果逐渐问世，当时囿于传播媒介的单一以及讯息滞后，地方学的研究动态仅局限于较小的城市单元。进入21世纪，以互联网为代表的现代信息技术迭代速度不断加快，人与人的交往半径逐渐扩大，地球村成为

---

[1] 哈达:关于启动"内蒙古学"研究的可行性分析，中国地方学研究成果系列——《地方学研究》第二辑，第53–57页，北京：知识产权出版社，2018年，第53—57页。

了现实，学术界的动态也能在第一时间被同行知晓。与此同时，我国改革开放 40 多年来，经济社会事业蒸蒸日上，城市化进程日益提速进而带来以城市为主要研究对象的地方学走出"深闺"。一些有着深厚历史积淀、经济发展较好的城市提出建立城市学并且付诸现实，得到了当地党政部门的高度重视，拥有了专业的机构和载体。比如武汉学、南京学、成都学、温州学、泉州学、鄂尔多斯学等。同时，许多专家学者的研究视角不仅仅局限于某个城市，而是扩大至这个城市所处的省域，比如北京学、上海学、重庆学。河南省的专家学者还创意提出构建"中原学"。2005 年在北京学研究所、鄂尔多斯学研究会的倡议下，温州学、泉州学、扬州学等地方学研究机构参与共同发起创立了"中国地方学研究联席会"，并由鄂尔多斯学研究会担任第一任轮值主席方；2008 年，轮值主席方移交北京学研究所，目前正式会员单位有 35 家，经常参加联席会活动的地方学机构是 46 家。中国地方学研究联席会的创立，把分散在各地的地方学研究机构以及海内外从事地方学研究的学术团体和有识之士联合了起来，有力促进了国内地方学研究的合作以及地方学研究的国际学术交流。如北京学研究所担任轮值主席方以来，就曾举办过"中日韩地方学研究理论与实践学术研讨会""海峡两岸地方学与地方文化学术研讨会""首届亚洲地方学与地方文化国际学术研讨会"等，有效扩大了中国地方学研究联席会的影响力。中国地方学研究联席会作为地方学研究平台，一直践行着民间学术联盟的使命，发挥着联系、联络、联合、联谊的职能，正在将中国地方学研究向广度和深度拓展，并建立起与日本国"富士学"、韩国"首尔学"等国际性地方学的联系[1]。

2、全国各地开展地方学研究活动

伴随着地方学研究机构的建立，各地的地方学研究活动也广泛开展起来。如北京学以微观层次逐次推进的调查研究为重点，积极开展北京城市及区域

---

[1] 梁达平. 中国地方学研究的三大特征，中国地方学研究成果系列——《地方学研究》第二辑，北京：知识产权出版社，2018 年，第 11—23 页。

发展的综合研究和应用研究，努力为推进首都经济发展、社会进步和文化建设提供决策咨询；晋学将历史上提出的"晋学"概念，重新列入学术研究日程，并推动建立了山西省晋学研究中心，成为山西省委宣传部"建设文化强省"战略而组建的八大研究中心之一；上海学以推出《上海学》期刊为抓手，将学界争鸣的概念付诸实践指导，对培养和凝聚学术团队、推动学术研究起到了积极作用；桂学作为少数民族自治区成立的第一个地方学研究会——广西桂学研究会，把壮族学等多民族文化以及各行各业多学科整合在一起，形成集社会科学、文学艺术等研究领域为一体的综合学科研究合力。鄂尔多斯学研究会为鄂尔多斯市经济社会发展提供了强有力的理论支撑和智力支持，成为国内地方学研究的榜样和标杆。鄂尔多斯学研究会以创建品牌地方学、构建和谐研究会为目标，按照"鄂尔多斯学 = 知识体系 + 应用服务"的思路，在注重历史文化、理论政策等研究的同时，积极开展鄂尔多斯学进学校、进基层、进网络活动，将研究视角拓展到鄂尔多斯经济社会发展的诸多领域，并积极主动地与各旗县区合作，积极推动研究成果有效转化，成为当地很有影响的社会组织，先后被评为全国先进社会组织、全国社科联创建新型智库先进社会组织[1]；该会会长奇海林教授总结的鄂尔多斯学研究会"因时代而立，因作为而兴，因交流而跃，因个性而美，因文化而久"的经验，深得同行们的赞同。2016年2月，由中国地方学研究联席会与鄂尔多斯学研究会合作，共同在公益性思想类网站"草根网"建立团体博客——"地方学研究"，把地方学研究的"同一个主题"与互联网的"同一个平台"结合起来，为地方学研究开辟了新的路径和空间，引起全国地方学界广泛关注。

3、全国各地推出地方学研究成果

伴随着地方学研究的深入推进，一大批地方学研究成果相继涌现，我们在编写《内蒙古学概论》过程中收集到的比较有代表性的专门著作有：《江西

---

[1] 杨勇：努力开创地方研究与实践的坚实阵地，中国地方学研究成果系列——《地方学研究》第二辑，北京：知识产权出版社，2018年，第70—73页。

学》《重庆学》《成都学概论》《鄂尔多斯学概论》等。专题性著作有：北京学研究所张妙弟教授主编的《地方学与地方文化》，刘开美教授主编的《地方文化与地方学研究》，张宝秀教授主编的《北京学研究》，北京学研究基地编的《北京学研究报告》，广州学研究院涂成林教授编辑出版的《当代广州学评论》，武汉学研究院涂文学教授编辑出版的《武汉学研究》。这些地方学研究成果的推出，为内蒙古学的构建提供了重要借鉴，也给我们以极大鼓舞。地方学作为一门新兴学科，研究对象的多学科交叉性、多范式综合性、多领域应用性等特点，决定了这一学科在发展过程中不拘泥于固定思维模式和运作态势。随着研究交流的不断深入，在不同地域创造的无限丰富的物质财富和精神财富，必将推动地方学发展走向更加广阔的研究领域。

（二）相关学科的支撑

1、具有内蒙古特色的相关学科不断发展壮大。内蒙古学的构建需要相关学科的支撑。经过多年来的努力，内蒙古自治区的高校、党校、社科研究单位加强各具特色的学科建设，在具有内蒙古特色的经济学研究、政治学研究、文化学研究、社会学研究、生态学研究和党建学研究等方面，形成了具有内蒙古特点的学科研究方向、学术优势。如内蒙古社会科学院的草原文化研究、内蒙古大学的蒙古学研究、内蒙古师范大学的民族学研究、内蒙古农业大学的牧区经济研究、内蒙古党校的党建学研究、内蒙古发展研究中心的宏观经济研究等。在这些优势学科的研究方面，内蒙古自治区集聚了众多人才，搭建了学术研究平台，推出了系列研究成果，为内蒙古学的构建提供了学科支撑。

2、具有内蒙古特色的相关学科走向联合。由于内蒙古学是一门综合性的学问，这就不能忽视多学科在内蒙古学研究中的运用。内蒙古学的研究领域具有无限的广阔性，所以必须要借助其他学科的特点、知识体系、理论架构来为内蒙古学研究提供必要的理论涵养，它既是高于其他学科的学问，又具有很强的综合性，是在其他学科协同作战的基础上形成的学问，与其他学科相互交融、相互交叉、相互渗透，它们为内蒙古学的发展提供了多元的理论基础和研究方法的支撑。

（三）研究队伍的集聚

1、研究基地的建立。2018年，内蒙古党委宣传部确定的第三批哲学社会科学规划项目名单中，依托内蒙古社科联建设的内蒙古学研究基地获准立项，内蒙古党委宣传部每年给予一定经费支持，内蒙古社科联按要求一比一予以资金匹配；2020年6月，内蒙古学研究会经内蒙古党委宣传部、社科联、民政厅批准成立，并于8月27日在鄂尔多斯市举行了首届会员大会，标志着内蒙古学研究有了专门的组织。为扶持内蒙古学研究，内蒙古社科联于2019年在内蒙古社会科学基金项目中设置了"内蒙古学研究"专项课题，分为一般项目、重点项目，分别给予经费支持。内蒙古学研究基地、内蒙古学研究会的建立，内蒙古学研究课题的设立，为集聚内蒙古学研究人才搭建了平台，创造了条件。

2、研究队伍的集聚。近年来，围绕如何促进内蒙古高质量发展，内蒙古自治区内外的专家学者进行了不懈的努力和探索，形成了一批具有较高质量的研究成果，为内蒙古自治区各级党政部门科学决策提供了重要理论依据，形成了服务内蒙古发展的研究智库，建设了一支具有一定理论政策研究水平、越来越值得信赖的学术研究队伍。比如，内蒙古自治区党委宣传部组织内蒙古党校、高校及内蒙古社科联、社科院等单位的专家学者编写出版的献礼新中国成立70年重点图书，成为系统总结内蒙古经济、政治、文化、社会、生态、党建和民族团结等发展经验的理论巨著。鄂尔多斯学研究会、内蒙古察哈尔文化研究会、内蒙古敕勒川文化研究会等社科类社会组织，多年来从事地方学研究，通过举办论坛、创办刊物、建立研究基地、参加国内外学术交流等多种形式，在地方学研究方面硕果累累，并且得到了地方党委、政府的大力支持和高度认可。鄂尔多斯学研究会近年来不断承担鄂尔多斯市重大发展战略研究，在服务地方经济社会发展中体现了智力支持的重要作用。内蒙古察哈尔文化研究会2019年带着"竖写的蒙古文"走进了联合国，成为全国首个走进联合国的社科类社会组织。同时，在内蒙古社科联的带动下，内蒙古法学会、内蒙古金融学会、内蒙古统计学会、内蒙古税收学会、内蒙古科学社会主义学会、内蒙古党建研究会、内蒙古北宸智库研究中心、内蒙古新时代经济研究院等研究组织，围绕中心、服务大局、发扬特色，在推动内蒙古经济高质量发展和社会和谐发展上日益扮演着重要作用。也正因如此，内蒙古自治区党委常委、宣传部部长白玉刚同志在第一届内蒙古学论坛上强调："内蒙古学作为刚诞生的一门新学问，就应该在高度融合、高度精细化分工的'两个高'上起步"，"任何一个单一的学科都很难支撑内蒙古学的发展，期望各位专家学者在研究中能够多层次、多维度对内蒙古经济社会发展各类问题进行多角度的比较分析，真正把握事物发展的规律，努力推出具有综合性、指导性和可操作性的研究成果"。

（四）研究成果的积累

1、内蒙古各学科领域研究成果的推出，为内蒙古学的构建奠定了良好基础。内蒙古自治区党校、高校、社科研究单位的社科工作者，围绕内蒙古各领域的发展问题发表了大量论文、出版了许多论著，仅荣获内蒙古自治区哲学社会科学优秀成果政府奖一等奖的成果就有：郝维民等编著的多卷本《内蒙古通史》，杭栓柱著的《内蒙古"十二五"发展战略研究》，布和朝鲁著的《走向前列——内蒙古现象研究》，任维德著的《内蒙古现代化进程中的社会结构转型》，盖志毅著的《新牧区建设与政策调整》，李春林、郭宝亮著的《民族自治区地方行政管理》，内蒙古社科院课题组编写的《草原文化研究丛书》，蔡常青、马俊林教授所著的《内蒙古持续快速发展与人才支撑研究》，等等。此外，内蒙古自治区有关单位为促进内蒙古自治区哲学社会科学各学科的发展，也根据形势任务需要组织编写一些与现实问题紧密结合的书籍。例如内蒙古自治区党委宣传部为迎庆内蒙古自治区成立70周年，于2017年组织全区专家学者编写出版了《内蒙古自治区成立70周年重点理论丛书》，丛书共分为 8 册：《守望相助 团结奋斗——内蒙古 70 年繁荣发展的经验与启示》《发展是硬道理——内蒙古经济建设 70 年》《各族人民当家做主——内蒙古政治建设 70 年》《守好各民族美好精神家园——内蒙古文化建设 70 年》《心连心 手拉手——内蒙古团结进步 70 年》《共同创造美好生活——内蒙古社会建设 70 年》《筑牢祖国北疆生态安全屏障——内蒙古生态文明建设 70 年》《打铁还需自身硬——内蒙古党的建设 70 年》，系统梳理、全面总结了内蒙古自治区各族人民共同团结奋斗、共同繁荣发展的历程与成就，并从不同的角度阐发了内蒙古自治区 70 年成功实践的经验与启示。内蒙古自治区社科联近年来组织专家学者编辑出版了《内蒙古"十二五"规划收之战》《内蒙古"十三五"若干重大战略问题研究》《内蒙古发展问题研究集萃》《内蒙古自治区社会科学研究课题成果集萃》《北疆智库集萃》等研究成果，这些研究成果的编辑出版，为内蒙古学的研究奠定了良好基础。

2、内蒙古各地地方学研究成果的涌现，为内蒙古学的构建积累了重要支撑。进入 21 世纪，我区地方学研究日趋发展，先后涌现出众多地方学研究团体，如内蒙古红山文化研究会、内蒙古上都文化研究会、内蒙古察哈尔文化研究会、内蒙古敕勒川文化研究会、内蒙古河套文化研究所、内蒙古西口文化研究会、内蒙古茶叶之路文化研究会、鄂尔多斯学研究会。一些智库型社科类社会组织应运而生，如内蒙古学研究会、内蒙古北宸智库研究中心、内蒙古新时代经济发展研究院等。这些研究会立足当地，辐射全区、全国，开展了多项学术活动，推出众多研究成果。如内蒙古红山文化研究会编写出版了《红山文化概论》，内蒙古察哈尔文化研究会编写出版了《察哈尔史》，内蒙古敕勒川文化研究会编写出版了《敕勒川文化概论》，鄂尔多斯学研究会编写出版了《鄂尔多斯学概论》等。一些研究成果在全国产生较大社会影响，为内蒙古学的构建积累了经验，提供了借鉴与重要支撑。特别是鄂尔多斯学研究会，自 2002 年成立至今的 18 年间，把"立足学术、服务建设、创新机制、着眼发展"和"举社会之力，办大众之事"作为办会理念，坚持不懈地组织开展学术研究活动，先后举办"鄂尔多斯文化学术论坛""一带一路与鄂尔多斯发展学术研讨会""中国地方学研究交流暨鄂尔多斯学学术座谈会"等学术研讨会 50 多场，编辑出版《鄂尔多斯大辞典》《鄂尔多斯学概论》《鄂尔多斯品牌战略》等著作 100 多部，为鄂尔多斯的经济社会文化生态发展提供理论和智力支持。内蒙古自治区党委常委、宣传部部长白玉刚同志还牵头组织自治区内外的专家承担了国家社科规划基金特别委托项目——"深入践行守望相助理念，建设新时代模范自治区研究"，为内蒙古学研究提供了重要经验借鉴。

3、内蒙古学论坛成果的推出，为内蒙古学的构建夯实了重要基础。从 2018 年开始，内蒙古自治区社科联连续举办三届"内蒙古学论坛"，从自治区内外征集到专家学者提交的专题研究内蒙古学学术论文近百篇，如杭栓柱撰写的"对内蒙古学的几点思考"，马冀、马海宁撰写的"地域文化学视角下的内蒙古学"，布和朝鲁撰写的"我理解的内蒙古学"，王绍东教授撰写的"内蒙古在中华民族共同体形成中的作用"，裴聚斌撰写的"内蒙古学和其他学科协同创新的四个维度"，哈达撰写的"关于内蒙古学研究的起步及若干观点综述"，胡益华撰写的"构建内蒙古学的基本思路""地方学研究如何谋求'突围'——以《内蒙古学》的构建为例"，朱晓俊撰写的"面向新时代内蒙古学的研究方向"，杨勇、包海山撰写的"鄂尔多斯学研究的经验及对构建内蒙古学的启示"，特日格乐、月英、颜炳鑫撰写的"内蒙古学在中国地方学中的地位刍议"，等等。这些成果的推出，为内蒙古学研究奠定了重要基础。

（五）社会各界的支持

构建"内蒙古学"的设想提出后，引起内蒙古自治区内外同行的极大关注，得到社会各界的广泛支持。

1、领导重视。内蒙古党委常委、宣传部部长白玉刚同志高度重视内蒙古学的构建，第一届内蒙古学论坛举办前，专门听取筹备工作汇报，百忙中亲自出席内蒙古学论坛，会见与会专家并发表重要讲话，强调"构建内蒙古学恰逢其时""内蒙古学研究应该把握的几个基本要求";内蒙古自治区社科联领导班子高度重视"内蒙古学研究会""内蒙古学研究基地"的建设,多方面给予支持与帮助,连续三年主办"内蒙古学论坛";内蒙古党委宣传部还将"内蒙古学论坛"确定为一年一度的内蒙古草原文化节常设性论坛,并给予支持。

2、多方参与。内蒙古学研究得到内蒙古自治区内外专家们的广泛支持。中国社科院郝时远研究员、中国政法大学蔡拓教授、宁夏大学陈育宁教授、北京学研究所张宝秀教授、暨南大学澳门学研究院叶农教授等多名全国地方学名家亲自出席"内蒙古学论坛";杭州学研究院、武汉学研究院、广州学研究院等地方学研究机构给予信息、资料等支持;内蒙古党校、内蒙古大学、内蒙古师范大学等单位的专家学者积极参与内蒙古学研究,各盟市社科联、多个地方学研究会也从不同方面为内蒙古学研究提供了支持。

3、媒体助力。《内蒙古日报》《前沿》《内蒙古师范大学学报》等刊发了有关内蒙古学的消息、论文;中国社会科学网、内蒙古社会科学网刊发了内蒙古学论坛上专家学者们的文章;一些媒体记者出于对内蒙古学的好奇与兴趣,主动采访有关专家学者,从而进一步扩大了内蒙古学的社会影响,为内蒙古学的构建营造了良好的舆论氛围。内蒙古社科联主办的学术期刊《前沿》还专门开设了"地方学专栏",为地方学研究提供了成果呈现平台。

4、合作共建。为了确保内蒙古学研究的可持续发展,内蒙古自治区社科联与内蒙古师范大学于2020年4月协商确定,双方合作共建内蒙古学研究会、内蒙古学研究基地,双方签署了合作共建内蒙古学研究会、内蒙古学研究基地协议,并就落实合作共建事宜进行了深入交流,这为做好内蒙古学研究提供了重要的组织保障。

鄂尔多斯学的构建与研究特征

杨 勇*

地方学是一门研究特定地域总体属性的综合学问,既研究这一地区的历史与文化根脉,也关注现实中经济社会发展的独特性和总体性发展规律。近年来,我国各地关于地方学的研究方兴未艾,地方学的研究为经济社会发展提供了特定的文化营养和历史动力。

一、鄂尔多斯学构建与研究

(一)鄂尔多斯学

简单通俗地讲,鄂尔多斯学就是研究鄂尔多斯这个地方的一门学问,这个地方的学问包括了这个地方自然与人文的各个方面。鄂尔多斯学研究的内容,选取了有鄂尔多斯特色的六个方面,这六个方面就是鄂尔多斯学 17 年来研究的重点。第一个是历史文化。第二个是地方文化。第三个是祭祀文化。成吉思汗祭祀主要集中在鄂尔多斯,或者说从成吉思汗到忽必烈这一段蒙古汗国时期的帝王祭祀文化体系都集中在鄂尔多斯,离开鄂尔多斯,就再也找不到这一段时间任何一个人有关蒙古汗国帝王的祭祀和圣物的祭祀,所以这是鄂尔多斯学的一个特点。第四个是地方经济的发展。第五个是生态文明的发展。第六个是关于鄂尔多斯精神的研究。抓住了这六个方面就抓住了鄂尔

---

* 杨勇:鄂尔多斯学研究会常务副会长兼秘书长、研究员。此文写于 2019 年。

多斯地区文化的基本特点,这六个方面也体现出鄂尔多斯和其他地区不同的一些东西。也就是说鄂尔多斯学构建的时候,除了普遍意义上的研究,重点突破这六个方面。

关于鄂尔多斯学还有一个概念,就是鄂尔多斯学等于知识体系加应用服务,这是鄂尔多斯学研究会专家委员会原主任,宁夏大学原党委书记和校长、博士生导师,宁夏自治区政协原副主席陈育宁教授提出来的一个概念。他作为15年的专家委员会主任,在研究会第10年的时候,为鄂尔多斯学做了这样一个简单的公式化的概括:鄂尔多斯学＝知识体系＋应用服务,即理论加实践。一个地方学的研究,不仅仅要在理论上形成自己的一个体系,更要把学术理论体系转化成为社会服务,成为这个时代服务的学问。所以鄂尔多斯学有两个概念,一个是研究,另一个就是服务。现在更多的是服务,服务于这个时代和社会,服务于地方政府和地方事业,服务于整个社会发展。

(二) 鄂尔多斯学研究会

鄂尔多斯学研究会是一个平台。对于鄂尔多斯学研究的问题,我们去研究它,它存在着,我们不去研究,它也存在着,只是我们把这些问题和概念用一个研究会的平台单独拿出来,作为一个学问来研究。在2002年成立的鄂尔多斯学研究会,是鄂尔多斯市原来的一位老领导奇·朝鲁倡导成立的,他是成吉思汗黄金家族的后裔。他在2001年临退休的时候,提出"鄂尔多斯学"的名词概念,然后和陈育宁教授商量,能不能提出?可不可以做成学问?能不能成为一个学科?最后奇·朝鲁老盟长与陈育宁教授,还有内蒙古自治区政协原副主席夏日等几位老领导商量,一致认为当时已经有扬州学、温州学、泉州学、徽州学等地方学的说法,既然全国有这些地方学的存在,我们也能够提出来研究鄂尔多斯学,就这样提出了"鄂尔多斯学"的概念。

2002年9月16日,鄂尔多斯学研究会正式成立,并逐步开始做鄂尔多斯学的研究工作。到目前为止,研究会有254名会员。会员要求都是鄂尔多斯户籍,都是在鄂尔多斯工作的专家学者,但是研究鄂尔多斯这门学问的人,不仅在内蒙古自治区首府呼和浩特,还遍布在全国各地,甚至于遍布在全球各个地区和国家,按照社团组织法的规定,不是鄂尔多斯市户籍的人是不能进入研究会的,所以又成立了鄂尔多斯学研究会专家委员会,避开了这个问题。现在专家委员会有168位专家学者,包括德国、蒙古、日本等国的专家。

(三) 鄂尔多斯学研究成果

鄂尔多斯学研究会17年来的研究成果非常多,至今出了100多册(套)的书籍。还自办了《鄂尔多斯学研究》季刊,这是内部发行的一个刊物,季刊每年四期,汉文出了66期,蒙古文专刊10期,有时还有增刊。研究会自建会起,在地方报纸《鄂尔多斯日报》每个月出一版"鄂尔多斯学研究"专版,此外还有一个专业的网站,这些都是研究会固定的学术研究和传播平台。

鄂尔多斯学研究成果有几项标志性的工程,第一个是用了6~7年的时间编撰了《鄂尔多斯大辞典》,计170多万字,参与者200多人,政府购买了研究会的研究成果,这在全国地方学里是首例。第二个是编写了《鄂尔多斯学概论》,在研究会成立十年之际,对于鄂尔多斯学学科理论体系框架做了一个初步的探索。第三个是编辑出版了一套7册的《成吉思汗文化丛书》,这套丛书是和本土文化旅游企业东联集团的合作项目,这个企业做的就是成吉思汗陵文化旅游景区。鄂尔多斯地区蒙古族文化最大特点就是以成吉思汗文化为灵魂的蒙古族文化,这是鄂尔多斯蒙古族文化区别于任何其他地区蒙古族文化的一个特点。

17年来,鄂尔多斯学研究会举行了60多次各种类型的大型学术会议或者论坛,这些活动百分之七八十都邀请了国内一些知名专家和全国各地地方学同人,研究主题有关于鄂尔多斯学研究、关于鄂尔多斯文化和精神探索、关于成吉思汗文化研究,其中由鄂尔多斯学研究会和中国地方学研究联席会共同组织召开了十几次关于中国地方学主题的会议和论坛。通过这些会议和论坛,收集了最新的研究成果和信息,然后传播出去,同时也通过这些会议,凝聚了一大批关于鄂尔多斯学和中国地方学研究的专家学者。

鄂尔多斯学研究会每年都参加国内各种类型的中国地方学方面的一些会议，比如说北京学、泉州学、厦门学、杭州学、广州学、温州学、西域学等等。通过参加这些会议，研究会学习到了其他地方学会好的经验、好的办法、好的思路，收集到了大量关于地方学研究的国内外先进思想理念和研究方法，加强了各地方学会之间的横向联系，这是非常有必要的一项活动和任务，也是民间组织非常有必要的一种交流。同时，研究会和中国地方学研究联席会共同在草根网智库上，建立一个地方学研究团体博客。草根网是中国民间的一个大型理论和学术研究网站，这个博客的点击率已经超过 2000 万，就是说有 2000 多万人次进入过地方学博客的空间去看过研究文章。读者都是国内外的一些学者，特别是国外的一些学者，这样，通过网络就把研究成果传播出去了。再就是研究会现在围绕着地方学学科建设，有 130 多万字的研究内容。

鄂尔多斯学研究会的活动，这几年也得到了自治区党委宣传部、社科联、社科院的重视。鄂尔多斯研究会现在是自治区社科联直属学会，17 年来也获得了一些荣誉，如连续三年被评为全国社科联中小城市先进单位，被民政部评为全国先进社团组织，老会长奇·朝鲁被评为全国退休干部先进工作者，自治区和市里的奖励也比较多。所以说，研究会 17 年的研究成果得到了各级党委政府和社会各个方面的认可，深感欣慰。

二、鄂尔多斯学研究的特征

在方法和方向上，研究会寻求到了自己的发展角度。老会长集中了大家的智慧，提出了研究会发展方向和任务，概况为八个字："存史、立论、资政、惠民。"

首先，"存史"，一方面要对过去的历史进行深入的探讨和研究，另一方面，鄂尔多斯学研究会作为文化人的一个研究平台，更多的要记录这个时代的历史。当下的历史需要我们当代人来记录，不要等到过了 50 年以后才去追忆那段历史，比如现在记载 20 世纪 50—60 年代的历史，总不如今天来记载自己身边发生的大事记录的清楚,所以还要"存史"。其次,"立论",立论就是要为鄂尔多斯的发展,在经济、文化和生态文明建设各个方面提出自己的研究成果,提出自己的学术观点和理论,最关键的是要探索出这个地区发展的规律,从规律性的角度探索和研究未来发展的方向。再次,"资政",对于社会发展的每一个阶段,当前的中心工作是什么?特别是近期党委政府在这个地区的中心工作是什么?围绕这些问题,鄂尔多斯研究会进行了一些课题性的研究和调查,有的当年完成,有的要用2~3年的时间完成。2018年,中央各级媒体和地方媒体在鄂尔多斯推出库布其沙漠治理模式,这个模式是什么?为什么是联合国认准的,要在全球推广这一治沙模式?既然治沙模式产生在鄂尔多斯,研究会就要去研究这个模式,计划从库布其历史上生态环境的变化开始研究,从库布其沙漠的历史成因上开展研究,研究库布其地区治沙模式背后支撑它的文化基础和历史原因是什么,要从历史文化的角度对库布其进行一个诠释。这样研究会就推出了一个课题,即"库布其历史文化调查研究",2018年已经召开了两次研讨会,2019年还在进行研究,这个课题要做3~5年。关于"惠民",研究会提出三个"走进",叫"走进大学、走进网络、走进基层",提出的目的就是要惠民,比如说走进矿区、走进牧区、走进农村、走进社区,进行鄂尔多斯学的科普,进行传播、沟通、调研,进行课题设置,进行研究。这样鄂尔多斯学就一竿子直接插到了基层,在基层的经济社会发展和老百姓层面上来做一些工作。以上四个方面,就是鄂尔多斯学研究会的发展方向和目标。

  鄂尔多斯学研究会还在管理体制上务实、大胆、创新。作为民间组织,我们采取了两个办法,第一个办法就是公办与民办相结合。所谓的公办不是政府给指标、给编制、财政供养,而是市政府协议式购买,研究会申报做课题,政府同意,财政上就给资金补助,这就是所谓的公办。民办,就是研究会通过市场手段来解决自我发展的经费保障问题,比如研究会在社会上为旅游企业、为工业企业、为生态企业等各方面的企业服务,通过市场方式激活了民间组织的活力，通过公办与民办相结合的办法，使研究会走过了昨天，走到了今天。

公办与民办相结合的另一个例子，是鄂尔多斯学研究会与鄂尔多斯学研究所两块牌子一套人马。研究会是民间社团组织，研究所是市社科联发文成立的，没有经费，不给编制，就给了一个牌子，但对于研究会来讲非常重要，因为受到了社科联的重视，这几年研究会百分之七八十的活动都是与市社科联一起来做的。3月20日是"国际幸福日"，23日就要做一个国际幸福日活动，是自治区社科联、自治区社科院和市社科联联合要在鄂尔多斯做一个活动，届时自治区各个地区各个层面选取的十几位代表要在大会上发言，谈自己幸福的事业、生活和感情，激励当代草原上的人们，去追求更加幸福的生活，拥抱更加幸福的时代。

研究会还采取了会员制与专家委员会制度相结合的方法。因为研究会不能把外地的专家吸收进来，于是，成立了专家委员会，即鄂尔多斯学研究会专家委员会，专家委员会没有登记，没有注册，就是研究会的一个部门，这样就把国内外许多专家吸收进来了。而且研究会这些年的研究成果，特别是重大研究成果都是专家委员会专家来完成的，这是一个非常好的创新机制，是老会长奇·朝鲁发明的。

在运行机制上，研究会坚持"举社会之力，办大众之事"的原则。研究会自己没有什么大的力量，用的都是社会的力量，包括专家学者都不在研究会坐班，他们分布在各个城市和乡村等不同的地区，分布在院校和单位等不同的岗位，这些都是社会力量，他们背后能启动的社会力量更加巨大。所以，研究会把这些力量整合出来，然后办政府需要的事、企业需要的事、社会各个方面需要的事。研究会不仅仅瞄着政府，更多的还瞄准社会，瞄准社会的各个产业、各个阶层、各个团体、各个人群，大到前文的几个大型文化工程，小到对一个企业的把脉、对一个项目的调研，都用研究会的学术与智慧来解决他们的问题。比如2018年与市扶贫办共同在杭锦旗进行脱贫攻坚战的调查研究，助力杭锦旗摘掉了"国贫旗"的帽子。同时，为纪念改革开放40年，研究会做了大量的工作，为伊金霍洛旗编辑出版了一部改革开放40年的专著；帮助成吉思汗陵总结改革开放40年的发展成就并策划完成了展览；对准格尔旗十二连城镇的现代农业发展进行调研，提出了一些新的发展理念；在乌兰木伦矿区调研，提出了生态环境治理与民族文化发展相结合的发展思路等等。

在办会理念上，鄂尔多斯学研究会提出"立足学术，服务建设，创新研究，着眼发展"的16字方针，即以学术研究为基础，在鄂尔多斯学的六个方面进行坚持不懈的学术性探索和研究。在学术研究成果的应用服务上，坚持联系实际，服务地方建设。在学术研究的手段上，强调要创新研究方法、创新研究内容、创新研究成果的利用和转化。而且，鄂尔多斯学研究在研究昨天和今天的同时，还始终着眼未来、着眼长远，着眼构建人类命运共同体的全球化背景下的鄂尔多斯发展。

研究会还在横向联合上加强交流合作。2005年鄂尔多斯学研究会倡导、联合了全国6家地方学研究机构，成立了中国地方学研究联席会，并担任前两任的轮值主席，现在已经将轮值主席转到了北京学研究所。在这个平台上，研究会联合全国地方学和地方文化的研究机构，不断地开展学术交流活动，从2018年开始联席会确定每年编辑出版两册地方学研究辑刊，第一辑是鄂尔多斯学研究会做的，第二辑是北京学研究所做的。

三、鄂尔多斯学研究的困惑与不足

研究会的困惑简单地讲有四个方面，第一是研究质量和水平如何提高，十几年来，研究会还在原来的路子上踏步不前，学术研究水平没有很大的进步；第二是应用服务要更加有针对性，应用服务要更加精准、更加实效；第三是后备人才力量不足，鄂尔多斯是少数民族地区，人口较少，大专院校也少，各方面的人才缺乏，鄂尔多斯学研究在依靠遍布国内外的专家委员会专家的同时，需要培养出新的后备力量进来；第四是经费保障机制也是困扰研究会的最大问题，虽然有办法保障经费，但没有可靠的连续性保障机制。

四、鄂尔多斯学研究的展望

（一）具体任务

研究会最近几年仍然是以六个方面的学术理论研究为首要任务，还要深化理论体系研究，围绕地区中心工作进行课题研究，开展应用实践服务。应用服务虽然说得简单，但是做起来费时费力。再就是研究会要和全国各地的地方学研究机构加强横向联系，比如和大家一起分享交流，学习张家口地方文化和地方学研究的经验。此外，2019年要继续编辑出版一册中国地方学研究丛书辑刊，并且在年初列了10大类工作，具体有几十项任务，任务非常繁重。

（二）长远目标

从长远目标来讲，鄂尔多斯学研究会的第一个目标就是打造品牌地方学、构建和谐研究会，要把中国地方学、鄂尔多斯学的品牌做大做强。第二个目标是要系统地研究鄂尔多斯历史文化，鄂尔多斯历史与民族文化非常有特点，所以保护传承鄂尔多斯民族文化是重点。第三个目标是要形成一批精品研究成果，研究会已经拥有三个精品研究成果，还要以精品研究成果作为鄂尔多斯学研究的突破口。第四个目标是要进行大数据平台构建和服务，这是一个漫长的工程，研究会正在和市委宣传部探讨。第五个目标就是鄂尔多斯学研究一定要走出草原、走向全国、走向世界。

鄂尔多斯学与鄂尔多斯的崛起

潘 洁*

一、鄂尔多斯学的由来

20世纪离去，21世纪来到，这是个十分重要的时间节点。经过20多年的改革发展，原先在内蒙古一直处在贫穷落后状态的伊克昭盟（今鄂尔多斯市），以"羊、煤、土、气"资源开发为标志的第二产业，显示了极其强劲的爆发力，各项经济指标均走入全区前列，受到上下各方的瞩目，从而为以后实现更为宏伟的目标创造了有利条件。

20世纪90年代末，已经出现了"鄂尔多斯经济现象"。"鄂尔多斯，温暖全世界"的广告词不仅在国内家喻户晓，而且传遍了五湖四海。"鄂尔多斯"这个15世纪入驻黄河南套的蒙古族部落名称，最早为国人所知是20世纪60年代上映的故事影片《鄂尔多斯风暴》。与相沿350多年的行政区划名称"伊克昭盟"比较起来，鄂尔多斯显得响亮、明快、顺口，可以同"香格里拉"媲美。于是，盟党政领导顺应本地区人民的愿望，在申报撤盟设市时，把"伊克昭"改成了"鄂尔多斯"。这件事，动议很早，可以追溯到20年前；策划于20世纪90年代末；实现于新世纪肇始的2001年。由充满传统气息的"盟"改为具有鲜明现代色彩的"市"，反映了鄂尔多斯的经济结构变化，也促进了施政重心、思维方式的转型。如今近20年过去了，放眼全国，没有哪个地级市的

---

* 潘洁：鄂尔多斯学研究会专家委员会副主任。此文写于2019年。

名称改变，产生了如此巨大的正面效应；也没有哪个地方的知名度、美誉度得到像鄂尔多斯这样迅猛的上升。

立市之初，自治区主要领导来鄂尔多斯视察，看了城乡实情，听了官员汇报，认为鄂尔多斯的改革发展已经步入"快车道"，可以同原本居于领先地位的呼和浩特、包头交替领先了。也就是说，这里正在发生质变。市党政领导深感使命重大，如何顺势使发展提速、经济增效，让200万各族人民早日进入小康，成为摆在他们面前的紧迫课题。一些长期在这里任职的党政领导、各行各业的专家学者也在回忆、思考、研究：这块土地上的奇迹是怎样产生的？这群人的创造潜能在哪里？如何衔接历史与未来、经济和文化？还有，如何把改革开放的成功经验条理化，让各级决策、施政更加理性化，使广大群众的综合素质与生活水平同步提高……这些领导、专家虽然已退休或将退休，但不甘心把一腔抱负、满腹经纶带回家里，若干年后，再带入坟墓；他们决心把大半生所学、所积累的知识与技能向地方奉献、为人民所用。恰在此时，土生土长并长期担任旗、盟党政领导的蒙古族第一代大学生奇·朝鲁从领导岗位上退了下来，他提出了建立一个学术研究机构的愿望，很短时间，数十名学有专长的志同道合者聚在他的身边。他还联络了时任宁夏大学校长的陈育宁、全国政协常委的夏日（二位都在鄂尔多斯工作过很长时间）以及在伊克昭盟（今鄂尔多斯市）担任过重要职务的领导同志。于是，鄂尔多斯学研究会于2002年9月16日正式宣告成立了。

作为地方学研究单位，鄂尔多斯学研究会是成立较早（不是最早）的一家。它一面世，就宣示将对鄂尔多斯进行全方位、高水平、多学科、宽领域、广角度的研究，为鄂尔多斯和鄂尔多斯人民存史、立论、资政、惠民。

历史厚重、经济发展、社会进步、政治昌明、文化优秀、民风良善，这些产生地方学的条件都具备了。在鄂尔多斯，建立鄂尔多斯学是水到渠成的，是历史的必然。鄂尔多斯改革发展催生了鄂尔多斯学，而鄂尔多斯学研究会的建立与研究事业的开拓，又为鄂尔多斯市的发展进步提供了强劲的动力，二者互为因果，相得益彰。

二、鄂尔多斯学的特色

在鄂尔多斯，进入新世纪以来，社会团体如雨后春笋，很快飙升至千余家。其中学术、专业研究团体也不下百家。然而多数有名无实，收效甚微。鄂尔多斯学研究会则从成立那天起就不图虚名、有所作为、高度务实。这是由它的组织机构、人员组成、领军人物以及立会宗旨决定的。概而言之，这个研究会的独特之处在于起点很高、结构独特、人才济济、勇担使命、着力创新、成就斐然。本人在研究会成立15周年前夕，从切身经历出发，为研究会归纳总结了十大特色与个性，于今看来，仍不失为其量身打造，准确贴切。这十大特色与个性是：向心型、奉献型、务实型、综合型、民主型、创新型、开放型、服务型、高效型、海绵型。这十个"型"，基本涵盖了后来由笔者提炼、经会长及研究会同人一致认可的研究会"十二字会风"：向心，奉献，低调，务实，节俭，高效。

研究会成立之前，在草拟章程、设计机构、规划目标时，就充分展现了研究会领办者、学科带头人的科学构思和长远谋划。在会务管理层面，采用了会员及会员代表大会制，设立理事会、会长、秘书长；在学术层面，设立专家委员会，聘请本地、外地与鄂尔多斯学相关的专家、学者、教授、作家、理论工作者为专委会委员。理事会、专委会任职有所交叉、紧密配合，看似"两条线"，实则"一盘棋"。这种组织结构，同本地众多学术团体、外地各地方学研究单位相比，是独特的，也是成功的。回过头来检点，会员当中，不是专委会成员的团体会员、个人会员作用单薄了一点，而是可既为专家，也为会员，合二为一。

专委会成员中，已退休和将退休的老专业工作者居多，这是为了不与机关、事业单位争人才。后来逐年"纳新"，而基本上没有"吐故"。最先进来的专家们，仍然活跃在研究、写作的位置上。有人还就此总结出"新剩余价值"

理念：从领导、专业岗位上退下来的学有专长的知识分子，在去世或完全失去工作能力之前，有一大段时间可以致力于总结、研究、著述、传授、育人，这些"余热"聚集起来，是一笔巨大的财富和能源，可以在"立足学术，服务建设，创新机制，着眼发展"（陈育宁所提的立会宗旨）中发挥强劲的、不可替代的作用。

有关鄂尔多斯学的学科归属，有过争论。多数人的定位是：总体属于社会科学，即人文科学；但又同时具有某些自然科学的属性。专家队伍中，也有一些是农、牧、林、草、生态、环保、治沙、考古方面的专业研究工作者，因而把鄂尔多斯学称为综合学科、交叉学科更为准确。不少专家认为，研究会是站在"结合部"开展学术活动的，这包括：历史、现实、未来的结合部；经济与文化的结合部；自然科学与社会科学的结合部；理论与实践的结合部；领导与群众的结合部等等。

总结研究会成功要素时，有一个"四力"之说，也很有地方特色。"四力"是：党政领导的公权力，本市企业家的财力，本会专家们的智力，本会会长的个人人格魅力。鄂尔多斯学研究会最初认为自己是民办的，不挂靠某个机关与部门，但在运行过程中，主动将学术活动纳入地方发展总体部署之中，得到很多领导的扶持与关照，又给予了一定的经费补贴，这就使之具有了"公助"的性质。研究表明，这类民办公助的社会团体，最具生命力。这样的团体扎根民间，很接地气；又有一只脚留在体制之内，了解"上情"，所以运营之中，进退有据，便于发挥服务社会、服务民众的作用。

还有一些特色值得一提，研究会实行科学管理、民主治学、开放办会，这些也是顺应时代潮流、取得不俗业绩的秘笈。虽设会长、秘书长，但他们要向理事会、常务理事会报告工作，会务要事、重大决策，须经集体讨论，才能做出决定。从上到下，没有一点机关化的作风和森严的等级、盲目的服从。不仅在本地面对领导、社团、公众是开放透明的，而且向全国地方学界的兄弟研究团体开放，还于2005年发起成立了全国地方学研究联席会，经常开展横向交流，取他人之长，补自己之短。在这一过程中，增进了各地学者、从业者及公众对鄂尔多斯的了解，这等于给鄂尔多斯增添了许多无形资产。

三、研究会的业绩

鄂尔多斯学研究会在创办五周年时，举办了一次回顾、纪念活动。市委一位副书记到会致贺，肯定研究会"举办活动有特色，学术研究有成果，服务大局有作为"。这使会内诸人感到，汗没白流，脸上有光。会后大家深入总结，认为只有"有为"，才能"有位"。因为用心办事，勇于担当，市党政多次把具有全局性的文化策划任务，专业研究课题交给研究会承担。建会之初，就与宣传、文化部门共同担负了成吉思汗国际文化节的组织和运作。其后，与伊金霍洛旗联手，连续举办了三届成吉思汗文化论坛。鄂托克旗阿尔寨石窟在很短时间之内被国务院列入国家重点文物保护单位，是研究会利用本会专家的业务渠道及影响力办理、完成的。旅游规划、设计、包装宣介、升级申报，更是研究会的强项。先后为东联集团成陵景区、鄂托克前旗上海庙景点、准格尔旗阿贵庙生态景区、杭锦旗库布其大漠风光旅游线路、达拉特旗窝阔台文化旅游项目举办研讨会，提供有价值的规划与建议，由点到面，推进、优化了鄂尔多斯的旅游产业。历经一个五年规划的时间，推出凝聚了百余名专家的创造性劳动、立会之初就列入规划的《鄂尔多斯大辞典》，该书是了解、认识、研究鄂尔多斯的一部翔实、权威的大型工具书，不仅获得内蒙古优秀社科成果政府奖，而且填补了本市市情辞书的空白。

迄今为止，研究会编辑、出版的专著、论文集已近百部，各类出版物的总篇幅已接近一千万字。其中不乏有独立创见、有现实指导意义的理论建树。自建会起，每年都举办有针对性的论坛或研讨会，除了前面提到的成吉思汗文化论坛、阿尔寨石窟文化研讨会、窝阔台文化研讨会之外，还先后举办过鄂尔多斯经济结构调整与转型升级、鄂尔多斯企业文化建设、"一带一路"建设与鄂尔多斯发展等论坛会议，以及邀请全国各地地方学研究团体参加的"社会组织服务社会"、地方学的建设与发展专题研讨会。研究会的全部学术活动，着眼点是发展战略、惠及民生的长远效应，而力避急功近利、亦步亦趋和照本宣科。

研究会在自身的学术活动中，发现鄂尔多斯优秀的传统文化，特别是传承完好、特色鲜明的蒙古族文化，是改革开放以来先后出现"鄂尔多斯经济现象""鄂尔多斯文化现象"和"鄂尔多斯生态现象"的重要精神要素。历史有节点，发展有转型，而文化传承是连续的、不可分割的。作为深化和升华，研究会又安排专家正式立项，对不同时期的鄂尔多斯精神进行了认真的研究。学习了科学发展观之后，研究会从理念到具体活动，都充分体现了以人为本。对历史上从鄂尔多斯走出的杰出人物，如乌兰活佛、著名学者萨冈彻辰、嘉木扬·图布丹大师、末代王爷奇忠义、深受群众爱戴的书记和盟长吴占东，以及保存完好的郡王府，都责成专人撰写、出版专著，为他们树碑立传。2015年发行的《见证——伊克昭盟老领导访谈录》，忠实地记录和介绍了40多位中华人民共和国成立以来历届党政领导的事业轨迹和重大贡献，让广大读者明了了当年创业的艰辛，分享了成功的喜悦，也为后来的施政者提供了生动的参照和借鉴。

研究会成立快18年了。它行进的每一步，都留下了深深的足迹。它的业绩，很难用数据完全展示，但会长远地留存在广大读者的心里，永久地书写在鄂尔多斯发展进步的史册上。

四、鄂尔多斯学在鄂尔多斯崛起中的作用与贡献

政府、企业、社会组织，是当代社会的三大支柱，缺一不可。在社会组织中，大多数属于"消费型""公益型"，只有小部分属于"生产型""活力型"。鄂尔多斯学研究会属于后者，它生产精神产品、积累知识，是社会的活力因子。经过三至五年的时间，它已发展成地方政府的助手、参谋和智库。它以学术视角、研究活动，促进民族团结进步，诠释政府部门的大政方针与改革举措，呼唤管理创新、技术创新，并不断地为经济转型、生态治理、发展新能源产业、增进城乡居民福祉、建设节约型社会和学习型社会等献计献策。研究会还利用自己的宣传阵地以及舆论影响力，在市政府与基层组织、广大民众之间发挥调节、缓冲作用，于完善施政方针、提高决策科学性方面发挥提示、预警作用。

研究会建立初期，以文化为切入点，努力发掘、传承优秀的鄂尔多斯文化。这片草原，是北方古战场，是中华大家庭的组成部分。自15世纪蒙古族鄂尔多斯部入驻以来，游牧文化与农耕文化互相碰撞，晋陕"走西口"人群带来的汉族文化与本地蒙古族文化彼此交融，形成了优势互补、和谐共生、人杰地灵的鄂尔多斯文化。这是中华大文化中有机的、优秀的组成部分。当然，也是鄂尔多斯当代文化、改革文化的渊源与基础。纵贯古今的、具有独特魅力的鄂尔多斯文化，是鄂尔多斯人的宝贵财富，是鄂尔多斯奋发进取、走向辉煌的强劲软实力。

经济，是研究会关注的另一个重点领域。撤盟设市之后，鄂尔多斯一飞冲天，不到10年时间，走进了全国地级城市的前列。不少人对此感到疑惑，也有人认为是凭借煤炭资源。是的，鄂尔多斯腾飞，巨量的能源资源禀赋是基础条件，但更多的是凭借鄂尔多斯人的优良素质与开拓精神。"十五""十一五"期间，鄂尔多斯第二产业比重过大，煤业独领风骚。研究会及时发现了这一结构性缺陷，并及时提出了调整产业结构、实施转型升级的建议，还提议大力发展旅游业、高科技、新能源产业。在经营方式上，慎提"资本运作"，努力充实实体经济；在评价、衡量改革发展业绩时，淡化"GDP观念"。与此同时，还高度重视"三农"与扶贫，千方百计缩小"基尼系数"，扭转带动经济发展"三驾马车"中投资独大的畸形不稳固局面。研究会人力、财力、精力都很有限，不可能事事关注、面面俱到，但的确做到了站位较高，涉猎广泛，就本市以及各旗区的改革发展大要之事，特别是许多热点、焦点、难点进行了深入的考察、研究，并取得了相应的成果。到

"十三五"中期,鄂尔多斯在发展过程中走了一点弯路,交了一些学费之后,许多矛盾、弱项、短板已得到相当程度的优化,很快便步入健康正常的发展轨道。2018年,全市GDP为3763亿元,人均181053元,折合美元为26625元,人均储蓄余额达1631元,还有人均住房面积、机动车入户率等等,仍然是在全国名列前茅的,可以说总体上已步入小康。

地方学研究

鄂尔多斯学与鄂尔多斯经济社会发展

姚鸿起[*]

自2002年9月内蒙古首个地方学——鄂尔多斯学诞生以来，一些专家学者在研究鄂尔多斯学的产生原因时，都将其概括为"久远的文化影响""深厚的文化底蕴""鲜明的地域特色"。笔者认为，这种认识虽然不错，但并不全面。因为，马克思主义哲学历史唯物主义的基本原理告诉我们：作为文化范畴的鄂尔多斯学，其产生原因，还有一个重要的"经济发展条件"因素，而只有认识到这个"经济发展条件"因素，才能真正揭示它"在一定经济条件下产生，又服务并推动经济发展"的客观规律。

众所周知，1990年的鄂尔多斯地区还很荒凉、贫穷、落后。当时地区生产总值只有14.87亿元，财政收入仅1.28亿元，城镇居民人均可支配收入为1032元，农牧民人均纯收入为600元，全盟130多万人口中，贫困人口就有70多万。在这种状况下，领导及专家、学者们的主要职责和精力，就是团结、带领各族人民摆脱贫困、寻求温饱，很难抽出时间去创办地方学，进一步发展文化事业。

1991年至2000年，由于"四大集团"即鄂尔多斯集团、伊化集团（后改为博源集团）、伊煤集团（后改为伊泰集团）、亿利资源集团先后组建，"四大公司"（鄂绒制品有限公司、伊化远兴股份有限公司、伊煤伊泰股份有限

---

[*] 姚鸿起：鄂尔多斯学研究会专家委员会副主任委员。此文写于2019年。

公司、亿利科技股份有限公司）股票先后上市，鄂尔多斯经济发展步入"快车道"，地区生产总值每年以20%以上的速度增长，财政收入每年以30%以上的速度增长。到2000年，地区生产总值达到150.09亿元，财政收入达到15.74亿元，城镇居民人均可支配收入达到5502元，农牧民人均纯收入达到2453元，鄂尔多斯自此在总体上摆脱了贫困，基本上实现了小康，并开始了第二次创业。正是在这样的情况下，2002年，由奇·朝鲁同志倡议，在夏日、陈育宁等领导和一些专家、学者大力支持下，鄂尔多斯学应运而生。鄂尔多斯学一创立，便以其顽强的生命力和广泛的社会影响力，在总结鄂尔多斯经济社会发展经验，探索鄂尔多斯发展模式，为市委、市政府领导决策鄂尔多斯经济社会发展提供参考，引导鄂尔多斯人凝心聚力，推动经济社会转型高质量发展，传承弘扬鄂尔多斯文化等方面发挥了重要作用。具体讲就是：

第一，总结鄂尔多斯经济社会发展经验。鄂尔多斯学从诞生之日起，就自觉地把总结鄂尔多斯经济社会发展经验作为责任和使命。通过总结鄂尔多斯经济社会发展经验，不仅客观有力地宣传了鄂尔多斯，使全国、全世界的人都认识了解到一个真实的鄂尔多斯，而且为之后的鄂尔多斯经济社会更好发展指明了方向。如2003年12月，内蒙古人民出版社出版发行了鄂尔多斯学研究会荣誉会长王林祥所著的《鄂尔多斯品牌战略》，该书论述的鄂尔多斯品牌战略不仅使鄂尔多斯羊绒制品温暖了全世界，而且使鄂尔多斯成了"一个有温度的城市"；2003年12月，内蒙古人民出版社出版发行了鄂尔多斯学研究会会员沙仁其木格与研究会专家委员会副主任委员姚鸿起合著的科研课题《鄂尔多斯经济跨越发展简论》，该书因首次提出"鄂尔多斯经济跨越发展为反梯度推进发展"，而获内蒙古自治区首届社科优秀成果政府奖三等奖；2004年6月，内蒙古人民出版社出版发行的鄂尔多斯学研究会荣誉会长杜梓主编的《鄂尔多斯工业化之路》，既总结了鄂尔多斯工业发展规模由小到大、工业发展水平由低到高的艰难历程，又提出了工业低碳、循环、高质量发展的方向，获鄂尔多斯政府奖一等奖。

第二，探索鄂尔多斯发展模式。在20世纪90年代中期，鄂尔多斯经济发展驶入"快车道"后的1998年，内蒙古大学、内蒙古师范大学的教授就开始研究"鄂尔多斯经济现象"，并在内蒙古政协刊物上发表了论文《鄂尔多斯模式》。2002年10月，为了更好地落实市委政府提出的"文化塑市"战略，研究会协同中央电视台海外中心、内蒙古电视台合拍了中国首部反映少数民族地区的7集大型外宣纪录片《走遍中国·鄂尔多斯》，并于2003年2月24日至3月2日，在央视国际频道黄金时段播出。由于该片高度巧妙地融合了鄂尔多斯文化内涵和地域特色，引起了海内外强烈反响。2003年后，研究会荣誉会长夏日先后出版的《鄂尔多斯经济发展研究成果荟萃》《我眼中的鄂尔多斯现象》和研究会专家委员会副主任委员潘照东所著的《鄂尔多斯模式研究与探索》为"鄂尔多斯发展模式"的深入研究与探讨奠定了基础。2012年7月，研究会会长奇·朝鲁和研究会专家委员会主任陈育宁共同主编的《鄂尔多斯学概论》（该书获内蒙古自治区第五届哲学社会科学优秀成果政府奖二等奖），则是"鄂尔多斯发展模式"研究的集大成者，它对更深入探索研究"鄂尔多斯发展模式"起到了建"万丈高楼"的地基作用。

第三，为领导决策鄂尔多斯经济社会发展提供参考。鄂尔多斯学自创办之日起，就确立了"服务建设"的宗旨，承担为鄂尔多斯市委、市政府领导决策提供参考的职责。17年来，从事鄂尔多斯学研究的专家、学者们一直以勇担职责为己任，在鄂尔多斯经济社会发展的关键时刻，特别是在鄂尔多斯经济社会发展进入三期（有专家认为是经济增长换挡期、转型发展阵痛期、政府债务化解期，也有专家认为是经济发展从规模速度型粗放增长期走向质量效益型集约增长期、经济结构从增量扩张为主期走向调整存量做优增量并存期、经济发展动力从传统增长点期走向新增长点期）叠加的新常态时期，更是积极主动为市委、市政府决策提供有价值的建议。

2011年以来，笔者在文化产业创意发展方面，就提出了要努力培养多方面人才；要大力举办多形式、多层次的文化活动，为文化创意产业发展构建多形式、多层次平台；要把文化创意产业发展同城市化结合起来；要引导文化创意产业规模发展；各级政府要积极扶持文化创意产业发展的建议。在城市化建设发展方面，提出了要从单纯发展城市向城乡统筹发展转变；从发展高耗能城市向发展低耗能城市转变；从大规模造城向质量提高、管理人性化转变；从爆发式发展向渐进式发展转变；从过多考虑富人向贫富共同考虑转变的建议。在全面建成小康社会方面，提出了要顺应结构转型减速的变化，加快发展第三产业；要走新型工业化、信息化、城镇化、农牧业现代化同步发展的道路；要从工资收入、财产性收入、消费支出结合分析上缩小贫富差距；要把全面建成小康社会同社会主义新农村（牧区）建设结合起来；要集中一部分资金用于革命老区建设；要实施人才结构调整和对应化培养两大战略的建议。在进行结构性改革方面，提出了必须围绕"去产能、去库存、去杠杆、降成本、补短板"五大任务进行；必须兼顾需求侧结构改革；必须坚持实事求是思想路线；要继续提高绿色农畜产品供给质量和市场占有率；要进一步提高现代服务业多样供给的质量和效益等建议。在参与"一带一路"特别是"草原丝绸之路"建设方面，提出了用创新破解发展难题；用协调规范发展不平衡；用绿色规划实施发展蓝图；用开放推动发展；用共享落实发展成果的建议。

应当指出的是，上述建议中有些已被党委、政府或企业领导决策时采纳，如在发展文化创意产业方面，东胜区就在旧城区改造中，创办了文化产业园；在城市化建设发展方面，特别是在发展高耗能城市向发展低耗能城市转变中，亿利资源集团就大力发展太阳能光伏发电产业有的建议现在虽然没有被采纳，但对今后的鄂尔多斯经济社会发展，也会具有一定的指导意义。

第四，引导鄂尔多斯人凝心聚力、推动经济社会转型高质量发展。鄂尔多斯是一个以蒙古族为主体，以汉族为多数的多民族地区。在历史上，这个地区的各个民族虽然有过战争、纠纷，但更多的则是团结友爱、守望相助，共同创造了鄂尔多斯历史。当鄂尔多斯经济社会发展由于受2007年东南亚金融危机和2008年美国次贷危机影响，产生政府欠企业债、企业欠老百姓债的现象时，鄂尔多斯人曾一度怨天尤人、怨声载道、精神不振、互不信任，但在鄂尔多斯市委"凝心聚力、转型发展"的号召下，研究鄂尔多斯学的专家、学者通过深入研究鄂尔多斯各民族团结奋斗，共同反对封建王公贵族和封建地主的压迫、剥削，共同抗击外来敌人入侵、掠夺的历史，围绕着鄂尔多斯的第三次创业实际，提出了"内敛平和、诚信务实、兼容并蓄"的鄂尔多斯精神内核，从而不仅为研究会凝聚起更多市内外、老中青专家、学者，而且为市委提出"开放包容、诚信友善、不屈不挠、拼搏创新、艰苦奋斗、不断进取"的鄂尔多斯市第三次创业精神奠定了思想基础。正是由于鄂尔多斯第三次创业精神的感召和鼓舞，鄂尔多斯人经过艰难奋斗，2018年全市实现地区生产总值3763.2亿元，较上一年增长5%（其中一产增加值117.8亿元，增长2.1%；二产增加值1969.1亿元，增长4.1%；三产增加值1676.3亿元，增长6.2%）；完成地方财政总收入919.2亿元，较上年增长14.8%，完成地方性一般公共预算收入433.5亿元，较上年增长21.5%；退出煤炭落后产能420万吨；化解商品房库存242.7万平方米；化解政府性债务400.5亿元；化解不良贷款82.3亿元；进出口总额达到82.3亿元，同比增长55.2%（其中出口58.8亿元，增长63.2%；进口23.5亿元，增长38.2%）；社会消费品零售总额702.4亿元，较上年增长6.3%；接待游客1450万人次，实现旅游收入440亿元；农村牧区居民人均可支配收入达到18289元，较上年增长9.3%，快于城镇居民收入增速1.8个百分点，城乡收入差距正在缩小。由于坚持了政策驱动、科技引领、产业拉动等方略，有效推动了地区的生态优先、绿色发展。全年消减二氧化硫26204吨、氮氧化物7471吨，交易二氧化硫1383.24吨、氮氧化物1426.76吨，交易额达683.76万元。与2004年相比，荒漠化和沙化土地面积分别减少580.8万亩和42.7万亩；重度和极重度荒漠化、沙化土地面积分别减少1295.4万亩和1051.2万亩；与2009年相比，库布其沙漠和毛乌素沙地植被覆盖度大于60%的土地面积分别增加146.6万亩和248.4万亩，其治理率分别达到25%和70%；全市森林资源面积达到3507万亩，森林覆盖率为26.91%；空气质量优良率达83.5%；由此，一个天蓝、地绿、水清，人民生活比较美好的鄂尔多斯已经展现在世人面前。

第五，传承弘扬鄂尔多斯文化。鄂尔多斯历史悠久、文化灿烂。在中华文明史的长河中，鄂尔多斯就是多民族活动的历史舞台、多元文化的集聚之地，由此便形成了边塞游牧文化与中原农耕文化渗透、融合的这个最突出的特征。

文化既是民族之魂，也是发展的软实力和支撑力。为了更好地传承弘扬鄂尔多斯文化，为了适应鄂尔多斯市委、政府在鄂尔多斯二次创业中先后提出"文化塑市""文化强市"的需要，为了满足鄂尔多斯各族人民群众日益增长的精神文化生活需求，鄂尔多斯学的专家、学者撰写了大量以鄂尔多斯文化为内涵的论文。特别是2005年至2009年，鄂尔多斯学研究会在市委、市政府大力支持下，组织本会部分专家、学者，通过广泛调查、深入研究，集中精力编纂出版了获内蒙古自治区第二届哲学社会科学优秀成果政府奖三等奖的《鄂尔多斯大辞典》。

《鄂尔多斯大辞典》是鄂尔多斯首部具有地域性、综合性、知识性、实用性的百科全书。全书共12个分篇、3800个词条、约135万字。词条内容既客观准确，又丰富翔实。就其中的"文化篇"而言，不仅有恐龙化石等古生物文化，还有碾房渠等古窖藏文化；不仅有旧石器文化，还有青铜器文化；不仅有战国、隋长城文化，还有秦直道文化；不仅有《六十棵榆树》《森吉德玛》等民歌，还有《鄂尔多斯婚礼》《鄂尔多斯情愫》等舞蹈；不仅有"西召"寺庙文化，还有阿尔寨石窟文化；不仅有敖包祭祀文化，还有成吉思汗祭祀文化；不仅有《玉泉喷绿》等长篇小说，还有《百年风云》等长篇纪实文学；特别是还有"漫瀚调""古如歌"等国家非物质文化遗产……由此可以说，《鄂尔多斯大辞典》既使鄂尔多斯人民群众日益增长的精神文化生活多样化需求得到了较高质量的满足，也大力度地传承、弘扬了灿烂多彩的鄂尔多斯文化。

城市学、地方学及鄂尔多斯学的兴起与发展

梁达平[*]

城市是人类进入文明时代的重要起点和标志。用"以人和自然为本"的科学理念,去研究、维护、推动现代社会的整体城市乃至地区的个体城市的可持续发展,这就让城市学、地方学在特定的条件与背景下应运而生。城市学是全面研究城市产生、发展、变化和运行规律,及与人文、自然生态协调机制的综合科学;地方学是各个区域或城市的政治、经济、社会、文化艺术诸方面发展、变化和历史沿革研究的整体科学。当今,在社会结构不断演变的过程中,城市学、地方学之间的相互交叉和融合已是一种必然。鄂尔多斯学属于地方学,是对该城市和区域的历史、经济、文化、民族、宗教、生态及其相互联动发展规律进行系统研究的学科,是运用城市学、地方学理论进行具体探索的一个典范。

一、城市学在城市化的推动下不断催生新理论

(一) 世界城市研究与城市学

西方城市研究最早起源于公元前 5 世纪处于政治经济文化发展高峰的、以城市为主体形式的城邦国家古希腊。古希腊思想家亚里士多德的《政治学》开创了对城市功能理论发展问题的探讨:城邦不仅是理性的产物,也是人们

---

[*] 梁达平:高级政工师,中国民族学学会生态民族学专业委员会理事,广东省生态学会人文生态专业委员会秘书长,广东省地理学会、广州市城市经济学会会员。此文写于 2019 年。

满足自身需求的产物。人们来到城市是为了生活，人们居住在城市是为了生活得更好。古希腊哲学家柏拉图的《理想国》开拓了对理想城市设计的先河，他通过探讨真、善、美而具体构思建造一座理想的城市。而深受柏拉图思想影响的 16 世纪初英国著名政治家托马斯·莫尔所著《乌托邦》中的城市规划、人口限制、功能划分、政治制度等更值得参考。

现代城市学是资本主义发展的产物。18 世纪 60 年代之后，工业革命促使第一批工业城市相继形成，并得以迅速地、却夹杂着无序、失控、混乱地发展。由于欧日美等发达国家和地区最早进入城市化，他们对城市的研究也由来已久，19 世纪末至 20 世纪 20 年代是创建时期，20 世纪 30 年代至 50 年代是发展时期，20 世纪 60 年代以后是应用研究开发时期。为此，先驱城市思想家、苏格兰生物学家帕特里克·盖迪斯做了开创性工作，他是西方对城市由单科研究转向综合研究的奠基人，留下了两本颇有影响的著作《城市发展》（1904 年）和《城市演化》（1915 年），他还是世界上最早提出"城市学"这个新概念的人。日本在 20 世纪 40 年代也提出了建立城市学的构想。1965 年，日本城市科学研究会改名为"日本城市学学会"，会长是著名的社会学家、东京都立大学城市学家矶村英一。他们形成了一个比较完善的学科体系，并在世界城市学领域产生了较大的影响。20 世纪 60 年代，希腊学者康斯坦丁诺斯·A.多克西迪斯、美国哈佛大学与麻省理工学院联合设置的城市研究所所长莫伊尼议等都提出了他们的城市学主张。

21 世纪是城市的世纪。全球城市化的到来，陆续催生出大都市带、世界城市假说、新城市主义、柔性城市以及智慧城市等一系列新理论，使城市学研究得以巨大地推进。总之，利用"互联网 + 城市"模式，进一步把城市作为一个复杂的系统整体来研究，用系统科学的观念与综合集成的方法进行分析，多维度、多学科地总结城市的历史与经验，破解城市所出现的难题和病因，更好地把握城市演变的内在规律及未来趋势，让城市和谐地与自然互享共生。

（二）中国城市研究与城市学

中国的城市最早起源于公元前 17 世纪的商朝，对中国城市的研究应始于公元前 11 世纪的周朝。《周礼·考工记·匠人》作为古代最早期、最权威、最有影响的一部城市著作，明确提出了我国城市尤其是都城的基本规划思想和城市格局。

中国科学意义上的城市研究，是 20 世纪 20 年代一批留学生归国后才启动的，他们理性地从整个世界城市的发展趋势来思考中国城市的发展及规划问题，并为中国设计了一条以城市为中心带动社会全面发展和变革转型的现代化道路。由于当时时局动荡而造成城市本身发展的滞缓，他们的设想大多数仅停留在文案之中。当然，其中也有个别得以实施的。如孙中山的儿子孙科 1917 年留美归来，任广州市首任市长。他将自己的都市规划思想与广州市政实践相结合，对广州进行了一系列的建设和改造，使广州走在全国城市近代化的前列。新中国成立初期，我国城市建设基本都是照搬照抄"苏联模式"，或者把西方的城市理论直接拿来套用，忽略中国国情和城市发展的自身特点，导致"重经济发展，轻城市建设""摊大饼"式盲目扩张、资源环境不可持续发展等失误，走了不少弯路。

1978 年十一届三中全会以后，中国城市现代化建设加快，城市的理论研究也日益得到重视。我国的城市学研究始于 20 世纪 80 年代初。当时，著名的科学家钱学森先生就与于景元先生、鲍世行先生一起研究了城市学的命题。同时期，李铁映、宋俊岭等领导和专家提出创立"城市学"。1985 年 8 月，钱学森进一步于《城市规划》第 4 期发表了《关于建立城市学的设想》，他通过对国内外城市的分析，认为要解决当前复杂的城市问题，要搞好城市规划，就要有理论依据，就有必要建立一门应用的理论科学，这就是城市学。城市学研究的命题不约而同地集中在 20 世纪 80 年代初并非偶然，这与中国的改革开放和城市化的出现休戚相关。笔者也于 1981 年广东省地理学会年会，提交了名为《关于中国城市的一些讨论》的论文，其中针对城市日益严峻的土地、人口、环境、交通、规划、管理等难题，提出需要多种学科的系统研究，迫切需要创立一门城市学。

21世纪后，在中国城市化的强有力推动下，城市学的研究出现了开创性的局面。一是成立于2009年的杭州国际城市学研究中心，是国内第一个纳入政府管理体系，专门进行城市学、杭州学研究的机构。该研究中心围绕中央，实施新型城镇化和建设中国特色新型智库两大战略决策，树立了打造具有国际特征、中国特点、杭州特色的城市学学派和打造"国内领先、世界一流"的城市学智库两大目标。二是2010年杭州师范大学设立城市学研究所，并于2013年首次招收城市学专业硕士研究生，为城市学的理论开拓和研究人员培养储备打下扎实的基础。三是从20世纪80年代至今，陆续出版了各种城市学的书籍共30多本，如《城市学讲座》《城市学与山水城市》《城市学概论》《广义城市学》《城市学总论》等。这些专著比较全面综合地研究了城市，系统地论述了有关城市的各种理论和实际问题。四是一年一度的"城市学金奖征集评选活动"和"中国城市学年会"，使中国城市学的理论研究常态化，并且不断取得新的成果。五是城市学高层论坛的举办、"中国城市网"的开通、《城市学研究》的创刊、城市学全媒体2.0版的传播、城市学图书馆及城市学知识中心的建立等，都是推动城市学研究的重要举措。

当今，中国的城市已发展到城市群、都市圈，出现北京、上海、香港、台北、广州、深圳6座世界一线城市，全球前十大城市排名中，中国是唯一拥有三座城市的国家。特别是2019年2月中共中央、国务院公布了首个《粤港澳大湾区发展规划纲要》，提出建设富有活力和国际竞争力的一流湾区和世界级城市群。这为中国城市学的理论研究开辟了新的课题和路径。

二、地方学从区域研究为主扩展到城市重点研究

（一）世界地方学研究

地方学，也被称为"地区学"，是20世纪60年代兴起的一门学科，其奠

基之作是美国学者马纳斯·查特杰于 1963 年出版的《经济发展的管理与地区学》一书。第二次世界大战结束后，在世界范围内，随着社会经济文化的不断发展，各学科领域在不断细分的同时又与其他学科交叉融合，而现实中的许多问题越来越明显地需要多学科协作、综合研究。在这种形势下，很多城市和地区出现了关于本地域的综合性地方学研究，如雅典学、罗马学、伦敦学、东京学、首尔学等。国外的一些大学都设立了地区学专业和地区学研究所，并招收研究生，如英国伦敦大学设立伦敦学专业课程，美国圣母大学设立罗马学研究项目，韩国首尔大学设立首尔学研究所等。

目前，随着经济全球化的发展，关于地方学的研究方兴未艾。这正是世界各地所出现的一种挖掘地方文化特色，从而探寻文化多样性的历史必然现象。当今，不同的知识、学科和领域之间相互渗透成为进一步趋势，从而出现了关于空间研究学科的"文化转向"和关于文化研究学科的"空间转向"，这也促使整体研究的地方学不断走向深入。

（二）中国地方学研究

我国是世界五大文明发源地之一，是唯一有着 5000 年绵延历史的国家，因此，研究地方、地域的学问也相当悠久。其中，最早记载某一时期某一地域的自然、经济、社会、政治、文化等情况的地方志、地理志已有 2000 多年历史，至于民间的游记、纪行更是早就流传，数不胜数。地方学研究正是这一传承的延伸和理论的升华。我国地方学的产生是近百年的事情，最早是清末民初开始以地域划分经学流派，如鲁学、齐学、晋学等。20 世纪 20 年代至 50 年代，先后出现了地方学的"三大显学"——敦煌学、徽学、藏学。1978 年改革开放以来，尤其是 21 世纪之后，我国地方学逐步驶上快车道，各地方的研究机构陆续成立，各种类型的研讨会接连举办，一大批学术论文和著作也纷纷发表出版。

我国各地方构成了一个个区域，城市是在区域的基础上建设起来的，并成为所在区域的政治、经济、文化中心，区域和城市是与生俱来的共同体，又是彼此作用的统一体。早期地方学以区域研究为主，后来逐渐扩展到对城市的重点研究，涌现出上海学、北京学、泉州学、温州学、鄂尔多斯学、杭州学、西安学、武汉学、广州学等一大批各具特色的地方学。目前，已经在报刊或会议、论著中明确提出，具有专门机构及系统研究成果、人们较为熟悉和公认的地方学共约 75 种，其中研究区域地方学约 39 种，研究城市地方学约 36 种，而且个体城市地方学的占比将越来越大，这是中国城市化快速发展的必然趋势。

我国的地方学研究正呈现出良好的发展势头。最有代表性的是北京联合大学于 1998 年 1 月设置了北京学研究所和 2004 年 9 月建立了北京学研究基地。北京学具有首都区域性、综合性、系统性的特征，他们坚持全球眼光、中国特色、北京实践，矢志不渝地为把北京建设成为国际一流和谐宜居之都及世界级文化名城提供智力支持。经过 21 年的辛勤耕耘，北京学研究所走上学术前沿，成果丰硕、人才辈出、深孚众望，处于统领的地位。2019 年 5 月，北京学学科入选北京高校高精尖学科建设名单，目前研究所制订了学科建设规划目标，成立了以中科院院士周成虎为主任的专家指导委员会，开启了向首都高端文化智库发展的新征途，北京学迈进一个新时代。

随着互联网时代的到来，我国的地方学研究也进入协同发展的新阶段。最突出的是 2005 年 9 月成立了中国地方学研究联席会，这个非实体性的学术联盟的诞生，是地方学的一个重大突破，它为各地方学研究团体提供一个相互联络、合作与展示的舞台。如今联席会的成员单位已从早期的 12 家发展到 32 家。联席会经常组织各地方学开展考察和交流活动，举办全国性或国际性地方学研讨会，出版多部研讨会论文集。同时，每年编印 4 期《地方学研究信息》会刊，现已编印 56 期。特别是为加大中国地方学学科建设的力度，联席会还组建了中国地方学研究联席会学术委员会，并从 2018 年开始，每年出版 2 辑《地方学研究》作为联席会的系列出版物，汇集地方学与地方文化研究成果，推进理论研究和实践经验的分享，扩大地方学及中国地方学研究联席会的影响力。现已先后由鄂尔多斯学研究会、北京学研究基地负责编辑出版了4辑，精心打造"中国地方学"特色新品牌。

我国各地方学的相互交流、协同发展，还表现在与港澳台的合作越来越频繁，尤其是和国际上的交往也与时俱进。这些年来，泉州学、扬州学、广州学、晋学、金门学等，通过"请进来、走出去"，举办各类国际学术研讨会，分别与来自韩国、日本、美国、英国、加拿大、澳大利亚、越南、新加坡、马来西亚及港澳台等国家和地区的专家学者欢聚一堂，共同探索地方学的历史与前景。同时，北京学研究所与韩国首尔学研究所、加拿大文化更新研究中心等建立长期的学术合作关系。他们经常参加韩国首尔学研究所的学术研讨会，还和日本地方学的学者进行交流，并邀请多国的教授前来讲学。近几年，由北京学研究基地、北京学研究所与中国地方学研究联席会等共同举办了"中日韩地方学研究理论与实践学术研讨会""海峡两岸地方学与地方文化学术研讨会""第三届京台学者共研会·京台地方学分论坛"等活动。特别是2019年10月，由北京联合大学北京学研究所、韩国首尔市立大学首尔学研究所、日本富士学会联合在北京举办的"首届亚洲地方学与地方文化学术研讨会"，是又一个重大跨越，必将推动亚洲地方学研究的学术交流和经验互鉴，促进亚洲地方学研究的实践总结和理论提升，加快亚洲地方学学术联盟的构建步伐。

三、鄂尔多斯学是中国地方学的一个典范

鄂尔多斯位于内蒙古自治区西南部的高原腹地，既有美丽的草原，又有储量丰厚的煤炭、石油、天然气等矿产资源，还有源远流长的历史和文化。作为我国古代文明的一个摇篮，孕育了著名的"河套人文化"，直至成为当今的城市，其发展又走过不寻常的历程。鄂尔多斯所具有的独特性、民族性、多样性、连贯性极为鲜明，是一座璀璨多彩的文化富矿。2002年，伊克昭盟（今鄂尔多斯市）原副盟长奇·朝鲁同志在深入调研、征求意见的基础上，首

先提出创建"鄂尔多斯学"的倡议,并召集一批有较高理论水平、热心于文化事业的老中青"三结合"同志,组建了鄂尔多斯学研究会。用首任会长奇·朝鲁的话说,研究会坚持不懈办了三件事:创建一个品牌——鄂尔多斯学,建立一个平台——鄂尔多斯学研究会,组建一支队伍——鄂尔多斯学研究会专家委员会。专家委员会成员逐步发展到160余人,研究会会员240多人,形成了一个充满活力和生机的研究团队。

鄂尔多斯城市标识为卡通大角牛,这也折射出鄂尔多斯学研究会的形象和特征。他们胸怀大志、坚持自信、奉献为荣、追求卓越、勇于开拓、立足学术、服务建设、着眼发展、培育"长项"、经营"品牌"、形成特色。突破了仅局限于学者圈子的传统自我封闭做法,善于在学术研究、领导决策和社会需求之间架起桥梁。在诠释鄂尔多斯市的发展战略,解读社会、经济、生态现象中,研究会连续出版《鄂尔多斯学研究》刊物,完成《鄂尔多斯大辞典》《鄂尔多斯学概论》《成吉思汗文化丛书》的编写出版等大型文化工程。17年来,共举办60多次学术论坛及研讨会,出版100多部学术专著和论文集。同时,还围绕经济转型、草原文化、"一带一路"、乡村振兴等课题进行研讨,积极开展走进大学、走进基层、走进网络的"三走进"活动,不断深化"鄂尔多斯学＝知识体系＋应用服务",为当地经济社会建设做出喜人的成绩。鄂尔多斯学研究会既是民间学术研究团体,也是内蒙古自治区社科联和鄂尔多斯市社科联的科普基地,在2017年7月全国社科联第十八次学会工作会议上被评为"全国社科联创建新型智库先进社会组织"。

鄂尔多斯学研究会最难能可贵的是,他们除扎根当地外,还一直起着引领示范的作用,大力促进中国地方学研究的协同发展。一是最早倡议成立中国地方学研究联席会,他们担任了首届执行主席单位。后来由于轮值,虽不再担任,但仍然积极协助新的执行主席单位,继续主动承担多项开创性的策划和组织任务。多年的实践证明,中国地方学研究联席会一直是推动中国地方学蓬勃发展的核心力量,鄂尔多斯学研究会为中国地方学研究联席会做出了重大的贡献。二是首创在民间学术性智库草根网的团体博客"地方学研究"，被纳入中国地方学研究联席会的重点工作。鄂尔多斯学研究会把跨学科理论研究、互联网思维以及智库建设作为一个有机整体，不断在草根网上发表中国学、地方学、民族学的研究成果、学术探讨和相关信息等，引起了社会的关注。三是率先组织各地方学合作开展课题研究，由鄂尔多斯学研究会提出的侧重平行比较研究的《中国地方学研究理论与实践调查报告》和注重整体与局部关系的《中国学视野下的地方学研究》两个课题项目，由感兴趣的各地方学团体共同参与，共享研究成果，具体由鄂尔多斯学研究会主持实施，并承担出版发行费用，计划分两年完成。这标志着中国地方学研究的协同发展又迈出了实质性的一步。中国地方学研究联席会执行主席单位负责人、北京学研究所所长张宝秀教授给予鄂尔多斯学研究会高度评价，她认为十几年来，鄂尔多斯学研究会为国内地方学研究树立了榜样和标杆，并在联席会一直发挥着"老大哥"的作用。

2018年底，鄂尔多斯学研究会再次经历新老交替，充实了新生力量，鄂尔多斯学已经初步形成一门独立的学科体系。当前，他们正朝着既定的目标奋发前行：在《鄂尔多斯学研究事业十三五发展规划》中，提出到2020年鄂尔多斯研究会将打造成为中国地方学著名品牌研究会，将建设一个国内一流的专家委员会研究团队，将使学科研究走向全国、走向世界。

论鄂尔多斯学创立与存在的价值

甄达真[*]

近年来,地方学蓬勃发展,其势头如日东升,方兴未艾。其背后是经济繁荣、万象更新、国力强盛、国泰民安的好形势。

地方学的蓬勃兴起,是因为地方学不容忽视的作用,其意义、价值巨大。它的作用充分表现在老会长奇·朝鲁先生用智慧总结、提炼出的八个字上:存史、立论、资政、惠民。力求做到古为今用,史鉴未来。地方学以地方文化为主要研究对象,历史文化是大量存在且极为重要的内容。地方学研究定要积极组织专家、学者和热心文史工作者挖金掘宝,以历史唯物史观予以中肯评价,鉴古资政。对历史人物绝对要用以人民为中心的标准予以评价,标新立正、树立榜样、古为今用。对于反面人物,则要指出要害,立人醒世。对历史人物、历史事件、历史问题等,要从事实出发分析,客观公正做出结论。对那些新闻奇事则要以考古学家的严谨态度治学,绝不浮光掠影,但也绝不谨小慎微,要勇于进取、敢于碰硬、更敢创新。许多学术就是在突破中新生的,不能缺少突围的勇气。以此回眸,鄂尔多斯学研究会自成立以来,做出了突出的贡献,其标志性的工程正如杨勇副会长所列:一是编撰了《鄂尔多斯大辞典》,二是编写了《鄂尔多斯学概论》,三是出版了一套七册的《成吉思汗文化》丛书。此外还举办了各种研讨会,和许多地方学社团组织密切联系、

---

[*] 甄达真:鄂尔多斯学研究会专家委员会委员。此文写于2019年。

交流，卓有成效，成为全国先进社团组织。这些都是存史立论、探索创新的一个重要方面。

此外，还要把着眼点放在现在，要把正史正志以外的历史作为社团组织的核心记忆，"不要等到过了50年以后才去追忆那段历史"，要把存当代史作为自己不可推卸的责任担在肩上，竭智尽忠，做到至善尽美。这或许是党和政府最需要的文化补充服务。以清楚的当代事告诉后人，是对历史的负责。《我与鄂尔多斯》数卷和《双头马骑士》等是当代史的经典。开展"库布其历史文化调查研究"活动，以其真知灼见存史，其价值殊大，也属责无旁贷。这是存史创新的精要，切中要害。还有经济腾飞的"鄂尔多斯模式"、民间借贷危机、房地产崩盘、煤炭大开发等等，都是发生在现今的有历史价值的大事，记述和结论都应有真凭实据、真知灼见，哪怕一时做不出准确结论，也要负责任地以实存史。

各种样式的革命回忆录也是存史的一种手段，时移势易，遗漏的事或许还有很多，应当以社团组织引领，拾遗补缺，再让当事人回忆往事，不亏亡羊补牢之功。

还有当前保护生态、治沙防灾、脱贫致富奔小康、从严治党反腐败、河湖设长防污染、文化自信促旅游等大事频传，这些都当通过出版书籍，应用互联网办有特色的网站等方式存史鉴未来，可谓是事繁任大，不可驰心旁骛。这也正是民间社团组织必须承担的责任，是它的巨大价值所在，所以，鄂尔多斯学研究会2019年十大工作要点是存史，是自告奋勇谋发展。

鄂尔多斯在文化发展上有了翻天覆地的大变化，成绩斐然，呈现出文化繁荣的局面。电影、电视有轰动效应，文学创作也有惊人之举。

当然，无论存历史之史还是存当代之事——将来的历史，记述和分析这些史事时，要以现代观点和标准予以评品，做出结论，绝不是单纯存史。存史和立论是结合在一起的，谓作"存史立论"。此外，史论的意旨，有着明显的社会核心价值，有着惊世醒人、资政惠民的作用。综上，民间社会组织的基本任务，可归纳为"存史立论，资政惠民"，具体来说，存史就是存文化，就是"立足学术、服务建设、着眼发展"，资政惠民，就是党领导下的民间社团组织（地方学研究会）存在的巨大意义和价值。

明确而精准的存史立论是民间社团组织必须承担的责任和任务。

存史要力求高质量，经得起历史检验。不存则罢，存则务求精准、细针密缕，不留遗憾。回想鄂尔多斯的历史，其史存令人遗憾和叹息。著有《蒙古源流》的伟大历史学家萨冈彻辰，竟没有他逝世日的记载，并且《蒙古黄金史纲》原本是他的著作，却几百年来不知作者，直至今日才在苏联科学院东方研究所所藏《〈蒙古源流〉抄本六种》中找到存史证据[1]。可见存史质量重要。

存史资政，存史是社团组织的重要工作，组织者要重视，花大力气，开动脑筋，敏锐地捕捉机遇，睿智地选准存史对象，以马克思主义的辩证法、中华民族传统的治国安民的施政思想和习近平新时代中国特色社会主义思想立好论，惠民生。存史更要细致入微、精益求精，要有诗人的创造，有哲学家的辩证，有探险家的技艺和胆识，有教师的循循善诱和循序渐进，还要有农民的朴实、苦干，这些都是存史高质量的保证。

高质量的存史是文化建设的重要组成部分，它不仅可以高效地资政惠民，让从政者在从前的失足中汲取教训，避免重蹈覆辙，从善资政，还可为撰写地方史志提供鲜活的翔实资料，为文化服务。由此，重视民间地方社团组织（地方学研究会）的建设，加强领导，予以必要的政策和资金支持，是重视文化建设的必须之事，是政府的职责所在，也是对历史的负责。

民间地方社团组织肩负着文化建设的重任，肩担道义，面对历史，所以民间地方社团组织要自强不息，善养我浩然之气，自觉负重前行，做到事事尽善尽美，处处是景奇妙境，人仰而观。做到这般境地很难，但又必须如此；

---

[1] 乌审旗编委会编著：《纪念萨冈彻辰诞辰四百周年文集》，呼和浩特：内蒙古人民出版社，2004年，第209页。

只有攀登，方可登上顶峰！

习近平总书记指出："在人类发展的每一个重大历史关头，文艺都能发时代之先声、开社会之先风、启智慧之先河，成为时代变迁和社会变革的先导。"[1] 让我们乘时代之风，共同努力，建设好鄂尔多斯学研究会，建成一个文化高地，完成它的历史使命！

---

[1] 习近平：《习近平谈治国理政》第二卷，北京：外文出版社，2017年，第350页。

鄂尔多斯学走进并融入现实社会与网络世界

包海山*

从基本架构和功能来讲，鄂尔多斯学＝知识体系＋应用服务；从构建与应用的领域和空间来看，鄂尔多斯学走进并融入现实社会与网络世界。总之，我们要通过走进并融入现实社会与网络世界，来构建与应用系统性的鄂尔多斯学学科知识体系。

具体而言，在鄂尔多斯学研究会2019年十大工作要点中，有积极开展"学科体系建设"，继续开展走进大学、走进基层、走进网络"三个走进"活动的内容。

2015年，专家委员会主任委员陈育宁教授提出"鄂尔多斯学＝知识体系＋应用服务"的概念；2016年，研究会奇·朝鲁会长提出并推动鄂尔多斯学研究"三个走进"活动；2019年，新任专家委员会主任委员奇海林教授、研究会常务副会长兼秘书长杨勇积极开展学科体系建设，继续开展"三个走进"活动。由此人们感受到鄂尔多斯学研究不忘初心、一脉相承、创新发展的内在生命活力。

鄂尔多斯学研究起初提出走进大学、基层、网络，后来也走进机关、企业。基层包括农村牧区、城镇社区，类似于内蒙古社科联开展的"北疆讲坛"。进机关、进校园、进社区、进农村牧区、进企业、进军营、进网络的"七进"活动，

---

* 包海山：鄂尔多斯学研究会副会长，草野思想库副理事长。此文写于2019年。

使"走进"的内涵更丰富。

从学术研究和理论成果所走进的领域和空间来看，无论是"三个走进"还是"七进"，都可以划分为两大类：一是"物质"意义上的现实社会，包括走进大学、基层、机关、企业、军营等；二是"信息"形态的虚拟空间，即走进网络世界。而且，在信息时代、网络社会，现实社会与网络世界也是一个有机整体。例如，我们走进大学、企业等，也就可以走进网络世界；而走进网络世界，也就能够走进大学、机关、企业、基层等现实社会的所有组成部分。

相对而言，"走进"是单向推进，可以走出一条道路，主客关系没有改变；而"融入"是双向互动，可以形成多维空间，能够同创共享研究成果。当地方学研究真正全方位、多层次、高质量"走进"并"融入"现实社会与网络世界时，也就意味着"走出"了研究机构的小圈子，改变着"知识体系＋应用服务"的分离状态，一方面通过走进并融入现实社会与网络世界，来进一步促进学科知识体系的建设，另一方面在现实社会与网络世界中，把研究、教学、实践各环节连接起来，形成彼此联系、相互促进的一个有机整体，从而使鄂尔多斯学学科知识体系的构建与应用成为社会大众可以共同参与、分享成果的一种社会事业。因此，我们的创新发展，应该是鄂尔多斯学学科知识体系走进并融入现实社会与网络世界。

一、构建鄂尔多斯学学科知识体系

无论是从鄂尔多斯学的构建与应用方面来说，还是从鄂尔多斯学研究走进并融入现实社会与网络世界的角度来看，创建学科知识体系是基础，是前提条件；只有创建了鄂尔多斯学学科知识体系，才能应用它来为社会发展服务，才能使它走进并融入现实社会与网络世界，并且在现实社会与网络世界中使研究、教学、应用融为一体。

鄂尔多斯学是地方学的一部分。只有以全球地方学这样一个大的视野，在各个地方学之间进行联系和对比，才能对各个地方学有全面而深刻的理解。地方学，既有"地方"个性特色，又有"学科"的普遍原理，是在地方文化研究的基础上创建跨学科、跨地域的系统性学科知识体系。

从宏观上来看，在地球自然村，人类整体的科学文化是由无数个网线和网结形成的一张网络，而全球各个地方文化是其中一个具有地方特色的网格。无论是根据行政区域还是地理单元来划分，每个地方文化以及地方学都是人类科学文化大网络中的一个小网格。虽然支配历史进程的内在本质规律是不受地域局限、不以人的意志为转移的客观存在，但在不同的历史时期和不同的民族地区，由于规律得以实现的表现形式不同，而形成了各具特色的地方文化。

系统性是相对而言的，总有一个系统包含所有的系统。地方范围的大小也是相对而言的，一座城市是一个地方，一个国家是一个地方，而地球自然村也只是一个地方。系统性的地方学研究，是"在地感"与"全球化"的辩证统一，是立足某个地方，以更开阔的视野、在更大的系统内研究与各个地方之间的必然联系和互动关系。我们构建系统性的地方学学科知识体系，就是探索和遵循人类社会发展的内在本质规律，以此在全球科学文化网络上进行整体研究，在地方特色网格里进行微观研究，在各个网线和结点进行对比和平行研究，使网络、网格、网线、结点形成一个有机整体。当全球地方学都能够既立足当地，又跳出地方看地方，既研究小网格里的文化特色，又探索大网络的普遍原理时，就可以把个性特色与普遍原理有机结合起来，共同描绘完整的全球自然生态环境和人文历史发展的巨幅动态画卷。

对于亚洲文明交流互鉴以及亚洲地方学交流合作的理念来说，2019年具有特殊意义：这一年有两个"首届"，而且都提出了"道法自然"。在国家层面，"首届亚洲文明对话大会"于2019年5月15日在北京隆重开幕，习近平总书记在主旨演讲中指出："道法自然、天人合一是中华文明内在的生存理念。"[1] 在民间层面,"首届亚洲地方学与地方文化学术研讨会"也于 2019 年 10 月 26 日—27 日在北京举办,是由北京联合大学北京学研究所作为中国地方学研究联席会执行主席单位,与韩国首尔市立大学首尔学研究所、日本富士学会联合举办,共同推动亚洲地方学学术联盟建设。对于中国地方学研究来说,深刻理解"道法自然"这个中华文明内在的生存和发展理念至关重要。奇·朝鲁先生在《浅论鄂尔多斯学及其研究会》中认为,鄂尔多斯学的"根本任务是探索规律,终极目标是道法自然"。[2] 可见,鄂尔多斯学研究对中华文明内在的生存和发展理念的认知和把握是精准的,相信这会成为中国地方学研究的共识。

第一,构建鄂尔多斯学的一个核心就是探索客观规律、遵循自然法则。

构建系统性的地方学学科知识体系,是要把所有的相关研究组织成为一个有机整体,而只有把探索规律、遵循法则作为一个核心,才能实现。如马克思所言:"合乎真理的探讨就是扩展了的真理,这种真理的各个分散环节最终都结合在一起。"[3]

那么,真理即自然法则是什么?近年来,通过"老子道学、成吉思汗文化、马克思理论比较研究与集成创新"的课题研究,我们清晰地意识到:人、人所创造的科学文化以及科学文化所揭示和反映的客观规律,这是不同层次上的三个概念。相对而言,人的躯体生命是短暂的,"生就意味着死";人所创造的科学文化能够以信息形态离开母体,可以穿越时空、世代传承和创新发展;而科学文化所揭示和反映的客观规律是永恒的,它"独立而不改,周行而不殆"。例如,老子、成吉思汗、马克思的躯体和生命早已不在;他们的道学、文化、理论能够穿越时空、世代传承和创新发展;他们所揭示和遵循

---

[1] 习近平:《深化文明交流互鉴 共建亚洲命运共同体——在亚洲文明对话大会开幕式上的主旨演讲》,新华网,2019 年 5 月 15 日。
[2] 奇·朝鲁:《浅论鄂尔多斯学及其研究会》,《鄂尔多斯学研究》2014 年第 1 期。
[3] 马克思、恩格斯著,中共中央马克思恩格斯列宁斯大林著作编译局编译:《马克思恩格斯全集》第一卷,北京:人民出版社,1958 年,第 9 页。

的"道""长生天""真理"是永恒的,它们只是称谓不同,我们可以统称为"自然法则",自然法则对任何地方、任何人来说都是相同的客观存在。

在道生一、一生二、二生三、三生万物的演化以及人法地、地法天、天法道、道法自然的回归中,"道法自然"是中华文明内在的生存和发展理念,也是人类作为"类主体"的生存和发展理念,因此全球地方学研究应该深刻理解这最根本的一点。

第二,构建地方学的两个抓手,一是促进人全面而自由的发展,二是应用资本的运作规律创造更多可共享的社会财富和社会资本。

当"资本和劳动的关系,是我们现代全部社会体系所依以旋转的轴心"时,现代社会的每个地方都是按照这种关系在旋转。因此,无论是解决社会现实问题,还是预测并引领未来发展,都需要解决劳动的问题、资本的问题以及劳动和资本的关系问题,从而通过改变劳动形态、劳动价值评判体系、资本构成、资本实质以及社会分配机制等,从根本上改变我们全部社会体系所依以旋转的构成要素和旋转方式。

恩格斯说:"这两个伟大的发现——唯物主义历史观和通过剩余价值揭开资本主义生产的秘密,都应当归功于马克思。由于这些发现,社会主义变成了科学,现在首先要做的是对这门科学的一切细节和联系作出进一步的探讨。"[1]

正因为发现了资本主义生产的秘密并揭示了其基本规律,才使社会主义变成了科学。21世纪最大的社会变革,将是人类共同从盲目资本主义向科学社会主义平稳、和谐地转型发展。在劳动和资本即人和钱的关系中,从人的角度来看,人的自然天性决定了人要实现全面而自由的发展,而只有在人类命运共同体中才能实现这一点,因此构建人类命运共同体是必然趋势;从钱的角度来看,资本不断高度集中的内在规律决定了社会总资本要融合为唯一的单个资本,使社会总资本通过股份等形式实现全民人格化;从人和钱的关

---

[1] 马克思、恩格斯著、中共中央马克思恩格斯列宁斯大林著作编译局编译:《马克思恩格斯全集》第一卷,北京:人民出版社,1995年,第366页。

系来看，人类命运共同体与融合起来的社会总资本之间的关系将会发生根本性的变化，人类将有条件、有智慧、有能力体现人的主体地位，发挥资本的工具作用，并且逐渐把劳动力从商品定位解放出来，使生产力和生产关系所具有的资本属性"外壳""炸毁"，还原人类世界和自然界无价之宝的自然属性。社会主义变成科学，就是要对包括这些内容的这门科学的一切细节和联系作出进一步探讨。科学社会主义是涉及全球每个地方、每个人的具有全局性的重大理论探索与社会实践，因此揭示人类社会发展规律的马克思理论全球化、时代化、大众化创新发展的研究成果，将会成为全球系统性地方学学科知识体系的主体内容以及最大知识增量。

探索和研究地方学，是努力构建新的系统性学科知识体系，需要各尽所能、各抒己见，需要创造性、包容性的发展。拙作《地方学的构建与应用——以中国鄂尔多斯学为例》书稿，内容主要包括：前言：地方学及鄂尔多斯学概述；知识体系与应用服务；中国地方学研究联席会发挥重要作用。第一部分"创立初衷与发展历程"：鄂尔多斯学及其研究会的创建；鄂尔多斯学与全球地方学；鄂尔多斯学研究的主要成果；地方学研究与学科普及；地方学研究与智库建设；创建地方学学术联盟；搭建地方学交流平台；促进地方学融合发展；地方学走进并融入现实社会；地方学走进并融入网络世界；地方学存在问题与改进措施。第二部分"未来趋势与重点突破"：全球性与全球化需要系统性地方学研究；创建地方学顺应了科学融合发展的必然趋势；地方学研究的主体内容和最大知识增量；在地方学的构建与应用中创造与体现科学价值；就业是最大民生，通过劳动促进人的全面发展；赚钱是普遍需求，通过资本促进资源优化配置；合作的更高境界：功成事遂，百姓皆谓我自然；促进地方学研究、教学、应用形成一个有机整体；以互联网产品提高地方学的构建与应用效率；促进地方学构建与应用的市场化运作；地方学构建与应用研究基地建设。这部书稿是通过走进并融入现实社会与网络世界，在广泛交流、深入合作中不断探索与改进的鄂尔多斯学学科知识体系。

二、走进并融入现实社会与网络世界

走进并融入现实社会与网络世界，是对地方学构建与应用的范围和空间而言的。地方学在现实社会与网络世界里，实现"时—空—人结合""过去—现在—未来贯通"，促进物质改善、信息流通、能量传导，最终因为共同道法自然而融合发展，实现人与自然和谐相处。

在鄂尔多斯学的构建与应用中，如果说前17年主要是探索和构建学科知识体系，那么从现在开始，重点应该是通过走进并融入现实社会与网络世界，来应用学科知识体系为社会发展服务。地方学的构建与应用是有机整体，而探讨、走进并融入现实社会与网络世界，侧重于应用服务，可以从三个方面来推进：一是学科普及，二是智库建设，三是产业化发展与市场化运作。鄂尔多斯学研究会是民间学术研究团体，也是内蒙古自治区社科联和鄂尔多斯市社科联的社科普及基地，并在全国社科联第十八次学术工作会议上被评为"全国社科联创建新型智库先进社会组织"。可见，学术、科普、智库"三轮"驱动都在对鄂尔多斯学的构建与应用发挥作用；而在未来，鄂尔多斯学构建与应用的产业化发展、市场化运作，将开拓更大的发展空间，体现更大的经济和社会价值。

（一）学科科普

鄂尔多斯学研究会是专门研究"鄂尔多斯学"的民间学术团体，走进并融入现实社会与网络世界，主要是普及所创建的鄂尔多斯学学科知识体系。一方面向社会展现、讲解、宣传、应用研究成果，另一方面通过交流互动，吸引更多的社会力量参与进一步深入研究。

从本质上说，科学普及是一种社会教育，其基本特点是：社会性、群众性和持续性。地方学研究是探索和构建新的系统性学科知识体系，因此，地方学的科普具有非常特殊的意义，它使研究与科普更具有互动性，更容易相互促进以及融合发展，使研究人员和通过科普获得知识的人们共同参与和经历学科知识体系的构建与应用全过程，从而使大众易于理解、接受、参与并且具有更多的获得感。

鄂尔多斯学走进并融入大学，不只是几个老师带着自己的教材或者课件给数十个学生讲课，也不是偶尔一次的专题讲座，而是应该全方位地融入大学的校园文化建设以及教学科研领域，可以把研究会十几年来数百位专家学者的研究成果，通过互联网平台整体地走进并融入大学。而且，不仅要使已经取得的研究成果走进大学，更为重要的是，通过互联网，能够让师生们随时感知和参与创建新的学科知识体系的全过程，这才是鄂尔多斯学走进并融入大学的真正魅力所在。

网络世界可以真实反映甚至直接调控现实社会，能够以信息形态穿越时空，传承、积累、汇集、融会更多的人类智慧。地方学走进并融入现实社会与网络世界，非常需要相对完整并且可以不断修改、补充、增量的系列课件以及能够体现价值的互联网产品，以此提高地方学的构建与应用效率。鄂尔多斯学在这方面大胆探索，例如《地方学的构建与应用——以中国鄂尔多斯学为例》初稿，以博文的形式刊载于公益性、思想类网络媒体，如草根网、美国中文网等，海内外很多网友给予了关注、理解和支持，也有深入的交流互动。中国政法大学全球化与全球问题研究所所长、《全球学导论》作者蔡拓教授说："文章很有见地，让我们对鄂尔多斯学有了更多的了解，也对地方学的发展有了更多的认识；也感谢你在文中推荐了我们的观点。"韩国关东大学东亚经济文化研究中心主任李奎泰教授认为："地方研究确实不局限于当地，而是可以扩大为国外地区、联系到世界各地，可以延伸到系统性认识人类世界多种文化。关于鄂尔多斯学和其他地方学协同创新、融合发展的几篇文章，给我很大的启发和引导。"

（二）智库建设

应用地方学研究成果推动智库建设的优势在于，地方学本身就是为了解决实际问题而创建的系统性学科知识体系。在地方学学科知识体系的构建与应用中,智库建设只是一个环节,一种手段。地方学是跨学科、跨地域的综合性学科知识体系,地方学的研究、教学、实践以及地方学与科普、智库、产业化发展等都有内在紧密联系,地方学的构建与应用是系统性的宏大工程。系统性的地方学研究,把每个地方的小网格与全球大网络连接并融合起来时,也就能够涵盖地球自然村的所有智库。地方学研究的优势,可以形成同一个主题和同一个平台,例如可以推动中国地方学、亚洲地方学乃至全球地方学的学术联盟建设,与此相适应的智库建设也是可以设想和推动的。可见,学术研究对智库建设之重要,而且综合性、系统性地方学学科知识体系的"构建"与"应用",远远超越只是提供智力支持的智库作用。

在应用地方学研究成果推动智库建设中,形成"研究团队＋运营团队"的人才配备组合模式也很重要。研究团队作为智库中坚力量,有能力研究经济、社会、文化、生态建设的内在必然规律,在促进人的全面自由发展以及科学应用资本运作规律等方面,为政府和企业提供理论和智力支持。运营团队,是指为智库产品在市场中做宣传、销售、售后服务的人才团队。智库平台的管理、会议会务、后勤联络、系统维护、数据库管理等一系列工作,均需要专业、成熟的运营团队支持。对于智库建设而言,运营可以为研究工作"赋能",把研究价值通过运营体现出来,这样更有利于提升智库的价值和效能。

(三)产业化发展与市场化运作

创业就是开创一种新的事业,是创业者对自己拥有以及能够调控的各种资源进行优化整合,从而创造出更大经济和社会价值的过程。在政治、经济、社会、文化、生态建设的各个领域都需要创业者。构建地方学是创业,应用地方学为社会发展服务也是创业。

奇·朝鲁先生基于科学信仰的使命感和责任感,创建具有广泛知名度和影响力的"品牌地方学"——鄂尔多斯学。他在《回顾与瞻望——写在鄂尔多斯学研究会一周年之际》中说:"多学科的综合性研究,是现代科学的重要特征。融多学科为一体的'鄂尔多斯学',旨在构建包容性很强的地域性、系统性专门学问。这就是创意'鄂尔多斯学'命题的基本内涵和依据。使命感和责任感决定我们去追求这种选择,去做信仰和信念决定我们应该做、必须做的事情。……志同者必然道合。对事业的认同感汇集成一股巨大的信心和力量……创业难,难在对事业取得共识。……创业好,贵在实际行动。"[1]

在中国地方学研究领域,鄂尔多斯学已经形成了一定的品牌效应。产品、企业、地方学都需要品牌。品牌具有开拓力、内蓄力、扩张力、适应力等显著效应。品牌也有创造价值的能力,并且具有"继往开来"的特点。它是在过去的积累中形成的,其形成的"成果"在目前发挥作用,形成的"能力"对未来具有更重要的意义。在每个地方的贮存文化、流传文化和创造文化中,贮存和流传的是历史文化和现代文化,而创造的是推动和引领未来发展的科学文化。我们不仅要看自己有什么文化,更重要的是看自己需要什么文化;只要需要就有可能创造出来,这才是研究和创造科学文化的真正意义和价值所在。

鄂尔多斯学的构建与应用已经形成了基本框架,明确了方向,找到了切入点,现在需要以社会实践为推动力,使产、学、研结合起来共同发力。地方学探索者包源在《内蒙古学的学科内涵探讨》中认为:"地方学要成为成熟的学科,需要积累足够规模的研究成果。而保证能够积累足够规模的研究成果,必然回答以下两个问题:地方学的研究增长点应该在哪里?地方学如何保证人才队伍规模的增长?唯有通过实践才有可能摸索出将多学科知识结构化的方法论;唯有实践才能提供产业,通过市场配置资源,凝聚更多人的智慧,培养更多的人才;只有将地方学的产品以工业化大规模生产的方式运转起来,地方学的学术成果才能实现指数式的增长。在地方学的产学研中,产是基础,

---

[1] 奇·朝鲁:《回顾与瞻望——写在鄂尔多斯学研究会一周年之际》,《心路——鄂尔多斯学及其研究会十年历程》,呼和浩特:内蒙古人民出版社,2012年,第36-37页。

无产则无学，无学则研不能继。而产是农业社会式的生产还是以工业社会式的生产，则决定了学术成果的增长模式是线性增长还是指数增长。研究的成果只要以产业、产品的形式转化为实际的价值，学科人才队伍就会越来越壮大，研究成果越来越丰富，教学内容越来越充实，使应用、教学和研究形成一个有机整体。在需求—生产—市场扩张—资本介入—人才需求扩张—教育需求扩张—主干课程的确立和发展—教育机构扩张—促进生产—促进更高层次的需求的循环中，劳动、信息、知识以及资本的系统性共同作用下，学科内涵得以不断增加和深化，并实现可持续发展。"[1]

总之，地方学研究有没有价值，要看所创建的学科知识体系能不能解决实际问题。在市场经济条件下，就业是最大民生，赚钱是普遍需求。因此，当地方学研究把通过劳动就业促进人的全面自由发展以及应用资本的运作规律来创造更多可共享的社会财富和社会资本作为两个抓手时，就能够创建解决实际问题、满足普遍需求的有价值的学科知识体系，并且在应用它来为社会发展服务中体现出它的价值，从而使地方学的构建与应用能够产业化发展、市场化运作。

---

[1] 包源:《内蒙古学的学科内涵探讨》，第一届"内蒙古学"论坛论文集，呼和浩特，2018年，第183页。

地方学研究对地方经济社会发展的作用
——以鄂尔多斯学研究会为例

王春霞[*]

一、地方学概念的提出及其特点

"地方学"也称作"地区学",它是一门综合性学科,在世界范围内得到了广泛的发展。地方学是自然科学和人文社会科学的综合性学科。根据社会发展的实际需要,以一个典型的、代表性的区域为研究对象,并把它看作是一个由人文和自然要素构成的区域综合体,是一个综合性的研究。地方学研究的要素具有地方、综合、历史和地域文化的视角。主要任务是探索地方特色文化的内涵、特征、社会功能、传承发展及人文精神等,促进地方经济社会的建设与发展。20世纪60年代国外兴起"地区学",在我国称为"地方学"(或地域学),作为一门新兴学科在20世纪80年代兴起,目前仍然处在讨论中。当前对地方学研究对象的界定,全国各地大体上有两种情况:一种是将该地方综合体作为研究对象,其研究内容从古至今综合全面;另一种是将该地方的某一领域或某几个方面作为研究对象,突出其特色和个性。无论哪种情况,地方学以特定地方为研究对象这一点是共同的。地方学是以一个行政区域或在历史上长期形成的有共同社会经济活动和民俗文化的区域为对象,对其在历史文化、自然地理、社会经济、人文特点等方面进行研究的学术。地方学在研究内容上有两个特点:一是综合性特点,对一个地方的经济、政治、文化、社会、生态、民族等各方面的内容进行综合性研究,所以涉及许多学科;

---

[*] 王春霞:鄂尔多斯学研究会副会长、副秘书长。此文写于2019年。

二是地域性特点，即研究具有自身特点、自身特色和自身发展规律的一些特殊的区域特征，并对这些具有地域特色的社会文化现象和经济现象进行研究。以鄂尔多斯学研究会为例，从学术理论的角度分析地方学在促进经济发展、繁荣社会事业、创新社会治理、提供公共服务等方面发挥的重要作用。

二、鄂尔多斯学的提出和创建对地方经济社会的发展起到了推动作用

（一）鄂尔多斯学研究会的基本情况

鄂尔多斯学研究会成立于 2002 年 9 月 16 日，是内蒙古自治区第一家地方学研究团体，是我国西部地区成立较早的地方学研究组织，还是鄂尔多斯市社科院下设的三个研究所之一，是内蒙古社科联的直属社会团体。鄂尔多斯学研究会坚持以"打造品牌地方学，构建和谐研究会"为战略目标，以"立足学术、服务建设、创新机制、着眼发展"为办会宗旨，以"举社会之力，办大众之事"的办会理念，明确了"向心、奉献、低调、务实、节俭、高效"的会风建设标准。以切合实际的要求、自我约束的态度，坚持开展鄂尔多斯学研究，坚守鄂尔多斯学研究阵地，坚实地履行了鄂尔多斯学的历史使命。鄂尔多斯学研究会成立 17 年来，先后编辑出版发行了 100 多部文集、专著、辞书、丛书，以及《鄂尔多斯日报·鄂尔多斯专刊》187 期。《鄂尔多斯学研究》季刊 68 期，总篇幅达 2000 万字之多。多次被评为市级"先进学会"、内蒙古自治区"先进民间组织"、全国"先进社会组织""全国大中城市先进社科学会奖"、全国"创建新型智库先进社会组织"，成为内蒙古自治区社会科学普及基地。

（二）鄂尔多斯学的理论支撑

鄂尔多斯地区历史悠久，拥有蒙古族独具特色的祭祀文化、较完整的蒙古族传统文化、生态演进的历史经验、经济的振兴、推动发展的软实力、敢为人先的鄂尔多斯精神，构成了鄂尔多斯学的基本内涵。鄂尔多斯学的提出和创建，充分展示了鄂尔多斯人文资源的丰富性和独特性，为鄂尔多斯地域

及具有民族特色文化的鄂尔多斯学搭建了一个完整的知识构架，为创建和形成完整的鄂尔多斯学理论体系打下了良好的基础。鄂尔多斯学，就是以鄂尔多斯地区为研究对象的一门学问，并在研究对象的界定上具有地方学的基本属性。在研究内容上，主要以鄂尔多斯从历史到现在的那些具有自身特色、自成体系、有自身发展规律的社会文化现象、经济现象、生态现象为主。在进行综合性研究的过程中，突出其地域特色，从知识上系统归纳，从认识上加以升华，从规律上深入探讨，从理论上概括提高，使之成为鄂尔多斯最具价值的精神财富和科学知识。鄂尔多斯学的提出和创建，对鄂尔多斯人文资源的丰富性、独特性给予了新的认识和评价；是对鄂尔多斯具有地域及民族特色的文化资源和文化体系的一个新概括，从而建立起一个新的知识架构；从这一点上说，鄂尔多斯学又是鄂尔多斯大文化学，是鄂尔多斯经济快速发展带来人们对文化需求日益提升的必然结果，它调动了人们认识文化、开发文化、建设文化的积极性，是经济社会发展的精神动力和软实力。鄂尔多斯学作为地方学，与我国传统的方志学有一定的渊源关系，但它又不同于方志学，它是随着地域文化的发展及人们对地域文化的认识提升提炼后产生的一门新兴学科。

鄂尔多斯学的出现和快速发展，得到了学者、领导和社会各界的认同，成了鄂尔多斯改革开放以来十分引人瞩目的文化现象，是被人们称为"鄂尔多斯模式"的组成元素之一。鉴于鄂尔多斯学研究对象的动态性和社会功能的实践性，鄂尔多斯学理论建设也要逐步发展，逐步深化。随着全国地方学研究的扩展和深入，鄂尔多斯学理论问题会越来越引起人们的关注，研讨的问题会越来越多，范围会更加广泛，认识也会更加深入。随着中国特色社会主义文化大发展大繁荣，创建鄂尔多斯学的意义也会逐渐显现出来，鄂尔多斯学研究的作用会更加显得必要和重要。这就需要我们不断夯实鄂尔多斯学学科建设的基础，不断思考、讨论、概括鄂尔多斯学研究的理论和方法，不断厘清和把握鄂尔多斯学研究的脉络和内在规律。2015 年，陈育宁教授明确提出了"鄂尔多斯学＝知识体系＋应用服务"的新理念，为鄂尔多斯学研究进入新境界指明了方向。知识体系就是指对地方历史文化及现实发展中最具特征、最具代表性的现象及知识的系统归纳和表述；应用服务就是在实践中着力于地方的经济发展和文化建设，将地方的知识体系应用于实际，服务于社会，这也是创新研究、着力实践的具体表现。

（三）"三个走进"拓展了鄂尔多斯学研究平台

2016 年，鄂尔多斯学研究会实施启动了"三个走进"实践活动，即走进大学、走进基层、走进网络。"走进大学"主要是以走进鄂尔多斯市本土大学为主，开展鄂尔多斯学的教学、讲座、沙龙、民俗文化体验和校园文化建设等活动；"走进基层"就是在各旗区开展调查研究活动；"走进网络"就是建设鄂尔多斯学研究会的网络化信息平台，提升"鄂尔多斯学研究会"的网站，搭建起"鄂尔多斯学研究""地方学研究"的微信公众平台，在民间智库"草根网"建立、认证"地方学研究"的团体博客。

鄂尔多斯学的"三个走进"，是鄂尔多斯学研究会针对鄂尔多斯的众多项目、众多主题和众多领域，从地方经济建设和文化建设的角度，以多种形式进行一系列的指导、研究、宣传和实践活动，它成为鄂尔多斯学研究会的一个全新发展理念和途径，同时也是繁荣哲学社会科学、推动社会科学普及的前沿阵地。鄂尔多斯学研究会在今后的研究中要继续从"走进大学、走进基层、走进网络"的研究方向发展，让更多的人了解鄂尔多斯、研究鄂尔多斯。鄂尔多斯学的"三个走进"拓宽了沟通渠道和学术视野，拓展了鄂尔多斯学的研究平台。

三、地方学研究的价值与意义

（一）研究地方与服务地方

服务地方，是地方学研究最重要的功能之一，或者可以说是地方学研究的最后归宿。研究服务于地方，可以使研究成果为地方社会经济发展提供智力支持，从而凸显出地方学研究的价值和意义所在。服务是地方学研究不断发展的动力，也是地方学研究的生命。地方学研究要保持不断发展的势头，就要坚持以服务地方发展为宗旨，使地方学研究与服务地方经济社会发展有机地结合起来，这样的地方学研究才会更加久远，才会赢得社会各界的尊重与支持。深入发掘、研究地方文化，是地方学研究的基础。鄂尔多斯学研究会17年来，做了大量的工作，如出版了《鄂尔多斯学研究》杂志、《鄂尔多斯大辞典》《成吉思汗文化丛书》《鄂尔多斯研究成果》《鄂尔多斯学研究丛书》等著作，召开了两届鄂尔多斯文化论坛、三届成吉思汗文化论坛、两届阿尔寨文化论坛，这些都为发掘鄂尔多斯文化，构建鄂尔多斯学做出了重要的基础工作。

（二）地方学研究有利于地方人才资源的整合

地方学研究能有效整合地方科研院所、党校、高校文化理论研究和信息工作的人力资源，重点围绕国家发展战略和重大决策安排，全面深化改革、思想建设、文化建设、社会民生、群众性理论和新媒体发展等诸多领域，采用多学科、多方法、多技术进行综合研究。地方学研究还专门分析社会、文化，重点为地方政府的科学决策提供有效的信息支持。鄂尔多斯学研究会有全国各地各行各业的专家学者，既为研究会的自身建设提供了动力源，也为鄂尔多斯学的发展提供了保障。

（三）地方学研究是地方文化的传承和发展

文明的传承，是文化的传承。一个地区在文化发展的过程中形成了文化积累，而地方学研究是对文化积累的应用。地方学研究者的责任是不能让文化在传承的过程中被削弱。虽然文化的传承可能在短时间内看不出多大的效益，特别是经济效益，但是从长远来看是非常有必要的。鄂尔多斯学研究会这个平台建立以后，17年来所形成的关于鄂尔多斯历史、民族、经济、文化、生态研究的成果，已经积累了2000多万字，把这些成果传承下来的能量聚集起来，就产生了巨大的文化传承效应。

(四）提高文化的自觉、自信和文化认同从而增强凝聚力

地方学具有较强的文化育化功能，可以培养、激励民众热爱家乡、建设家乡。民族复兴是以文化的自觉和自信为基础的，这种自觉和自信是建立在对文化的认同上的。文化认同的工作，许多要靠地方学的研究来说明。如鄂尔多斯学研究会专家提出"中华世纪坛不能没有成吉思汗"，率先提出"成吉思汗文化"的概念等等，这些都是文化自觉的表现。17年来，鄂尔多斯学研究会之所以创造出"一段里程碑式的华彩乐章"，重要原因之一就是坚持了文化自信。鄂尔多斯学研究会的文化自信，源于鄂尔多斯文化的自信。鄂尔多斯文化的自信，是鄂尔多斯人对中华文化和草原文化融合、优秀传统文化与当代先进文化融合的自信。坚持鄂尔多斯文化自信具有重要作用，它不仅增强了研究会的凝聚力、向心力、战斗力，而且增强了鄂尔多斯在坚持"统一和自治相结合、民族因素和区域因素相结合"根本原则下的大团结，同时增强了鄂尔多斯经济转型发展的支撑力。

四、鄂尔多斯学研究会未来的发展目标

今后，鄂尔多斯学研究会还要继续深化鄂尔多斯学研究，为构建"知识体系＋应用服务"的品牌地方学和创办和谐的研究会而不懈努力，要围绕"年轻化、专业化、信息化、规范化"，努力践行"立足学术、服务建设、创新机制、着眼发展"的发展理念，在研究中要继续发挥老中青梯队作用，发挥专家委员会的作用，努力构建网络信息平台，做到创新中规范、规范中创新，把鄂尔多斯学打造成品牌地方学，把研究会创办成和谐研究会。具体目标如下：

第一，要继续打造鄂尔多斯学研究的基础平台。加强图书、档案和资料的收集整理、研究、应用，实现"鄂尔多斯学＝知识体系＋应用服务"的理念，形成鄂尔多斯学研究的基础平台、应用服务的实践平台。

第二，要继续深化鄂尔多斯学内涵的研究。鄂尔多斯学的主要内容包括历史文化、民族文化、经济发展、生态环境、社会软实力、鄂尔多斯精神。《鄂

尔多斯学概论》对鄂尔多斯学的主要领域已经做了基础性研究，奠定了鄂尔多斯学的学科理论基础。在未来，要继续深化研究，探索鄂尔多斯学深层次的学科内涵。

第三，加强鄂尔多斯学的品牌建设，对提高地方文化软实力、增强地方文化自信、打造国际国内知名地方文化品牌，有着重大的意义。鄂尔多斯学研究会成立以来，不仅深入地挖掘了鄂尔多斯的地方文化，并且已经成为增强地区综合竞争能力和推动文化软实力的重要力量。

第四，要继续为地方党政领导提供历史借鉴、政策咨询、决策参考。地方学研究者应当将自己的研究成果介绍给社会，提供给地方党政领导，以备决策参考。

第五，继续"三个走进"，充实鄂尔多斯学的研究队伍，夯实鄂尔多斯学的研究内容，宣传鄂尔多斯学，让更多的人参与到鄂尔多斯学的研究中，与全国各地关心鄂尔多斯的专家学者一起把鄂尔多斯学打造成品牌地方学，把研究会创办成和谐的研究会。

鄂尔多斯学研究会不断提升服务社会能力

龚萨日娜[*]

鄂尔多斯学是地方学。奇·朝鲁认为："鄂尔多斯学以鄂尔多斯地区历史、文化、经济、民族、生态环境及其互促联动发展规律为研究对象，是研究'鄂尔多斯现象'产生、发展及其规律性的科学。具有强烈的为区域发展服务的意识，其出发点和归宿就是面对鄂尔多斯历史与现实去探索规律，如人与自然和谐相处、各民族共同团结奋斗共同繁荣的发展规律，地区经济、政治、文化、社会、'四位一体'和谐发展规律等，以人为本，为人的全面发展服务。"[1]

鄂尔多斯学研究会是为专门研究探索鄂尔多斯学的研究者提供组织保障的学术性社会组织，是内蒙古自治区内第一家地方学研究学术团体，是自治区、鄂尔多斯市社科联直属团体会员，也是全国西部省区成立较早的地方学研究团体，是市内专门研究鄂尔多斯学的社会组织，建立于2002年9月16日，奇·朝鲁担任会长，陈育宁任专家委员会主任委员。2004年1月成为内蒙古自治区社科联直属团体会员单位。2006年成为市社科院鄂尔多斯学研究所。2006年起入编《鄂尔多斯年鉴》，属全国较早列入地方年鉴的民间社会组织之一。

一般来说，学术性社会团体所要履行的职能包括：针对学科发展重点、

---

[*] 龚萨日娜：鄂尔多斯学研究会副会长、副秘书长。此文写于2019年。
[1] 奇·朝鲁：《鄂尔多斯学与地方学（代序）》，陈育宁：《我与鄂尔多斯学》，银川：宁夏人民出版社，2009年，第7页。

难点和热点问题，确定学科发展方向、制定学科研究规划、推动学科建设及发展；通过开展经常性的学术研讨活动（例如举办学术年会、确定研究课题、组织各类专题报告会、论坛、座谈会、研讨会等）以及对科研成果进行评比、奖励等方式，活跃学术气氛；编辑出版会刊、学术期刊和有关图书等；通过对学科信息的收集、整理和传递，建立信息网络，促进该学科的交流及发展；通过开展各种宣传、咨询、服务活动，直接参与到经济活动和社会事务中，推动跨学科研究、应用研究以及对策研究，向社会传播科学文化，并为政府提供各种咨询服务等。[1]

鄂尔多斯学研究会成立以来，在经济社会发展、生态建设和保护、鄂尔多斯人物、鄂尔多斯历史文化、蒙古族文化、鄂尔多斯精神等领域挖掘整理和研究出版了《鄂尔多斯大辞典》《鄂尔多斯学概论》《我与鄂尔多斯（卷一—卷四）》《鄂尔多斯学研究成果丛书》《成吉思汗文化系列丛书》等100多部蒙汉文书籍，达2500多万字。共出版《鄂尔多斯学研究》专刊68期、《鄂尔多斯日报·鄂尔多斯学研究专刊》190多期。鄂尔多斯学研究会本身就是创新的产物，创新是民办学术团体存在与发展的基础，鄂尔多斯学研究会不断进行探索，在规范中创新、在创新中规范，勇于创新，勤于服务。17年来，鄂尔多斯学研究会理论联系实际，研究出大量具有学术理论和实践意义的成果，发挥着服务决策、凝聚人心的作用，从而为地方经济社会的持续发展提供了不可忽视的动力。

鄂尔多斯学研究会作为鄂尔多斯乃至全国具有代表性的学术性社会团体，要提高政治素质、理论素养，切实把思想和行动统一到党的十九大精神上来，努力推动社会组织健康有序发展。鄂尔多斯学及其研究会是改革开放以来的新生事物，是鄂尔多斯经济加速发展、文化需求日益提升的必然产物。它是建立在鄂尔多斯经济、社会、文化发展基础上的公益性社会组织，它的成立

---

[1] 参见侯小伏：《打开另一扇门 中国社团组织的现状与发展》，北京：群众出版社，2003年，第164—165页。

本身就是一种创新与发展。现以鄂尔多斯学研究会为例，简要阐述对我国当前社会组织创新发展路径的建议。

一、以不同方式发挥服务地方的社会作用

（一）积极参与地方文史建设

《鄂尔多斯大辞典》的问世，填补鄂尔多斯市无市情工具书的一项空白。全书历时7年，于2009年9月编纂完成，共135万字3800个辞条，分自然资源、历史、政法军事、经济、科学技术、文化、教育体育、医疗卫生、民族民俗卫生、成吉思汗陵祭祀、社会、当代人物等12个篇章，是一部汇集有关鄂尔多斯各方面知识的百科全书式的大型综合性辞书，用辞条形式客观、准确、简明扼要地全面介绍了鄂尔多斯的各类资源，是一部具有存史、资政、育人、宣传功能的综合性、地域性、知识性、实用性的大型工具书。

（二）深入挖掘本土文化元素

成吉思汗文化，是在开展鄂尔多斯学研究中提出的又一新的文化研究概念。鄂尔多斯学研究会与东联集团合作编辑出版了一套7册的《成吉思汗文化丛书》。与伊金霍洛旗旗委、旗政府联合主办三届"成吉思汗文化论坛"并出版《成吉思汗文化与伊金霍洛》论文集3本。"成吉思汗文化"这一概念逐渐被社会各界所采纳应用，同时也增加了文化旅游项目、城市建设和产业发展的文化内涵。成吉思汗文化概念的确立，可以说是理论上的突破，为今后深入研究蒙古族文化、树立成吉思汗文化品牌、推进蒙古族文化走向世界提供了理论依据，拓宽了发展思路。成吉思汗文化概念的提出，是对民族文化理论的一大贡献。

鄂尔多斯学研究会成立之初开始参与了外宣文献片《走进鄂尔多斯》的拍摄、播发，收视效果良好。2003年，研究会利用会内专家的影响力，将鄂托克旗阿尔寨石窟文物保护、文化传承作为一项紧急公务呈报到国务院副总理李岚清的案头，很快获批国家级第三批重点文物保护单位，为阿尔寨石窟

文化研究创造了有利的条件。

（三）增强学术话语并加强学科体系的建设

鄂尔多斯学研究会组织专家编撰出版了《鄂尔多斯学概论》，成为中国地方学界少有的地方学研究专著。书中诠释解读了鄂尔多斯模式的精神内涵和智力支撑，探索地方学学科理论架构，促进鄂尔多斯学研究走在全国地方学研究前列。书中主要对鄂尔多斯学的基本内涵：保存完整的民族文化、独具特色的祭祀传统、生态演进的历史经验、振兴飞跃的经济、文化的软实力功能、敢为人先的鄂尔多斯精神等进行了阐述，这些都是具有鲜明鄂尔多斯地域和民族特色的社会文化和社会经济现象，是鄂尔多斯学的立学基础，对这些内涵的形成、特征和价值的研究与阐释，则构成了鄂尔多斯学的核心内容。鄂尔多斯拥有丰厚的历史文化资源，也拥有对自己传统文化的自信和新时代传承优秀文化的自觉。

（四）努力打造一流智库以发挥智囊团作用

为了更好地服务经济、社会、文化发展，鄂尔多斯学研究会要立足新时代，努力推动鄂尔多斯学研究会的智库建设。要努力提升创新能力和研究水平，坚持整合专家资源，拓宽研究视野，对研究会成果进行收集整理、审核报送、成效反馈，并通过智库信息管理系统实时报送鄂尔多斯市委、市政府以及相关部门，经批示的高水平研究成果还可以由市新型智库建设办公室上报自治区党委政府和国家有关部委，积极拓宽成果应用转化渠道，提高转化效率。为党和政府的科学决策提出有针对性、前瞻性、创新性、战略性的对策和建议。鄂尔多斯学研究会坚持出精品、出成果、出效益，力争建设成鄂尔多斯哲学社会科学研究领域的"智囊团"。

二、增进实践以实现社会组织的自身价值

（一）走进社区基层农牧区

2017年以来，研究会走进基层，在鄂尔多斯西部牧区重点开展了几项专

题性调查研究，如对阿尔巴斯羊绒原产地老牧区苏木和棋盘井煤矿以及工业园区的发展进行调查研究，走进杭锦旗成立了"鄂尔多斯学杭锦旗研究会"，走进伊旗成立了"鄂尔多斯学长城文化研究中心"，走进乌审旗开展了"嘎鲁图红色文化与全域旅游文化研究"，走进鄂托克前旗开展了"鄂托克前旗特色乡村文化定位与建设研究"，和社区共同举办各类公益性活动等。

（二）走进高校

走进高校主要是以走进鄂尔多斯市本土大学为主，走进鄂尔多斯市委党校、鄂尔多斯应用技术学院（原内蒙古大学鄂尔多斯学院）和鄂尔多斯职业学院，联手高校，共筑学术平台，深化鄂尔多斯学研究，普及鄂尔多斯学。鄂尔多斯学研究会于 2015 年进入内蒙古大学鄂尔多斯学院讲授鄂尔多斯历史文化与鄂尔多斯经济发展的研究课程，并于 2019 年 6 月与鄂尔多斯职业学院签订了合作推进鄂尔多斯学研究事业的长期协议，迈出了鄂尔多斯学研究会与高校联手、优势互补、协同发展的有力一步。

（三）走进网络

走进网络，主要是加强网络信息平台化建设，使鄂尔多斯学研究成果全球化共享。鄂尔多斯学研究会在成立之初即建立了鄂尔多斯学研究会网站，近年来，又搭建起了"鄂尔多斯学研究""地方学研究"的微信公众平台，利用微信空间开辟出一个更加直接便捷的信息互动交流平台。特别是 2016 年，在国内最大的民间智库"草根网"建立了"地方学研究"团体博客，首创了一个地方学研究成果与动态信息集中发布的平台。在草根网 2019 年 4 月访问量排名中，"地方学研究"团体博客排名 11 位，共刊载研究类文章 2000 多篇，访问量达到 1800 多万人次，产生了很大的社会影响力，从而提升了信息化服务能力，传承了民族文化。

三、建立社会组织多种筹资渠道

在我国社会组织的平均收入结构中，政府提供的财政拨款、补贴、项目经费等资金收入占据社会组织资金来源的绝对主导地位。社会组织的经费渠道少，自身的筹资能力低下等原因限制了社会组织的创新与发展。经费来源渠道狭窄，经费数量也极为欠缺，并不能满足社会组织高速发展的需要。因此，进一步拓宽资金渠道，引入市场化的运作模式，增强自身的资金运转，成为社会组织必须重视的问题。

1. 在政府层面，当地民政部门应积极扶持和指导基金会的发展，发挥其吸收社会闲置资金、接受他人捐助等功能，并严格监督其资金的使用与运作，切实保证每一笔支出的落实情况，为社会组织弥补资金不足。

2. 政府购买社会组织服务是社会组织获得资金的一个重要途径，政府在建立稳定的财政支持体系中，一个重要的内容就是要以政策的方式将政府向社会力量特别是学术性社会组织购买服务作为一项长期坚持、保障基础的制度。全市在制定当年或者未来一段时期内的经济社会发展规划时，通过纳入预算的方式来保证购买服务资金的长期稳定。要通过制度的形式对政府购买服务的各个过程、环节进行细化和明确，使政府购买服务能够真正做到公正公开，有效发挥政策资金的导向作用和推动作用。

3. 提高社会组织自身的筹资能力。社会组织向政府"出售"自己的知识产品和学术服务，如鄂尔多斯学研究会与市委政府一起完成了《鄂尔多斯大辞典》这本地方辞书。社会组织与企业合作，充实资金来源。如鄂尔多斯学研究会与企业合作，增加组织的经费，企业定项目、拿钱、让社会组织提供咨询服务，共同开展各种座谈会、研讨会和论坛来拓宽组织的筹资渠道。

四、加强人才队伍建设

（一）建立社会组织从业人员的薪酬保障体系

社会组织专职人员的工资应由基础工资、岗位报酬、工龄工资、绩效工资四部分组成，也可以根据从业人员的文化程度、职业等级、工作年限和工作成效来给予相应的薪酬，并缴纳社会保险。建议由民政部门制定并推动社会组织从业人员的薪酬制度，保证社会组织人员的稳定性、连贯性。

（二）不断加强社会组织从业人员的在职培训

社会组织从业人员的培训，要注重发挥社会组织主管部门和地区行业协会的专业优势。鄂尔多斯学研究会创新性地设立了专家委员会研究机制，专家委员会成为鄂尔多斯学研究的核心团队。并且不断加强人才培养，特别是中青年研究人才的培养，广泛吸收相关学科的科研人员加入研究会，形成各展所长、知识与能力互补的格局，从而使研究会研究队伍的总体水平、知识结构、攻关能力、年龄结构等得到明显的提高和改善。

（三）建立人才激励机制

对于社会组织专家学者的论文等作品优先考虑，充分利用研究会的刊物报纸和网站、微信公众平台等予以发表，并付优厚稿酬；提拔使用现有人才，进行晋升晋级、评选，给予福利待遇；对组织里有突出贡献的人才应给予精神和物质奖励，而且要重奖。如鄂尔多斯学研究会庆祝成立10周年时重奖了一批专家委员会委员和会员，很好地激励了研究者。

五、加强社会组织自身建设以不断提升服务社会能力

（一）创建品牌提升自身影响力

鄂尔多斯学研究会创立时提出了目标任务，即从2002年9月16日研究会成立之日起，到2022年9月16日，全面建成"品牌地方学"与"和谐研究会"。具体做法有："第一，在国内地方学（地域文化学）研究团体中，处于上升、充实、进取、活跃状态，攻关能力、学术水平、服务质量、社会功效等均逐年有所提高、有所前进，得到中国地方学研究联席会及多数兄弟地方学研究团体的认可。第二，在鄂尔多斯市各级各类社会组织，特别是社科研究领域的学术团体中，成为标杆、领跑者。第三，以研究会水平较高、责任心强、勇于担当、甘于奉献的专家队伍引领社会研究力量；以契合市情、特色鲜明、与时俱进、深接地气，构建鄂尔多斯学的学科知识体系，充当市

党政的决策顾问、施政助手和咨询团体，成为领导、部门、企业、公众认可的智库。第四，促进地方经济发展、社会进步、民生改善以及增强地方软实力。第五，在研究会13年来学科构建、研究攻关的基础上，循序渐进地从数量积累向质量提升转变，向高档、精品、前沿迈进，有步骤地拓展长项、抛光亮点，更有效地为经济发展、社会进步、文化繁荣、生态文明、民生幸福贡献力量。"[1]

（二）依托平台加强同类组织合作

依托中国地方学研究联席会的平台，加强与同类学术组织的合作与交流，共同开展大型活动。鄂尔多斯学研究会在2004年首次提出"中国地方学"的概念，并且得到了全国各地社团响应。2005年9月，鄂尔多斯学研究会成立三周年之际，由鄂尔多斯学研究会等6家地方学研究机构共同发起成立联席会，鄂尔多斯学研究会被推选为首任轮值主席单位。中国地方学研究联席会现在已经发展到拥有30多家地方学研究机构的团体，成为全国地方学研究团体之间互相学习，增进友谊，共享成果，共同发展的桥梁和纽带，是鄂尔多斯市与全国乃至世界社科文化学术界的交流方式和沟通渠道之一。

（三）管理制度规范化

鄂尔多斯学研究会从成立之初就制定了相关的管理制度，并且在运行中不断地修改完善。如制定《鄂尔多斯学研究会专家委员会工作规程》和《鄂尔多斯学研究所章程》，使专家委员会委员和研究所研究员，开展学术理论研究和交流活动更加制度化、规范化，并继续规范研究方式和项目管理。鄂尔多斯学研究主要突出了理论研究和实践调查两方面。对于理论研究，必须要以鄂尔多斯学研究的范畴为出发点，而实践调查必须以鄂尔多斯地区的案例史实为依据，从而规范鄂尔多斯学的研究方式和方向。鄂尔多斯学研究的项目管理，要按照研究会制定的项目管理制度，对于不同项目的来源及其要求，采用立项、实施、评审、验收的项目管理流程，以便目标性跟踪服务、专家

---

[1] 鄂尔多斯学研究会：《鄂尔多斯学研究会鄂尔多斯学研究事业"十三五"（2016—2020年）发展规划》，《鄂尔多斯日报》2016年6月30日，第3版。

式指导研究、成果化应用发表，有力地促进研究领域的拓宽、研究方向的把握、研究质量的提升。按照新时期社会组织改革创新发展的要求，研究会的管理规章制度需要随之而修改，要继续做到创新中规范、规范中创新。

新时期我国社会组织不断加强自身建设，增强社会服务能力，参与社会管理和公共服务。在全面建设小康社会的关键时期，社会组织应开展各种活动为社会服务，推动社会和谐稳定。

智库建设

欧洲智库建设的启示
——参加中欧智库学术交流和研讨会的收获

张宝秀*

一、背景

2019年，我参加了中欧智库学术交流和研讨活动，收获很大。这次交流活动是依托CTTI平台组织的，所以首先简要介绍一下CTTI。

CTTI是中国智库索引（Chinese Think Tank Index）的英文名称缩写，是由南京大学中国智库研究与评价中心、光明日报智库研究与发布中心联合研发的我国首个智库垂直搜索引擎和数据管理平台，旨在解决我国智库数据的收集、整理、鉴定、保存、检索和利用问题。CTTI于2016年12月完成数据采集工作，并公布了首批来源智库名录，包括国内489家智库，其中高校智库255家、党政部门智库68家、社科院智库46家、党校行政学院智库44家、社会智库36家和媒体智库11家。它们是经过全国各省市自治区哲学社会科学规划部门和高校社科管理部门推荐、业内专家评审、在线填报数据审核遴选出的。CTTI来源智库每年进行增补，至2019年已有700多家。

自2016年开始，CTTI平台每年发布中英文版CTTI来源智库报告，对入选智库进行全景和局部深度分析，并组织智库开展各种交流与研讨活动，不仅连续举办国内年度"中国智库治理论坛"，展示与总结我国特色新型智库建设成就，交流分享智库建设经验，共同寻找新时代中国智库更高质量发展、

---

* 张宝秀，北京联合大学应用文理学院院长、北京学研究所所长、北京学研究基地主任、教授。此文写于2020年。

更好贡献国家发展的现实路径，而且注重开展国际交流与合作，为 CTTI 来源智库提供多种智库国际交流与学术研讨的信息和机会。

2016 年 12 月，北京联合大学北京学研究基地入选了首批 CTTI 来源智库（2017 年 1 月~2018 年 12 月），并于 2018 年 12 月再次入选（2019 年 1 月~2020 年 12 月）。作为 CTTI 来源智库，北京学研究基地积极参加年度"中国智库治理论坛"、中欧智库学术交流研讨等国内外学术交流和研讨活动，提交案例和报告，并在会上发言，介绍北京学研究基地智库建设工作，学习、借鉴其他国内外智库建设经验。

在 CTTI 平台的组织下，作为北京学研究基地负责人，笔者于 2019 年 7 月 13~21 日赴德国、英国参加了由中欧智库交流协会（Sino-Euro Think Tank Communication Association）主办，由德国弗莱堡大学阿诺德·伯格斯特拉瑟研究所（Arnold Bergstraesser Institute，简称 ABI）和英国曼彻斯特地方经济战略研究中心（Centre for Local Economic Strategies，简称 CLES）承办的"首届中欧智库学术研讨会"，并随代表团访问了多家英国、德国高校智库和地方独立智库机构。通过与德、英有关智库机构的负责人、专家学者、研究人员进行深入的沟通和学术交流，深化了我对欧洲高校和地方智库的认识，了解了其建设基本做法和发展前沿动态。

二、研讨会上反映出的欧洲智库研究热点

"首届中欧智库学术研讨会"分为上下两场，先后在德国弗莱堡大学和英国曼彻斯特市举行，以下分别称为德国弗莱堡大学分会和英国曼彻斯特分会。

（一）首届中欧智库学术研讨会·德国弗莱堡大学分会

"首届中欧智库学术研讨会·德国弗莱堡大学分会"在德国弗莱堡大学阿诺德·伯格斯特拉瑟研究所（ABI）举行，会议主题是"在全球南方国家视角下的中国与欧洲——通往和平、繁荣和可持续的新路径"，来自中国、德国、俄罗斯、加拿大、泰国、厄瓜多尔等国家的专家学者近 30 人出席会议。多位

专家做了会议主题发言，发言内容主要涉及："变化中世界秩序下的德国视角""非洲可持续发展面临的挑战""'一带一路'倡议的认知与中国的实践探索""东南亚国家连通性和可持续性视角下的中国与欧洲关系""循环经济中的中国和欧洲""'一带一路'语境下的中俄关系""中国、欧洲和拉丁美洲：'一带一路'倡议轨迹中的区域关系转换"等。主题发言之后，与会学者围绕会议主题和有关发言内容展开了较长时间的提问和讨论交流。通过研讨和交流，可以看到，在全球局势剧烈变化的形势下，德国等国家的智库从业者和研究者非常关注中国的"一带一路"倡议及其对世界的影响，关注世界和平、可持续发展和人类共同进步等主题。

（二）首届中欧智库学术研讨会·英国曼彻斯特分会

"首届中欧智库学术研讨会·英国曼彻斯特分会"在英国曼彻斯特地方经济战略研究中心（CLES）举行，会议主题是"智库的内部运营管理以及与政府的互动"，来自中国和英国的专家学者20多人参会，中国驻曼彻斯特总领馆吕小梅领事出席会议。多位专家学者做了会议主题发言，发言内容主要涉及："独立智库的管理""新地方经济""智库的新样态和发展""高校智库建设的实践与思考""地方智库的使命""中欧政府电子服务能力指数报告简介"等。其中，本文作者以"地方文化智库的使命"为题作了发言，梳理了中国地方学研究和地方文化智库的发展情况，阐释了地方文化智库"研究地方、挖掘文化、传承文脉、服务发展"的使命，介绍了北京学研究基地践行使命、服务北京历史文化名城保护和全国文化中心建设的案例，宣传了北京联合大学的北京学和中国地方学的研究成果，得到与会中外专家学者的高度评价，扩大了学校和北京学的国际影响。

按照国际研讨会惯例，主题发言之后，与会学者围绕会议主题和有关发言内容展开了较为充分的提问和讨论交流。通过研讨和交流，笔者了解到英国高校智库和地方智库的内部运营管理情况，以及其与政府部门之间的互动关系，英国地方经济的发展现状，英国福利社会体系的困境和新的经济模型正在出现的趋势，英国政府机关、警察局、医院、大型私企等大型雇主和采购单位在促进地方经济发展中的重要作用，以及中国有关高校智库的实践进展等情况。

三、几个智库案例

在欧洲，各个国家都很重视智库建设，其中英国、德国的智库历史悠久，数量较多，类型多样，既有高校研究机构、政府研究机构、政党研究机构，也有注册为协会、基金会或公益性股份有限公司等的独立智库，既有受政府资助比例较大的官方、半官方智库，也有自筹资金的民营独立智库和高校智库。本次出访德国和英国，访问了多所高校智库和独立智库，了解了其智库建设和人才培养经验。下面介绍几个较有代表性的高校智库和地方独立智库案例。

（一）德国弗莱堡大学阿诺德·伯格斯特拉瑟研究所（ABI）

作者随访欧代表团访问了德国弗莱堡大学阿诺德·伯格斯特拉瑟研究所（ABI），拜访了 ABI 智库执行总监 Martin Adelmann、研究员 Fabricio Rodriguez 等专家，进行了比较深入的交流，还参观了 ABI 智库的办公环境、研究设施、图书馆等，了解了其系列出版物等成果。

弗莱堡大学（University of Freiburg）始建于 1457 年，是欧洲研究型大学联盟成员。阿诺德·伯格斯特拉瑟研究所（ABI）成立于 1960 年，是弗莱堡大学校内独立设置的一个社科研究机构，致力于研究非洲、亚洲、拉丁美洲和中东地区的社会政治变化，注重比较研究、区域特定背景和综合研究方法。ABI 智库拥有 10 名专职研究人员和 1 名行政人员，还有数量较多的博士研究生、辅助研究人员和客座研究人员，设有专门的访问学者办公室。其图书馆藏书 8 万多册，向公众开放。

ABI 智库的工作包括开展基础研究、应用研究、人才培养和公众普及宣传等。应用研究是 ABI 智库的重要工作，将成果进行转化，为德国政府部门、有关基金会等提供基础性研究成果、发展项目评估、人员培训研讨等服务，向有关咨询委员会提供咨询服务，以及用研究成果服务有关国际国内大型会议。ABI智库的人才培养工作是在弗莱堡大学政治科学系、环境与自然资源学院，以及其他大学和研究机构，教授课程、培养博士研究生、为学生提供实习机会等。其公众普及宣传方面的工作，包括在弗莱堡大学及ABI研究所定期开展讲座，在区域性报纸上发表系列文章，为公民教育、学校教育等做报告。该研究所编辑出版的系列出版物有《亚洲研究国际季刊》《非洲年鉴》，还有系列工作报告、专著、期刊论文等。

（二）英国伦敦政治经济学院智库 LSE IDEAS

代表团访问英国伦敦政治经济学院（The London School of Economics and Political Science，简称 LSE）的智库 LSE IDEAS 时，与智库总监 Michael Cox 教授等专家学者进行了座谈研讨，探讨、学习了英国高校高端智库的运营管理经验。

伦敦政治经济学院创立于1895年，是英国久负盛名的世界顶尖公立研究型大学。该学院于2008年成立的 LSE IDEAS 是全球知名智库，在英国和欧洲名列前茅，聚焦研究国际关系和外交政策，为政策制定者和舆论导向者提供信息，将学术研究与外交和战略实践联系起来。拥有20多名专职科研人员和数量较多的博士研究生和硕士研究生，与 LSE 校内各系关系密切，很多研究项目与各系教授合作，智库研究人员在各系教授课程和指导研究生，还有全世界多个国家和地区的研究合作者。LSE IDEAS 主持跨学科研究项目，撰写工作文件和报告，举办公开和非正式活动，并为政府、企业和第三部门组织提供最前沿的高管培训。

LSE IDEAS 智库对中国"一带一路"倡议、中美关系、中欧关系等方面都有深入研究，智库总监 Michael Cox、项目管理主任 Zigarov、中国研究协调员 Gidon Gautel、研究项目助理 Robert Whittle 等专家专门介绍了上述领域的研究情况和他们的主要观点。参加交流的多位中国学者也介绍了各自所在机构的相关研究情况和主要观点。Michael Cox 教授表示 LSE IDEAS 与北京大学等中国知名高校有长期深入的学术合作关系，希望未来在智库层面的交流越来越多，成果越来越丰富。

（三）英国曼彻斯特地方经济战略研究中心（CLES）

代表团访问英国曼彻斯特地方经济战略研究中心（CLES）时，与 CLES 智库总监 Neil McInroy、副总监 Tom Lloyd Goodwin 等专家交流了英国独立智库和地方智库建设情况和经验，以及 CLES 作为地方智库促进地方经济发展的优秀案例。

CLES 成立于 1985 年，是一家领先的独立研究智库，设在英国曼彻斯特，承担曼彻斯特研究项目，也为英国其他地方政府工作，目标是为地方实现经济进步，为达到社会公平、良好的地方经济和有效的公共服务提供智力支持，在社会福利政策、公共服务和贫困研究方面卓有声誉。CLES 智库拥有 12 名专职科研人员、1 名对外沟通交流专员和 1 名行政人员，研究人员的学术背景主要是经济学、地理学等领域。

CLES 智库重视与英国国内其他智库和国际智库的联系与合作。其资金来源是混合型的，主要来源和比例如下：（1）地方市政府投入，占 5%；（2）CLES 的出资者投入，占 30%，可以涵盖主要成本；（3）项目经费，共占 65%，其中所拥有的一家咨询公司投标市场项目合约收入占 25%，与合作伙伴合作项目收入占 40%。通过交流，了解了英国独立智库的管理和运营理念、募资方式、募资来源比例、运行机制和项目立项流程等，了解到英国独立智库为保证独立性，在募资比例和来源上有严格控制，在项目的流程上也有相应的过程控制，独立智库也会向企业提供相应的咨询作为赢利，以支持智库的生存发展。

四、几点启示

通过参观考察和研讨交流，了解了德国、英国高校智库和独立智库的建设情况和经验，很受启发。

第一，智库定位清晰，各自特色明显。我们访问的几个智库，研究领域和服务对象各有侧重，国际和国内排名及影响力也有所不同。每个智库都定位清晰，围绕政府和社会需要开展研究，为政府提供政策建议，服务国家、区域或地方发展，为地方社会经济发展提供的政策建议注重反映和引导民意。例如，英国地方智库曼彻斯特地方经济战略研究中心（CLES）的愿景是促进地方经济发展和社会公正，并为民众提供高效的公共服务，这一点令人印象深刻。智库成果主要是直接为决策者提供政策咨询，还有学术出版、论文发表、媒体传播等成果形式。各个智库特别是地方智库不仅致力于影响公共政策制定者，还普遍具有较强的宣传意识，经常专门为公众举办讲座和讨论会，用非学术语言阐释、传播其观点，以获得公众的支持。

第二，聚焦重点领域，深入开展研究。为了实现自身的可持续发展，我们拜访的智库均重视研究成果的学术性，每个智库都确立了自己的一个或几个重点研究领域，或称核心研究领域，聚焦重点研究领域，长期坚持深耕细作，深入开展研究，注重研究的学术性和高质量，不断增强智库的专业化优势和核心竞争力。例如，英国伦敦政治经济学院智库（LSE IDEAS）聚焦研究国际关系和外交政策，德国阿诺德·伯格斯特拉瑟研究所（ABI）致力于研究非洲、亚洲、拉丁美洲和中东地区的社会政治变化，英国曼彻斯特地方经济战略研究中心（CLES）在社会福利政策、公共服务和贫困研究方面很有影响。

第三，专业交叉综合，建设高效团队。我们访问的几个德国、英国高校智库和地方独立智库，均有专职科研人员，组织架构体现出研究工作为主的特点。专职人员数量一般在10人至20多人，形成合理的年龄、职称梯队结构，为首席和资深研究员等主要研究人员配备研究助理。高校智库都会充分发挥校内人才资源优势，邀请校内其他院系不同专业背景的教师作为兼职研究人员，主持或参与有关项目的研究工作，形成专业背景多元、跨学科的研究团队，为国家、区域或地方发展提出相关问题的有效解决方案。另外，各个智库均有1名专职行政人员，负责办公室和内外联络等行政工作，协助研究人员处理事务性工作，以利于研究人员全身心地投入研究工作。有的机构还设有1名对外沟通交流专员。培养人才是高校研究机构的主要任务之一，所以高校智库一般有较多的博士和硕士研究生，研究生是其重要的研究力量。

第四，研究平台开放，注重合作交流。无论高校智库，还是独立智库，一般都是开放的研究平台，注重国内外学术交流与合作。高校智库会聘请校外人员、国外人员作为兼职研究人员，独立智库也会聘请高校教师、企业家、退休官员等其他相关人员作为兼职研究力量，承担智库研究任务，给予相应报酬。有的高端智库注重建立全球范围的合作研究网络，积极拓展与不同国家和地区相关机构的联系，招聘国外高水平研究人员，接收来自全球各地的访问学者和博士、硕士研究生，并以共同开展项目研究、合办学术会议等形式开展交流与合作。

五、机遇挑战和经验借鉴

（一）发展机遇

近年来，习近平总书记多次对智库建设作出重要批示，指出智库是国家软实力的重要组成部分，要高度重视、积极探索中国特色新型智库的组织形式和管理方式。这些重要论述既表明智库建设是推进国家治理体系和治理能力现代化的重要内容，又为建设中国特色新型智库指明了根本方向、提出了总体要求。[1] 2013年11月，党的十八届三中全会通过的《中共中央关于全面深化改革若干重大问题的决定》明确提出，加强中国特色新型智库建设，建立健全决策咨询制度。这是在中央文件中首次提出"智库"概念。习近平总

---

1 习近平谈建设新型智库：改革发展任务越重越需要智力支持. 中国共产党新闻网（http://cpc.people.com.cn/xuexi/n/2015/0121/c385475-26422432.html）.

书记提出"建设新型智库"给智库发展带来了春天[1]。

为了贯彻落实习近平总书记关于发展中国特色新型智库的批示精神和党的十八届三中全会精神,中共中央办公厅、国务院办公厅于2015年1月印发了《关于加强中国特色新型智库建设的意见》[2],并要求各地区各有关部门结合实际、按照本意见精神制定具体办法。《意见》指出中国特色新型智库是党和政府科学民主依法决策的重要支撑,是国家治理体系和治理能力现代化的重要内容,是国家软实力的重要组成部分,必须从党和国家事业发展全局的战略高度,把中国特色新型智库建设作为一项重大而紧迫的任务,采取有力措施,切实抓紧抓好,统筹推进党政部门、社科院、党校行政学院、高校、军队、科研院所和企业、社会智库协调发展,形成定位明晰、特色鲜明、规模适度、布局合理的中国特色新型智库体系。提出了构建中国特色新型智库发展新格局的举措,包括推动高校智库发展完善、规范和引导社会智库健康发展、实施国家高端智库建设规划等。还提出要深化国际交流合作机制改革,建立与国际知名智库交流合作机制,开展国际合作项目研究,积极参与国际智库平台对话;重视智库外语人才培养、智库成果翻译出版和开办外文网站等工作;坚持以我为主、为我所用,学习借鉴国外智库的先进经验。

为了落实中共中央办公厅、国务院办公厅《关于加强中国特色新型智库建设的意见》要求,规范和引导社会智库健康发展,经中央全面深化改革领导小组审议同意,民政部、中央宣传部、中央组织部等9部门于2017年5月联合出台了《关于社会智库健康发展的若干意见》[3]。该文件指出,社会智库由境内社会力量举办,以战略问题和公共政策为主要研究对象,以服务党和政

---

[1] 隆国强:习近平提出"建设新型智库"给智库发展带来春天.中国共产党新闻网(http://cpc.people.com.cn/xuexi/n/2015/0205/c385477-26513643.html).

[2] 中共中央办公厅、国务院办公厅印发《关于加强中国特色新型智库建设的意见》.中央人民政府门户网站(http://www.gov.cn/xinwen/2015-01/20/content_2807126.htm).

[3] 关于社会智库健康发展的若干意见.中央人民政府门户网站(http://www.gov.cn/xinwen/2017-05/04/content_5190935.htm).

府科学民主依法决策为宗旨,采取社会团体、社会服务机构、基金会等组织形式,具有法人资格,是中国特色新型智库的重要组成部分。提出的优化发展环境举措包括保障社会智库依法参与智库产品供给、拓展社会智库参与决策咨询服务的有效途径、拓宽社会智库筹资渠道、完善社会智库人才政策、支持社会智库开展国际交流等。

2017年10月,习近平总书记在党的十九大报告中明确提出,要深化马克思主义理论研究和建设,加快构建中国特色哲学社会科学,加强中国特色新型智库建设。这一重要论述为新时代我国智库建设指明了方向和目标。

(二)面临挑战

经过参加中欧智库学术交流和研讨会,了解到北京学研究基地和其他部分国内高校智库作为"中国智库索引"(CTTI)的来源智库之一,在搭建平台、主持跨学科研究项目、与校内各有关学科专业开展合作、吸纳校外特邀研究员等工作理念、具体做法与路径方面,和德国、英国的高校智库、地方智库多有相似之处,因此更增强了自信,坚定了信心,将坚持不懈、坚定不移地发展下去。但是,与德国、英国高端智库相比,北京学研究基地在智库的高效管理、顺畅的运行机制、兼职研究人员深度参与项目、研究成果水平、国际影响力等方面还有很大差距,以优秀的首都高端文化智库为目标的智库建设任重道远。

(三)借鉴国际经验,提升智库建设水平

2019年5月,北京市教委公布了"北京高校高精尖学科建设名单","北京学"名列其中,这是一次重要的发展机遇。我们将贯彻落实习近平总书记关于发展中国特色新型智库的批示精神,贯彻落实党的十八届三中全会通过的《中共中央关于全面深化改革若干重大问题的决定》精神和十九大精神,坚持党的领导,依托北京学研究基地,带领地理学、中国史、考古学和设计学等相关骨干学科,以北京学高精尖学科建设为契机,在已有中日韩、海峡两岸、亚洲深度合作朋友圈的基础上,认真学习、吸收、借鉴德国和英国等

欧洲国家高端智库的建设和运营经验，加强与德国、英国有关智库专家学者的交流与合作，建立长期学术联系，加强北京学首都文化智库建设，大力促进北京学研究基地作为中国智库索引（CTTI）来源智库的发展，提高北京学研究学术水平，在服务北京历史文化名城保护和全国文化中心建设方面发挥更好作用，做出更大贡献。同时，翻译出版英文版《北京学研究》年度辑刊，加大力度宣传北京学的研究成果，进一步提升北京学的国际知名度。

北京学研究所为现任中国地方学研究联席会执行主席单位，将带领联席会各会员单位，落实中共中央办公厅、国务院办公厅《关于加强中国特色新型智库建设的意见》和民政部、中央宣传部、中央组织部等部门《关于社会智库健康发展的若干意见》要求，借鉴德国、英国、韩国、日本、美国等国家的经验，努力建设具有中国特色、地域特点、致力服务地方发展的地方文化智库，不断提升智库建设水平和服务地方发展的贡献度，努力推进中国地方学研究的国际化进程。

智库型文物馆与地方发展前景

王琛发*

任何城镇不论是拥有物质还是文化资源，肯定都会有加以利用的打算。可是，大量观光客、大量旅馆和相应配套行业的繁荣，使大量外来谋生者涌入，青少年因此被外面世界吸引，不一定有益于居民生活安定或提升精神素质，还可能导致原住人口和地方文化"稀释"。选择地方市集设立研究型文物馆，兼顾地方智库，除了有利于展示地方文明以促进内部凝聚和对外交流外，还能联系各地不同领域专家的调研与讨论，有助于监督、建议与支持地方议题的规划，降低相应地方单位的犯错风险。智库化的文物馆，作为地方的头脑、眼光兼喉舌，也将带动居民与访客认识与倾听"我方"叙述，其长期经济效益绝不止于支持地方的整体产业与文化增值，也为传统寻求创新、寻求进路。

一、发展先要警惕"画虎不成反类犬"

论及具体城镇、乡村甚至是街区的可持续发展，主要的注意方向不外经济与文化两大领域。如果地方经济节节后退，势必导致人口持续外迁，再古老的城乡最终也会成为历史。如果无从保障地方文化，让具体地区的风土人情展现出区别于其他地区的韵味，便难以回应全球叙事乃至邻近城市发展的同质化。当人们与土地的连接主要是为了工作或居住方便时，他们可以一再

---

* 王琛发：马来西亚道理书院院长，闽南师范大学"闽江学者"讲座教授，越南国家人文与社会科学大学中国研究中心高级研究员。此文写于2019年。

迁移，就难以对当地发生生活情趣上的认同，无从感受"家乡"带来的精神安顿。

东亚文化在这方面有共同的传统认知，"地方"不论城、镇、乡、村，也不论地理范围，边界亦可能变迁，其共同点总在拥有形成市集的街区。正如《周易·系辞》形容，"市"最初面貌是"致天下之民，聚天下之货，交易而退，各得其所"。[1] "地方—地区—国家—跨国区域—全球"的序列固然多层次，可是各个层次在历史上发生的各种具体人物的交流或买卖物品的集散，只能呈现于各地的市集；人们不管长期或短期逗留某个地方生活，探访亲友、留学、工作、贸易或旅游，总需要配合当地的交通条件，来往于市集。《周易·系辞》里"市"的意思"盖取诸噬嗑"。按"噬嗑"卦，有规则而又能决定才有利益。从字面说，"噬"是"吃得下"，而"嗑"是"合成群"，"地方"以其"市"完成人物交流与产品集散，"噬嗑"也可通解为"经济有着落"且"群体能认同"。

换句话说，市集提供人们长期经济互动的环境，因此其主要景观往往呈现为老商铺或作坊区的聚集。这些建筑物结合当地过去以来的经济活动，组成地方社会生活的历史，包含历代人的情感、记忆和创造意识。如《周易·系辞》形容，"市"就是在太阳底下摊开自身和各种产品，交易后离开是"各得其所"，所以市集即是人们反复出现以满足自己的地区，是地方经济活动的中枢；地方上的人们也是依靠在市集互相接触、互相鉴赏其他人流行的衣食住行习惯，一再从共同点证明自身和对方拥有地方认同。由以上基础，市集一旦成型，其内外必定交错发展住宅地区，方便大众工作和生活，还有学塾、邮局、诊所、行业公会，以及一些满足群体心灵的庙宇、剧院、茶楼等等，包括照顾商旅需要的旅馆和娱乐场所。所以，城镇或乡村对外开放愈强，访客愈多，其市集也就愈有机会在周围各地最先面对"全球化"。相对于"境外"，"当地"之所以称为"当地"，不止在于地理位置，还牵涉其处在"全球化"中如何继续"在地化"的问题。

---

[1] 朱熹注：《周易本义》，北京：中国书店，1994年，第118页。

此外，还要注意到管理学家麦克尔·波特（Michael E.Porter）1990年首先在 The Competitive Advantage of Nations 一书中，将"群聚"（cluster）这一生物学概念引入经济地理学。"群聚"原本指各种生物群集在特定环境里互动共生。麦克尔·波特认为，同行或相关企业互相"群聚化"于同一地理空间，有可能形成无数多边交互，竞争以外又是共生和合作，这有利于相关联的企业相沟通，专业资源相供应，促进各种机构与本行业频密交流，如此将有助于各领域伙伴或同行减少可预见或不可预见成本负担，增强其竞争力和创新能力，加强产业在国内外竞争条件。[1] 很多世界著名城镇，特别是在其市集，确实出现了类似"群聚"（cluster）的现象，历史地理条件演变出共同的文化习俗，居民拥有共同的历史记忆，许多人聚居于邻近的某处地带从事相同事业，又集中在一处市集，接触供应者和购买者。

传统上，地方维持发展依靠"市"凝聚着地方经济与文化，让两者互相维系生命力。村镇手工艺产品不同于一般工业产品，前者以地方的历史文化内涵展现特色，由此形成有价值保障的价格。手工艺的价值依靠地方文化底蕴打底，工业产品根据厂房、原料、工人等成本定价。但地方文化的价值本非"价格"，而属于经济学所谓的"外部成本"（externality），本就很难用数学概念标准化，偏偏又融入价格，构成物有所值的理由。许多地区以手工艺闻名，其手工艺又依靠地方历史文化彰显。如此也可总结：文化资源可以持续开发，转化成各种相应产业拥有的价值。

地方经济与文化平衡，首要拉动地方商业的经济支撑，保护居民和文化不流失；接着是本地民众长期受到地方历史文化内涵的感染并传承下去，才能确保发掘地方文化特色，维持地方文化氛围与文化认同。查尔斯·兰德利2000年撰写的《创意城市》，谈到如何重启城镇的生活魅力时说："我们可以稽核城市较古老的手工艺，并评估如何调整，好符合现今的要求。我们可

---

[1] 麦克尔·波特（Michael E.Porter）：《国家的优势》（上、下册），李明轩、邱如美译，台北：天下远见出版股份有限公司，1996年。

以参考失业年轻人热衷的事物，瞧瞧是否能从他们的消遣中，创造出具有经济可行性的事业。为了吸引海外观光客，我们可以浏览历史及传统，寻求发掘能协助城市建立品牌的地方佳肴，或是手工艺潜能。"[1]

"文化造城"或"文化造乡"的设想其实并不新鲜，甚至成了经典。日本的仓敷小镇保留着百余年前的手工布染街坊，法国巴黎市区的贝西村（Bercy Village）则源于改造老酒厂成为新兴艺术休闲商业园区，这都是地方商业与传统文化氛围相互循环的典型。[2] 而地方文化资源转化产品，也不一定限制在手工业。查尔斯·兰德利曾谈到爱尔兰的德里（Derry）。那里曾是长期发生族群动乱的核心地带，所以当地文化价值就体现在其地区范围拥有丰富追寻和平的经验，此地后来以创设"冲突解决中心"（Centre for Conflict Resolution）而闻名世界，成为人们研讨与学习的主要名胜。[3]

不是每处地方都是日本的仓敷或爱尔兰的德里，也有很多反面例子，地方文化价值不是随着旅游兴旺或购买者增多而增值，反而是被强势的市场风气代替或消解。最显著的是地方工匠为了市场转型缺失工匠精神，减少了需要自身操劳做出风格的手工艺，换上仿照手工艺的工业产品。工匠转向工业化不只带来手工日久生疏或失传的隐忧，还在于工业产品依靠陆续增产创收，以防止停滞亏本，这样一来，许多手工艺村以工厂生产同类用途的物品，在本国各市或国际市场竞争，有时还得依赖虚假的历史文化传说故事去支撑，久之愈来愈减少大众走访当地的兴致，最终可能导致原本的产地名称再难成为品牌保障。

所以"当地"的文化资源固然可通过计划开发，但也可能因眼前功利而衰落。村镇凭着农业生产、手工艺产品、风景名胜、文化活动成名，可能也会仓促引来农村城市化，来不及应付而导致负面效果。数百年的老市集或邻

---

[1] 查尔斯·兰德利（Charles Landry）：《创意城市——如何打造都市创意生活圈》，杨幼兰译，北京：清华大学出版社，2009年，第248页。
[2] 黄光男：《博物馆企业》，北京：文化艺术出版社，2011年，第87页。
[3] 查尔斯·兰德利（Charles Landry）：《创意城市——如何打造都市创意生活圈》，杨幼兰译，北京：清华大学出版社，2009年，第248页。

近地区有了文化遗产或古迹,引来大量观光客、大量旅馆和相关配套行业,还有大量外来谋生者,便意味着各种社会问题也陆续登场。不单要疏通市集周围超过人口数目的车辆污染,还要处理大量的垃圾,也可能把当地年青一辈向外吸引,最终反而是原住人口以及地方文化遭受"稀释",原来的文化资源"价值"不保。

二、规划还需坚持"一片冰心在玉壶"

在现实世界,地方发展承载本土文化资源理应是常态。可是当代许多改造过或者新建的城镇,地方本土文化总是饱受摧残,又或者是地方上的文化资源被保护、被参观、被记录,却缺乏再生产或再创造的更新空间。说到底,不论地方城乡规划或发展旅游的主观愿望是什么,背后都涉及了本土话语权,不能为了引进观光客和外汇,就错将整个地区变成国际参观奇风异俗的猎奇点,让自己的民众变成他人的观赏对象,反而遗失祖辈以来居民心灵与地方文化的心心相契,也因此失去地方的精神面貌。

尤其当注意,地方建设的过程与结果的资本主义化,是会扭曲、诠释、消音或再"生产"任何"当地"的社会与文化记忆。大卫·哈维在1989年撰写的《从管理主义的企业主义:晚期资本主义都市治理的转变》提道:"每个地方发生的都市化进程,都意味着该处地理范围会不断积累新的人造物质,城市即是由这些人造事物各具特性的营建形式,产出空间和资源系统,共同组织成当地独特的空间形态,从而引导出许多实质的社会过程,并建立起某些制度性的安排、法律形式、政治和行政系统、权力阶层等等,从而使城市必须受到'客体化'的限制;它们的组合形式,可能会形成主导市民行动历程的日常实践的客观环境,也限制其后续形式。最后'都市居民的意识也受到经验环境的影响,感知、象征阅读和渴望都从经济环境中浮现'。"[1]

---

[1] 大卫·哈维(David Harvey):《资本的空间:批判地理学刍论》,王志弘、王玥民译,台北:群学出版有限公司,2010年,第510页。

文化作为消费需要，若倾向商业上便于复制的营利模式，就很容易鼓励各地人们以相同模式消费，以相同模式生活，娱乐偏向寻求感官刺激，而且方式愈千篇一律；如此会愈使地方文化资源深藏无用，最终可能逐渐远离大众记忆。

正因为外在的成本投资在强势的消费文化中形成市场影响，还有资本追逐需要传播的虚假价值观，各地原生的历史文化价值都可能被取代、被消解；因此地方文化资源缺少开发，地方文化价值难以彰显，地方创值也难以实现。如此，"当地"会日渐失去日久弥新的成长力。正如大卫·哈维批判都市主义企业崛起与后现代爱好之间的链接："偏好碎片式的设计而非全盘都市规划，偏好时尚风格的转瞬即逝而非永恒的价值追寻，偏好引用和虚构而非发明和功能，以及最后，偏好媒介多于讯息、影像多过实体。"[1] 最终，当地文化资源难以提供基础、原料、动能去支持地方发展，地方缺乏特色演变为生活素质贫乏，就会导致大众习惯长期远离传统、邻居、环境、风土人情，难以感觉乐在其中。

而另一方面，西方殖民主义改造主导地区的经验，不仅是欺凌、摧残被殖民者的文化。同时还不能否认，殖民地的历史冲击被殖民者的民族文化，也给后者带来了料想不到的广大外边世界，提供大众从各种角度重新认识与交流外边世界的机会。如此一来，它也鼓励着被殖民者的自我认识模仿着殖民者的思想模式与利害关系思考，由此带动的正反面因素也都会反映在文学、艺术、手工艺等领域。

当一处地方处在"现代化"或"全球化"阶段，其主要表现却是演变为居民无从感性欣赏自己周遭的环境，自家人最常见的娱乐休闲是跟随电视节目调整情绪，这个地方要如何建构集体自信心，又如何能吸引他人的欣赏呢？

由是，地方上的文物馆当可走向智库化，以应对时势需要。文物馆，当

---

[1] 大卫·哈维（David Harvey）：《资本的空间——批判地理学刍论》，王志弘、王玥民译，台北：群学出版有限公司，2010年，第510页。

然基本上还是收集和展示地方文史材料,但它还可以扩大功能,以地方智库的定位,去协助地方发展。

地方性质的文物馆,不必要是收藏艺术文化精品,可以树立"以人为本"的生态文物馆观念,兼顾文化推广与照顾文化消费,让居民参与,甚至可以不受建筑范围的隔阂,演变为社区文物馆。[1]文物馆一旦以居民为营运核心,也就可以规划如何结合地区民众的人力、财力或各种资源,把活动伸展到街市或其他地方,让活动在整个社区有学习、研发、休闲、游乐等多元用途。[2]

文物馆过去既然是收集、累积、储存以及展览地方知识的载体,本来就具有研究地方文史或重要资源的功能,也较其他新设单位具备基础条件,可以进一步支撑地方知识、地方认同与本土创意的再生产,像爱尔兰德里的"冲突解决中心"就是一种启发。地方性质的文物馆,作为地方文化或当地物质资源的研究与展览单位,至少可以在经营战略上调整至结合地方经济的视角,将自身提升至研究地方资源与产业链的关系,支持文化或资源的产业化,或支持产业领域的文化化(culturalized),以充分开发本土资源。

文物馆智库化,在日常领域中,包括通过工商活动推动"当地""重构"与"再现"本土记忆,也就能够帮助"本地"不致在长远时光当中扭曲原有的自我知识,各地亦能互相参考他人如何在"全球在地化"中寻求本土优势。基于上述目标,或应重视两个方向:一、重建与落实当地历史文化的本土话语;二、在地方上联合各种单位推动地方历史的通识教育。由此便是在地方上聚集智慧、凝聚认同,支持与协助地方产业从文化领域增值,也支持地方文化资源乃至其他资源从传统中寻求创新、创造价值。

另外,文物馆智库化,也就等于确立文物馆在地方建设上的定位,等同于地方发展的眼光兼喉舌,既要带动地区重新认识自己,也建议访客倾听"我

---

[1] 罗欣怡:《博物馆与社区发展——兼论美国二座社区博物馆》,《博物馆学季刊》1998年第4期,第89—103页。

[2] 陈国宁:《社区博物馆的营运管理》,《文化视窗》1999年第10期,第20—24页。

方"的叙述。其展示主题不论是侧重地方历史还是艺术、手工业，目标都是维持与展示当地历史的文化元素，对内对外建构自我认识。如此，文物馆既有地方性质，又能凝聚地方知识，再生产地方认同，而且兼顾价值创造，其选址还可以设在原来市集之所在。这除了确保文物馆智库化能够接地气，也方便大众在现场系统理解其场内凝聚与展示的一切，这些正是在场外可以亲身参照与感受的，由此加深对当地的理性与感性记忆。如此地理优势，也方便各种意见互相交流，集思广益。

回归到麦克尔·波特，他是认为国家、地区或者企业的竞争优势从来不依靠单独因素，所以麦克尔·波特以"钻石体系"形容"生产因素""需求条件""相关联、支援性质的企业""企业策略、结构、竞争"四种条件，认为企业若处在"群聚"，则较容易达到各种条件的多角互动，如同钻石不同角度切面互相取得光线而交相辉映。四大条件包含的各种因素如果都对企业有利，互相又可以相互掩护与支援，企业就有发挥最大竞争优势的可能。[1] 这套理论落实到地方发展的层面，即一座相关课题的文物馆，在"群聚"之间其实是担当着"相关联、支援性质的企业"的功能，起着画龙点睛的作用。现代文物馆重视巩固原来的业务以支持其发挥智库功能，最基本的便是做到结合文化产业策略，回应当地工商环境"群聚"的共同需要。当文物馆应对相关地方产业，它可以是积累与反思相关经验与知识的单位，其最基本的是努力提供完善和充足的信息，也可以有针对性地调研所谓"钻石体系"内涵的各项具体因素，包括组织跨学科的专题研发。如此，每处"当地"性质的文物馆，就不仅是观光焦点了。

---

[1] 麦克尔·波特（Michael E.Porter）：《国家的优势（上、下册）》，李明轩、邱如美译，台北：天下远见出版股份有限公司，1996年。

城市发展

成都建设世界文化名城的历史发展逻辑

何一民[*]

改革开放以来，成都作为西部地区的一个地域性中心城市逐步崛起，当下已成为中国新一线城市的排头兵，并以建设国家中心城市为发展目标。2010年2月，国家住房和城乡建设部明确提出北京、天津、上海、广州、重庆的发展目标为建设国家中心城市。2016年5月至2018年2月，国家发展和改革委员会及住房和城乡建设部先后发函支持成都、武汉、郑州、西安建设国家中心城市。不仅如此，成都在全球的知名度和美誉度也不断提升，先后获世界最佳新兴商务城市、中国内陆投资环境标杆城市、国家小微企业双创示范基地城市、中国城市综合实力十强、中国十大创业城市、2018亚洲50强城市综合排名第15位等殊荣。成都的发展目标不仅是在国内占有一席之地，而且参与全球城市的竞争，向建设世界文化名城迈进。

2018年9月25日，中共成都市委召开了世界文化名城建设大会，成都市委作出了弘扬中华文明、发展天府文化，努力把成都建设成为有世界影响力的历史文化名城的重大决定。这次大会吹响了成都在新时代进一步加大改革开放、走向世界的集结号。

建设世界文化名城并非成都市某位领导人一时心血来潮的突发奇想，而是中共成都市委、成都市政府的政治自觉和责任担当。习近平总书记指出："一

---

[*] 何一民：四川大学城市研究所所长、教授、博士生导师。此文写于2019年。

个国家、一个民族的强盛，总是以文化兴盛为支撑的，中华民族复兴需要以中华文化发展繁荣为条件。"[1]"文化兴国运兴，文化强民族强。没有高度的文化自信，没有文化的繁荣兴盛，就没有中华民族伟大复兴。"[2]成都市主动肩负起中华文化传承、发展、创新并走向世界前沿的重任，借建设社会主义文化强国之力、乘中华民族伟大复兴之势，加快把成都建设成为世界文化名城，符合时代发展潮流，也是历史发展的必然选择。

世界文化名城是具有相当高的知名度、美誉度和影响力的城市，在世界城市体系中有着重要的地位，发挥着巨大的聚集与辐射作用。因而中外若干城市都以建设世界文化名城为发展目标。大多数世界文化名城都是历史悠久的城市，文化底蕴深厚，文化魅力独特，如时尚之都巴黎、音乐之都维也纳等，都无不各具文化特色和吸引力。成都建设世界文化名城也正是依据其悠久的历史和深厚的文化底蕴，以及当下发展实际，所作出的符合成都历史发展逻辑的正确选择。

第一，成都是当今中国和世界特大城市中历史最悠久的城市之一，建设世界文化名城实至名归。

21世纪以来，成都的崛起并非历史的偶然，而是有着历史的必然性。不仅是当代中国作为大国崛起的重要表现之一，也有着历史发展的内在逻辑性。以成都为中心的长江上游地区是中华文明的发源地之一，成都也是中国的十大古都之一、首批国家级历史文化名城之一。从4500年前的宝墩古城到3200年前的金沙古城，创造了辉煌的古蜀文明，其青铜文化、金石文化、玉石文化、象牙文化、筑城文化、建筑文化、稻作文化、蚕桑文化等独具魅力。诞生于4500年前的古蜀文明，虽然不是人类历史上最早出现的城市文明，但却有幸处于延绵不绝的中华文明的荫庇之下，同时又受益于得天独厚的自然条件和

---

[1] 中共中央宣传部编：《习近平总书记系列重要讲话读本》，北京：学习出版社、人民出版社，2014年，第92页。
[2] 中国共产党：《中国共产党第十九次全国代表大会文件汇编》，北京：人民出版社，2017年。

一代又一代成都人民的创新创造，终于使成都成为世界上少数最具悠久历史的文化名城之一，并在数千年的历史发展过程中形成了独具特色的天府文化。世界历史上的古城、古都数量甚多，然而大多数古城、古都只是兴盛一时而无法持久，有的甚至已经消失成为废墟，如夏朝都城二里头、商朝都城殷墟、周朝都城丰镐等，皆被埋没在尘土之中，不复古代的辉煌。除了消失的古城、古都外，还有数不胜数的古城、古都虽然曾盛极一时，但却在其后的发展中长期衰落，难以担当建设世界文化名城的重任。在当代中国人口逾200万的特大城市中，没有一个具有像成都这样悠久和连续不断的城市文明发展史。

在秦统一中国以后2000多年的历史演变中，成都一直是中国最重要的城市之一，从汉代至唐宋时期，成都为南北丝绸之路和长江经济带的交汇点，并由此产生了重要的国内国际影响。先秦时期，成都就是西南的政治中心。汉代，成都"列备五都"，为都城长安之外的五大工商业大都市之一。唐宋时期，成都也是全国最重要的工商业城市之一，史称"扬一益二"。元以后，成都虽然遭到两次大的破坏，但仍然保持了区域中心的地位。

汉唐时期成都之所以发展成为当时闻名于世的大都会，其中一个重要原因就是成都是北方丝绸之路、南方丝绸之路和长江经济带三大交通走廊和经济带的交汇点。北方丝绸之路的畅通、南方丝绸之路的持续发展和长江流域经济的繁荣与互动，使地理区位独特的成都先后在先秦、汉、唐出现三次崛起，成为"国家中心城市"。丝绸之路是古代欧亚大陆东西方进行经济、文化交流的重要通道。从某种程度上讲，丝绸之路如果离开了作为中国丝绸生产中心的成都，是否还可以称为丝绸之路，也是一个值得思考的问题，因为其关键在于"丝绸"，而成都是古代中国最重要的丝绸生产地，是丝绸的高端产品"蜀锦"的制造中心。东汉末年至三国时期，全球性的小冰期对中国气候也产生了重要影响，秦岭淮河以北地区的温度普遍下降，山东、河南等地的蚕桑业受到严重影响，襄邑（今河南睢县）等地的丝织业受到沉重打击而衰落，成都作为全国最大的丝织业制造中心，其产品供应海内外，此种垄断地位一直保持到隋唐。汉武帝时期，北方丝绸之路开通，成都成为北方丝绸之路主要商品"丝绸"的重要供给地，丝绸之路沿线的重要考古遗址发现有一定数量的蜀锦就是有力证明。

从秦汉到唐宋，成都的手工业非常发达，一直在全国居于前列，是国家的手工业制造中心之一。除了丝织业外，成都漆器也很领先，声名远播海内外，秦汉时期全国的漆器主要是在成都生产。成都的车辆制造业也非常发达，西南地区的车辆都在成都集中生产。成都不仅建有"锦官城"，也建有"车官城"。

虽然唐代大诗人李白曾写有"蜀道难，难于上青天"的著名诗句，但艰难的蜀道从未阻挡过具有强烈开放意识和开拓精神的蜀人。因而自先秦以来，成都的对内对外商业贸易就非常发达，商路四通八达，宋代成都更发明了世界最早的纸币——交子，充分说明成都商品经济的发展。

3000多年以来，成都的城址不变，城名不改，实际上反映了成都具有很强的再生能力和内在发展动力。20世纪改革开放以来，成都再次崛起，从"三中心两枢纽"的西部中心城市发展成为"五中心一枢纽"的国家中心城市。数千年来成都的4次重大崛起，在中国城市史乃至世界城市史上实属罕见。

历史上成都早就是名扬海内外的文化名城，以蜀锦为代表的"成都造"远销中亚、西亚、南亚和地中海；马可·波罗曾描述过成都的繁盛，让世人赞叹；其后又有法国人盛赞成都为"东方巴黎"。今天成都的经济发展水平和文化的繁荣更是在中国城市中排名前列，因而成都建设世界文化名城，可谓实至名归。

第二，历史与现代：城市与文化的互动，天府文化底蕴深厚，独放异彩，为成都建设世界文化名城提供了强有力的文化支撑。

建设世界文化名城必须要有文化支撑，否则文化名城无从谈起。成都不仅历史悠久，而且文化底蕴深厚。成都建设世界文化名城，让沉寂的天府文化焕发出新的生机，而天府文化的发展则为成都建设世界文化名城提供了有力的文化支撑。

天府文化萌芽于先秦，形成于秦汉，鼎盛于唐宋，复兴于当代。天府文化其根源于中华文化，与古蜀文明一脉相承。古蜀文明，是指从远古时期到春秋早期，产生于我国四川地区（包括四川省和重庆市等地）不同于中原文明却又与中原文明有着千丝万缕关系的古文明。古蜀文明与华夏文明、良渚文明并称"中国上古三大文明"。目前留存古蜀文明的主要有宝墩古城、高山古城、三星堆遗址、成都金沙遗址等一系列文化遗存。

天府文化的形成是以巴蜀地区被纳入中华民族命运共同体、统一国家的建立为基础，以传承和发展古蜀文明与中原文明为主线，以都江堰水利事业的开拓创新为前提条件，以农业和工商业的发展为动力，以文化教育的繁荣为支撑。2000多年前，随着都江堰的修建，川西平原自此"水旱从人，不知饥馑。时无荒年，天下谓之'天府'也"。[1] 东汉末年以后，川西平原取代了关中平原，成为新的"天府之国"。天府文化也在古蜀文化与关中文化、中原文化、齐鲁文化、吴越文化等多元文化的交融互鉴中逐渐孕育形成。

天府文化的内涵十分丰富，既有丰富多彩的物质文化，也有独具特色的非物质文化，如汉代蜀学比于齐鲁，天府之地孕育了司马相如、扬雄等一代文学宗师；唐宋时期，李白、苏轼等一批大文豪涌现，由此出现了"诗家律手在成都""自古巴诗人便入蜀"等文化现象。既有以和谐包容、创新创造、不拘一格、敢为人先、勇于奋斗、不怕牺牲为主的人文精神，也有以友善公益、乐于助人、热情待客为主的传统美德。天府文化成为成都城市发展的动力之源，天府文化的兴衰演变，与成都城市的兴衰演变有着密切的关系，文化兴则城市兴，文化衰则城市衰，反之亦然。

20世纪中叶以来，中国共产党领导人民在成都进行革命、建设和改革开放，天府文化与革命文化、现代文化相结合，注入了新的时代内涵，焕发出活力与生机。随着中国特色社会主义进入新时代，成都在中华民族伟大复兴的征程中，被赋予了更大的历史使命和责任担当——建设国家中心城市和世

---

[1] 郦道元：《水经注》，《清武英殿聚珍版丛书》卷三十三，1773年。

界文化名城。天府文化也由此实现了创造性转化和创新性发展，凝聚成了新天府文化的核心内涵和时代价值的现代表达："创新创造、优雅时尚、乐观包容、友善公益。"

天府文化的创造性转化和创新性发展，是中共成都市委为实现中华民族伟大复兴"中国梦"的新实践，彰显了当代成都人民继往开来、革故鼎新的时代风尚，必将使天府文化所蕴含的中华优秀文化的核心理念、传统美德、人文精神成为建设国家中心城市和世界文化名城的重要推动力。

第三，当代成都在传承历史文化的基础上再次崛起，为建设世界文化名城创造了有利条件。

改革开放以来，成都在传承历史发展的基础上走在时代的前列。城市发展突破了传统的城市空间规模，全市下辖20个区（市）县和高新区、天府新区成都直管区，面积约1.46万平方公里，形成了一核多心的城市群体系；城市人口较改革开放前增加了十余倍，达1600余万人，城镇化率达70.6%；成都城市经济也改变了传统农业时代的发展格局，以第二、三产业为主体，2017年成都的三大产业结构为3.6∶43.2∶53.2；城市经济总量也较前有巨大提升，2017年成都的国内生产总值达1.3万亿元，在全国城市中排名第8位。21世纪以来，成都经济和文化发展实现了有机的融合，文化创意产业从业人员达40余万人，被称为"中国文创第三城"；成都深厚的历史文化和美丽的自然风光也推动了旅游业的大发展，成都已经成为世界重要的旅游目的地，年接待游客达2亿多人次；成都的会展业、体育赛事也成为吸引海内外的重要名片；而成都的美食更是独步天下，故而被联合国教科文组织授予"美食之都"的称号。成都还是一个音乐之都、文学艺术之都，数千年的天府文化涵育了这座城市的艺术特质；成都也是生活之城，是最适合人居的城市之一，天府文化如和煦的春风吹沐着居住在这里的每一个居民，让他们感受到天府之国的舒适和安逸。

当代成都的历史文化和时代文化实现了有机的融合，而经济、文化和社会的发展则为建设世界文化名城创造了有利的条件。故而，成都建设世界文化名城的目标十分明确，根据天府文化的特点和成都的现实发展，其建设世界文化名城的定位是以建设世界文创名城、世界旅游名城、世界赛事名城、国际美食之都、国际音乐之都、国际会展之都——"三城三都"为重要着力点和抓手。成都的新发展目标并非头脑发热的臆想，而是以深厚的天府文化为引导，以当代经济、文化发展为支撑。

坚持创造性转化和创新性发展，使中华民族最基本的文化基因与当代文化相适应、与现代社会相协调。坚持"两创"方针，关键是把握处理好继承和创新的关系，处理好传统文化与当今时代的关系，立足于解决今天中国的问题、城市发展的问题，立足于回应时代的需求和挑战，立足于将优秀传统文化转化为民族复兴、国家富强、人民幸福的有益精神财富和发展动力。要对优秀传统文化秉持客观、科学、尊敬的态度，取其精华、去其糟粕，扬弃继承、转化创新，既不复古泥古，也不简单否定，而是要为它不断赋予新的时代内涵和现代表达形式，不断补充、拓展、完善，使之成为有利于解决现实问题的文化，有利于助推社会发展的文化，有利于弘扬民族精神和时代精神的文化。

成都提出建设世界文化名城，既符合成都历史发展的逻辑，也顺应了中华民族伟大复兴的时代潮流。相信在以习近平新时代中国特色社会主义思想为指导的引领下，成都市以天府文化为内涵，通过文化、旅游、商贸、体育等产业要素的有机融合，通过"三城三都"的建设，在不远的将来，必将成为在世界上有较大知度名、美誉度和影响力的历史文化名城，成为既适合人居又充满活力的国际生活之城。而在建设世界文化名城的过程中，成都也必将为中华民族伟大复兴做出重要贡献。

发展广府文化和天府文化建设世界文化名城
——赴成都调研城市学、地方学思考

谢 放[*]

成都和广州都是副省级的国家中心城市，是颇具影响的历史文化名城，都具有两千多年的建城历史，城市古代文明、城市文化有不少值得相互借鉴和比较研究之处，成都学术界在国内较早开展城市学、地方学研究，具有较整齐的研究队伍，出版了大量研究论著，产生了较大学术影响，取得了显著的社会效益。为深入了解成都学术界开展城市学、地方学研究并为城市提供政策咨询和智力支持的具体做法和工作经验，认识有关成都学、成都城市研究的学术机构、队伍和成果情况，比较成都与广州古代文明、城市文化的共性和个性，以及通过对成都古代文明遗址的历史考察，探讨城市文明和城市文化发展的规律和特点，2018 年 5 月 7 日—9 日，由广州市人民政府文史馆组成调研组前往成都，进行了为期三天的调研活动。

一、成都学研究的主要学术机构和成果

早在 20 世纪 80 年代，四川大学即开展了中国城市史和成都城市史研究，承担了多项城市史的国家重点课题，并于 1988 年成立了我国高校中最早的城市研究机构之一"四川大学城市研究所"。与此同时，四川省社会科学院、四川师范大学、四川省方志办、四川省文史研究馆、成都市社会科学院、成都大学、成都考古研究所都相继开展了成都城市史、成都城市文明与文化研究，

---

[*] 谢放：广州市人民政府文史研究馆官员。此文写于 2019 年。

先后出版了一系列在国内外有影响的有关成都城市史和成都学的论著，如王文才著《成都城坊考》（巴蜀书社，1986年），张学君、张莉红著《成都城市史》（成都出版社，1993年），四川文史馆主编《成都城坊古迹考》（成都时代出版社，2006年），何一民主编《变革与发展：中国内陆城市成都现代化研究》（四川大学出版社，2002年）和《成都学概论》（巴蜀书社，2010年），以及成都学术界多位知名学者所著《成都通史》（四川人民出版社，2011年），还有即将出版的《成都简史》。其中《成都学概论》是国内较早出版的一部以一个城市为研究对象的基础性著作，该书探讨了成都学的基础理论和基本框架，论述了成都城市的发展历程、城市形制和布局、成都城市经济、文化、成都人及其生活方式，以及成都在中国及世界的定位和发展趋势，对广州学的研究颇有参考和借鉴意义。《成都通史》是成都建城2300年来的第一部通史，全书将成都历史划分为古蜀、秦汉三国、两晋南北朝隋唐、五代、两宋、元明、清代和民国七个时期，每个时期为一卷，全书共335万字，各卷分"概述""专题"和"大事记"三部分，内容涵盖成都经济、政治、文化和社会等方面演变发展的历史进程，着重探讨了以城市文明为核心的基本发展轨迹。

何一民教授在座谈会上指出，地方学、城市学研究有三大使命：一是基础研究，二是应用研究，三是文化普及。近年来，成都学术界在进行基础研究的同时，也十分重视应用研究，为政府提供决策依据和智力支撑。成都学术界一般是整合全市相关研究力量以完成较大型项目。如成都历史学会申请经费100万、集中了大量专家学者参与，组织编纂了《成都历史文化大辞典》，最终成果200万字，交社科文献出版社于2019年下半年出版，是2020年成都解放70周年献礼。同时还拟进行成都解放的口述史研究。成都学术界除历史文化的基础研究外，还包括文化事业、文化产业及其产业布局、跨界融合等应用研究。

2016年在成都召开的中国古都年会，与会专家学者通过论证，形成共识，增列成都为十大古都之一，使成都又多了一张亮丽的名片。会中明确提出了成都要成为现代化的"三城"（世界文创名城、世界旅游名城、世界赛事名城）"三都"（美食之都、音乐之都、会展之都）。目前的应用研究大多与建设"三城""三都"有关。

二、近年来成都市的主要文化工程

（一）传承巴蜀文明　发展天府文化

2017年4月，中共成都市第十三次代表大会报告提出"传承巴蜀文明，发展天府文化，努力建设世界文化名城"的发展目标。成都市委、市政府正式印发了《建设西部文创中心行动计划（2017—2022年）》，将"发展天府文化"作为首要的举措。天府文化在4500年前的成都平原孕育起步，在2000年前形成优越秀冠的天府农耕文明；今天，天府文化实质上是传统的天府之国文化概念的创造性转化和创新性发展，是在历史根脉上开出的现代文化之花。成都作为国家级中心城市，其功能定位为"五中心一枢纽"，即西部的经济中心、科技中心、金融中心、文创中心、对外交往中心和综合交通通信枢纽。而"传承巴蜀文明，发展天府文化"则是增强西部文创中心功能的重大举措。在成都市委、市政府的领导和支持下，成都学术界广泛开展了天府文化的研究和宣传活动。天府文化的独特气质禀赋被概括为"创新创造、时尚优雅、乐观包容、友善公益"十六字。通过涵养和传承天府文化，来提升城市精神和塑造城市形象。

成都大学于2017年10月正式成立"天府文化研究院"，作为天府文化学术研究和社会服务的机构，汇聚了国内外天府文化研究的优秀学者，组织并推动天府文化研究，开展社会服务和交流活动，通过举办高水平学术盛会、"天府文化讲堂"等文化活动，推进天府文化传播。目前天府文化研究院开展的研究项目是根据上述天府文化特性的十六字，以每四个字为一主题，邀请国内外知名学者撰写学术论文，结集出版四本书，然后再出版《天府文化总论》一书。第一本"创新创造"已经正式出版，后四本也在征稿编辑之中。同时该院还规划了 10 个招标课题，每个课题经费 4 万元，以推动天府文化的研究。

（二）四川历史名人文化传承创新工程

2017 年，四川省委宣传部、四川省教育厅和四川省社科联组织实施了四川历史名人文化传承创新工程，要求每一位历史名人都要具备"六大体系"，即成立学会、形成研究中心、组建博物馆或纪念馆、结合旅游开发、借助文艺和新媒体宣传、出版四川名人研究经典丛书等，每一位历史名人都成为一项重要的文化工程。四川各地申报的历史名人共有 100 多位，评委会设定了六个入选条件，包括卒年在辛亥革命以前；出生地、祖籍地、成长地、旅居地在当地且有故居、遗迹、遗址等历史遗存；在历史上有重要影响；在全国有一定影响力；思想著作或功绩有当代价值。组织有关专家评选出首批 10 位历史名人：大禹、李冰、落下闳、扬雄、诸葛亮、李白、杜甫、武则天、苏轼、杨慎，并在高等院校或科研单位设立 10 个研究中心作为牵头单位。四川省委宣传部已为每一个研究中心首拨研究经费 10 万元，并将在今后进一步加大研究经费的投入，研究中心所在单位也给予配套经费资助。这一文化工程还得到了中宣部的充分肯定。

（三）品牌文化讲坛

为了使学术界的最新研究成果普及到广大市民，成都还举办了一系列文化讲坛活动。目前最知名的文化讲坛是成都市委宣传部主办的"金沙讲坛"，以"讲成都，谈天下，通古今，论人生"为宗旨，被称为成都市的大型公益性文化讲坛、名家荟萃的大讲堂、老百姓自己的文化沙龙。该讲坛于 2009 年 3 月正式推出，已经成为成都的一个文化品牌，每年 50 场，经费 350 万元，内容以历史文化为主，涉及政治、经济、社会等方面。除在金沙遗址博物馆金沙剧场定期举办主讲坛现场讲座外，同时推出电视版、报纸版、网络版、广播版和区（市）县分讲坛，还坚持开展"进机关、进农村、进学校、进社区、进企业"和光盘送千家万户的"五讲一送"活动，让讲坛精品落地基层、走近百姓，有效推动公共文化服务和社会科学普及。成都博物馆也结合展览举办讲座，内容以历史文化为主。如 2017 年举办横跨元旦、春节、清明三大假期，持续三个多月的"敦煌·丝路"大展，邀请了国内敦煌、丝路研究的相关专家教授 22 位，举行了 22 场讲座，采取了微信抢票免费听讲座的方式，使讲座场场爆满，深受成都市民的欢迎。

三、成都和广州古代文明和城市文化比较

成都和广州古代文明和城市文化的比较研究是这次调研关注的一个重要问题。在座谈交流中，何一民教授深入分析了两个城市的共性和个性，认为广州和成都两个城市的共性有三：一是都有深厚的历史文化底蕴，二是都有独具特色的地域文化——广府文化与天府文化，三是自然地理条件都比较优越。两城市一在沿海，一在内陆，又都具有个性，其比较研究具有典型意义和学术价值。他还特别指出，从地理位置考察，成都地处四川盆地，受盆周山地自然地理条件的制约，进出盆地内外的交通十分不便。不过，看似封闭的自然地理环境，反而成就了成都作为中国古代三大交通走廊和经济带的交汇点的区位优势。因为将成都放在古代中国与亚洲的宏观地理中考察，成都则是北方丝绸之路、南方丝绸之路和长江经济带三大交通走廊和经济带的交汇点，并由此推动了成都在先秦、汉和唐宋时期的三次崛起。在元代以前成都地位重要、影响很大，故有"扬一益二"之美誉。这些新的研究结论，对于广州古代文明和城市文化的深入研究和准确定位，广州如何更深层次地发掘和利用历史资源和现实条件，在粤港澳大湾区和国家"一带一路"发展中发挥更大作用、做出更大贡献，都不乏启示。

王川教授着重比较分析了广府文化和天府文化，认为两者的比较研究具有重大价值和深远意义。广州和成都分别是广府文化和天府文化的核心地带，两者都属南方（或江南）文化，都是具有悠久历史的文化名城和发达的区域文化中心。特别是两者都具有平民文化和移民文化的内涵和特征。他希望两地学者加强交流、相互借鉴，推动广府文化和天府文化研究的深入。

范瑛教授还根据最新的统计数据，分别比较了成都和广州在餐饮、旅游、文创、会展方面在全国的名次和地位，特别指出广州早在十年前就提出了创造世界文化名城的目标，是值得成都学习和借鉴的。

四、启示与思考

成都学术界在城市学、地方学研究和推广方面的成功经验，对于广州学研究的深入、广府文化的传承和创新，都不乏启示，值得认真思考和借鉴。

第一，成都城市和天府文化研究受到成都市委、市政府的高度重视是取得成功的先决条件。成都实施的大型文化工程都是以"建设世界文化名城"为目标，写进了党政工作报告，从项目规划、科研选题、经费资助到具体实施都得到各级党政机关的直接指导和大力支持。

第二，以大型文化工程来整合学术队伍和学术资源，完成有影响力的重要成果。天府文化研究、四川名人文化工程、《成都通史》和《成都历史文化大辞典》的编纂工作，都聚集了全市、全省乃至全国有关专家学者，集思广益，共同实施。

第三，基础研究与应用研究相结合，研究成果充分体现文化的创造性转化和创新性发展。习近平总书记多次强调"创造性转化、创新性发展"这个重大的文化方针，成都提出"传承巴蜀文明，发展天府文化"正是"双创"方针的体现。广府文化在"双创"方针的指导下，如何进一步提升研究水平和发展力度，为广州创建世界文化名城做出更大贡献，是值得认真思考和研究的问题。

第四，专家的研究与大众的普及相结合，通过举办品牌文化讲坛，让专家的研究成果普及于大众，使广大市民更加了解成都、认识成都和热爱成都，增强文化自信。广州如何进一步打造品牌文化讲坛，在广大市民中更有效地普及和弘扬广府文化也值得进一步思考和总结。

画桥南北翠烟中
——扬州 70 年城建事业回顾

邱正锋[*]

扬州，一个诗意的名字，联系着中华民族历史长河中无数动人的故事。她枕长江，通东海，镇淮水，贯运河，开邗沟，筑邗城，铸就了扬州中国大运河第一城的地位；"廛闬扑地，歌吹沸天"标志着汉代扬州的兴盛；"广陵大镇，富甲天下"，让唐代扬州成为东南经济中心和东方著名商港；清代中叶，扬州达到繁盛的顶峰，"两堤花柳全依水，一路楼台直到山"记载着扬州封建社会最后的荣耀。但随着漕运、盐业的衰落，帝国主义列强的入侵，咸丰兵火的打击，铁路交通的改道，扬州迅速衰落为偏居一隅的小城，只留下落日辉煌的背影。

1949 年后，随着苏北行署的成立，扬州迅速改变了旧社会脏、乱、差的面貌，走向城市建设的新生，到今天已有 70 年历程。这期间，扬州伴随着国家政治、经济政策的风云变幻，有成功的喜悦，也有鲁莽急躁的遗憾，有个性城市发展的特色，也有众多城市共有的缺陷，反映出我国城市现代化过程中必须面临的阵痛和盲点。认真总结扬州 70 年城市建设的经验教训，促进扬州更好、更优、更快发展，具有重要意义。

一、1949—1959 年

面对满目疮痍、百废待兴的旧扬州，新成立的苏北行署迅速修复被烧毁

---

[*] 邱正锋：扬州市历史文化名城研究院研究员。此文写于 2019 年。

的大荣桥、通扬桥、万福桥,恢复被破坏的客运、路灯、电话、邮政等公用设施,使源源不断的部队与给养送达渡江战役的第一线。中华人民共和国成立后,短短3年间,扬州新造了解放桥、渡江桥,新筑了环城马路,打通了老城区国庆路、渡江路、广陵路、甘泉路主干道,恢复了蜀冈瘦西湖风景名胜,搬走了散发着恶臭的垃圾瓦砾山,疏浚了环城河,兴建了公共厕所,一座座具有民族特色的建筑拔地而起,成为扬州高校、广场的重要标志。这些带着鲜明共和国历史记忆的事迹背后,是城建人在没有机械的条件下,用肩挑背扛创造的奇迹,是城建人用青春和热血谱写的艰苦朴素、白手起家的红色记忆。

整个20世纪50年代,扬州城乡建设呈现出热火朝天的兴盛景象。完成了市区56平方公里地形勘探和千分之一地图测绘,是全省首座制定出城市总体规划的城市,确定了文教为主的城市性质。新建扬冶公路和城东北、城南工业区道路网,开挖了京杭大运河直接入江新航道,新建了扬州运河大桥、跃进桥、北水关桥、史公祠石桥、八龙桥等一批桥梁,疏通了老城区数十条下水道,填平了汶河,建设了汶河路和文昌广场。新北门广场、设施完备的苏北电影院、南河下人民剧场、大虹桥游泳池开始为民服务,瘦西湖、何园、大明寺、普哈丁墓园等一批景点得到修复。在社会主义改造基础上,分别组建了建筑公司、运输公司、航运公司及合作化性质的搬运站。为了解决居民居住难题,重点改造棚户区,新建劳动新村、工人新村,以"国家经租"的形式,改造城镇私有出租房屋。为了继续整修市容环境,连续开展爱国卫生运动,大力提倡绿化植树,兴建城市积粪池和公共厕所,爱国卫生工作全国闻名。1959年国庆10周年时的夜晚,汶河路华灯初上,文昌阁灯火通明,一个面貌整洁、朝气蓬勃的新扬州展现在人们面前。

二、1960—1976年

社会主义社会作为新生事物,发展是盘旋前进的。由于高指标、浮夸风,城市建设受到很大影响。其间扬州虽然局部通上了自来水,开通了首条公交线,新建了跃进桥、友谊桥、徐凝门路,翻建、维修了一批道路桥梁,开挖了沙施河和沙河,建造了鉴真纪念堂和南河下723所10层实验楼,但和欧美一些国家的迅速发展和"亚洲四小龙"的快速崛起相比,扬州城建事业推迟了10年。

三、1977—1989年

忽如一夜春风来,1978年党的十一届三中全会的胜利召开,激发了人们的工作热情。以1978年2月动工兴建的石塔路、三元路及其地下人防工程即"782"工程为起点,城市建设进入全面发展的历史新时期,城乡发展日新月异。1983年,扬州实行市带县的行政管理体制,成立扬州市城乡建设委员会,制约扬州城市发展的行政瓶颈被打破。1989年国庆40周年,扬州城市建设蒸蒸日上,城乡面貌焕然一新。建成区面积为25平方千米,比1949年扩大近4倍。扬州市总体规划(1980—2000)开始实施,道路长度72千米,面积86万平方米,均超过1949年16倍,新建、翻修、改造道路、桥梁400多处,初步形成了以石塔路、三元路、琼花路、解放东路为东西向干道和史可法路、国庆路、渡江路为南北向干道的城市路网体系,道路沿途灯火通明,跃进桥广场高杆钠灯华光四射,自来水供给基本普及,并开始提倡节约用水、保护资源,液化石油气、管道煤气开始使用,带来了民用燃料的巨大变革,公交线路由1条增加至11条,出租车开始为民服务。城市公共绿地和专用绿地迅猛扩大,绿化覆盖率达到20.9%,一大批古树名木经调查核实后建立专门档案、精心保护,重新办起了传统花市。随着外事活动的增加和旅游事业的发展,众多被占用的园林和名胜古迹如何园、个园、瘦西湖、大明寺经清退后恢复旧日景观。新建住宅210多万平方米,近10万人搬进了设施配套的新居。建筑事业成就瞩目,不但如雨后春笋般兴建了扬州体育馆、工人之家、扬州商场、扬州大厦、环球商场等1000平方米以上的公共建筑,扬州建筑铁军还北上大庆，南下广州，奔赴西亚、非洲等地，用惊人的速度、优质的工程为建设事业立下汗马功劳和赢得无数赞誉。城市管理也开始破局，新成立的城管机构汇集各方力量，统一执法，全面疏浚市区河道，大力整治环境卫生，推行门前"四包"管理，清理占道经营，城市脏、乱、差现象有所好转。

从 1977 年到 1989 年，是扬州城市面貌变化较大、城市建设日新月异的时期，但由于受到地方经济的制约和思想观念的束缚以及一些人为因素的干扰，采用"以房带路"的建设手段解决城建资金不足的难题，使老城区出现了部分地区被拆毁的现象，城区一些具有历史保存价值的设施和环境风貌遭到破坏，如古建筑、庙宇、河道、古树名木等，有的被拆除平毁，有的被改造拆迁，河道污染问题也日趋严重，造成无可弥补的损失。

四、1990—1999 年

20 世纪 90 年代随着计划经济向市场经济转变，扬州城建事业面临着新的局面和挑战。邓小平同志南方谈话，打破了遏制城市规模发展的桎梏。面对越来越高涨的古城保护呼声，扬州市委、市政府迅速调整战略布局，提出"跳出老城建新区，十年再造一个扬州城"的口号，开发区建设红红火火地展开。随着泰州等 5 县市脱离扬州单独设地级市，扬州按照"保护古城，向西延伸建设新市区，向南建设经济开发区，跳跃开发沿江港口工业区，定向发展沿江城市"的发展思路，调整《扬州市总体规划（1982—2001）》，通过建设通港路、新城路、开发路，拉开了城市发展骨架，真正走向滨江城市。公用事业再度发展，困扰城市居民的吃水难、供气难、出行难的问题得到缓解。河道在整治的基础上开始兴建污水治理厂、铺设污水截留管道，从源头治本。园林在蜀冈瘦西湖风景名胜区和茱萸湾风景名胜区重建二十四桥景区、扬派盆景博物馆、荷花池公园、文津园，复建白塔晴云、卷石洞天等 10 余处景点，为美国、加拿大、德国等欧美国家援建多处中国式园林。房地产业飞速发展，市政府依靠和动员各方面力量，分步骤解决人均居住面积 6 平方米以下住房困难户的问题。随着住房制度改革的深入，商品房市场日益繁荣，房地产开发企业从10家增加到近百家，依托扬州设计部门，开始用新的规划和设计理念新建世纪园新村、宝带新村、新城花园、凯莱花园等设施配套的新小区，房产管理进一步加强，全面实施房屋所有权登记发证工作，物业管理开始出现。建筑业1994年总产值、施工产值双双突破百亿大关，建筑队伍突破20万人，深圳中国人民银行大厦成为扬州建筑史上第一个获得鲁班奖的建筑，历史文化名城保护事业起步早、重视程度高，不但有效保护了唐宋城遗址和老城区，也为全国历史文化保护事业作出了突出贡献。随着工程招投标、工程施工许可、工程监理、施工图审查、城建档案、城建监察管理等制度的实施，工程建设走上制度化、规范化轨道，有效遏制了工程腐败和"豆腐渣"工程的发生。为了提升扬州城市形象，创建扬州城市名片，扬州在加大城市管理力度的基础上，开始向国家申报卫生城市、节水城市，并取得重大成效。

五、2000—2009年

当21世纪的钟声敲响时，扬州城建事业谱写出更动人的新篇章。面对城市摊大饼式迅速扩张而暴露出的城市建设中许多深层次的问题，特别是道路交通不畅、景观空间混乱、城中村众多、违章建筑不断增加、马路摊贩屡禁不止等城市建设中的重点难点问题，扬州市委、市政府以2001年9月的城市环境综合整治为契机在"三个代表"重要思想和科学发展观的指导下，以人为本，谱写出跨越发展、科学发展、和谐发展的新乐章。短短8年间，扬州有了脱胎换骨的变化。建成区面积72平方千米，城区人口70万人，均扩大10倍以上，新一轮的城市总体规划从融入长三角和南京都市圈的战略高度，主导向南，西进东联，建立起一体两翼的城市组群。润扬大桥的建成通车，宁启铁路的开通，江都机场的建设，宁镇扬城市轻轨的筹划，扬州大交通的格局呼之欲出。城区近200条道路经过一轮改造、一轮景观提升，主干道强弱电管网全部下地,形成了完善的路网体系和通畅、快速的道路交通,呈现出一路一灯一树一景的亮丽风采。随着南水北调和瘦西湖活水工程的启动,京杭大运河、古运河、保障湖等城区20多条河道全面实施综合整治,污水全部截留,往日脏、浊、臭的污水河成了风景优美、鱼虾遨游的环保生态河、绿色景观河、桨声灯影河,亲水平台、水上巴士、观光花船彰显着扬州江南水乡的气息和温婉灵动的亲和。公共交通经过大刀阔斧的改制,形成了三家公司竞争合作的局面,无人售票车、晚班车、双层巴士、城际公交的陆续开通,成为街头流动的风景,更新换代的出租车带来了更便捷、舒适的乘坐空间,包装一新的人力三轮车为老城区和旅游景点增加周到、人性化服务。自来水伸入了长江口,压泵站的增加、水表出户、市域供水让城乡老百姓都喝上了干净、卫生、甜美的自来水,再不受水源污染的困扰。西气东输工程带来的干净整洁的天然气能源解除了扬州缺少焦化气的烦恼和不便,把更多的蓝天白云留在这片富饶美丽的土地上。扬州园林甲天下,老城区上百处私家园林和瘦西湖连绵成片的私家园林印证着扬州以园亭胜的历史。壶园、意园、怡庐、逸圃、蔚圃、华氏园、冬荣园、小盘谷,一个个深藏在历史深处的园林向我们款款走来,诉说着不是天工胜似天工的艺术构思,九峰园、蜀冈西峰生态公园、曲江公园、体育公园、润扬森林公园滋润着城市的空气,散发出悠闲的惬意,石壁流淙、锦泉花屿,宋夹城生态园描绘着扬州城市大园林全新的手笔,再现城在园中、园在城中、城园相融的精致魅力。拆房建绿、破墙透绿、见缝插绿、路路景观、花木盆景、永久绿地、绿色走廊,扬州变化着四季迭新的美景,飞扬着绿杨城郭的美名。住房解困工作取得新的进展,在全面解决人均8平方米的住房困难户问题的基础上,采取定向供应、定点建设、定价出售、不得上市的政策,让近5000户双困居民人均住房面积超过20平方米,廉租房制度也让3000多户困难家庭享受到政府的优惠。2006年,时任中共中央总书记、国家主席胡锦涛亲临黄金小区,看望了喜迁新居的住房困难户开卫星全家。房地产继20世纪90年代兴旺后再次成为市民关注的热点和经济增长点，年平均增长率超过28%，成为扬州地方经济支柱产业。设计新颖、环境优美、配套齐全、文化积淀深厚、管理专业的小区提升了居民的生活品质和幸福指数。

建筑业历经扬泰分家、亚洲金融危机造成的短暂低谷后，再次大放异彩，建筑年产值过千亿元，18项工程相继荣获鲁班奖，改制后江苏华建获国家施工总承包特级资质，扬建、江建、邗建、杨安等10余家企业获国家施工总承包一级资质，形成了以施工总承包为主导、专业承包和劳务分包相结合的结构体系，是全国著名的建筑之乡，多家企业跻身中国建筑业综合实力500强和江苏省50强。在市场经济大潮中，扬州已由建筑大市成功转为建筑强市。

名城保护愈加慎重，扬州成立了市委书记担任领导小组组长的古城保护与利用、改造与复兴领导小组，提出"保护是前提，利用是关键，改造是手段，复兴是目的"的方针，从体现城市文明、展示城市历史、延续城市文脉、彰显城市底蕴和申报世界文化遗产的高度出发，科学建立名城保护规划体系，思考古城保护思路，使用了全城保护、风貌和谐、文化博览、遗产传承、居民参与、融资多样等创新的工作方法。2006年国家名城委将扬州古城保护经验作为古城保护的扬州模式对全国推广，2007年扬州成立全国第一家历史文化名城研究院，2009年江泽民同志为在扬州创办22年的《中国名城》杂志亲笔题写了刊名，扬州在全国名城界的地位举足轻重。

扬州城市建设管理更加科学合理，新组建的规划、建设、房管、城管、城建集团、建工控股公司等政府部门、专业机构，分工明确，协调合作，保证了城建事业在市场经济开放、改革、创新的大潮下稳步前进、和谐发展。城市管理在以人为本的基础上，逐步形成数字化城管体系，探索出符合扬州城市现代化进程的基本规律。管理范围由城区向城郊结合部拓展；管理标准从单纯治理"脏、乱、差"向广告店设置规范化、灯光亮化系列化、出摊经营定置化、容貌景观一体化深入；管理状态实现了从被动到主动的转变；管理模式从粗放型向精细、快捷、高效、全时段、全方位、全覆盖的方向发展；

管理方式实现了从突击整治向长效管理转变,突击整治已不再成为主要手段,发现问题及时解决,坚持长效成为趋势;管理方法实行由单纯的管制处罚向管制与疏导并举、教育与处罚结合的方向发展。多年辛勤的汗水,终于换来了新世纪振奋人心的收获,2002年扬州被授予国家卫生城市的称号,2003年被授予国家园林城市、国家环保模范城市的称号,2004年被授予中国人居环境奖,2005年被授予全国节水型城市的称号,2006年被授予联合国人居环境奖,一张张城市金名片的背后,是城建人无数个忘我工作的不眠夜晚和几代人前后相继的奋勇接力。

六、2010—2019年

2010年后,扬州根据自身城市特色和区划调整,适时提出了"精致扬州、创新扬州、幸福扬州"的建设方针,扬州市区城建累计投入2000多亿元,做出了系列改善民生的城建决策,开工建设了一批全局性、战略性、长远性的重大项目和重大工程,城市发展拉开了大框架、形成了大格局,为扬州未来的发展抢占了先机、争取了主动、打下了基础。

"开城先开路。"为了贯彻"一核多组团"的城市总体规划,扬州实施了一批拉开城市框架的"大通道"项目,这10年随着宿扬高速、沪陕高速、江宜高速的新建,"一环七射"高速网已接近尾声,有望在2020年全面建成,在全省率先实现"县县通高速,环城架高速"。400千米环市域公路网让沿线居民有了快速出行的免费快速通道,扬泰机场通航和扩建、宁启铁路复线工程建设、淮扬镇高铁建设及京杭大运河三改二工程、扬州港建设……"海陆空"的格局,让扬州有了更为广阔的发展空间。主城区先后完成文昌路东西延、运河南北路拓展等"五横七纵"快速路网体系,开通瘦西湖隧道,完成城市南部快速通道,全面推进运河路、江平路、润扬路快速通道,合围形成快速路环,累计完成主次干道60多条、重点桥梁10多座,顺利打通一批断头路,改造一批拥堵节点,进一步提升道路通行效率,形成了放射道、环道和方格网相结合的大路网结构，一个四通八达的现代化道路交通网络已基本筑就，一个崛起的苏中大都市的骨架已构造成型。

"治城先治水。"扬州将"清水活水，不淹不涝"工程连续8年列入"1号文件"，以"治城先治水"的理念，让扬州努力走在全国水生态文明建设的前列。扬州市出台了《扬州市河道管理条例》，先后实施了一批提升人居环境的"水走廊"项目。改造扬州闸、扩建黄金坝闸、新建平山堂站，加快实施新城河等多条黑臭河道整治，完成东部水系沟通、七里闸翻建、安墩闸改造等38个"清水活水"工程，完成文昌西路、扬子江路、文汇路等60多处积水点的综合整治。新建扬州市第五水厂，将市区日供水能力从40.5万吨增强到60.5万吨，关闭小水厂，实行区域供水，让全市460万居民都喝上卫生水、安全水、放心水。新建瓜洲闸，将主城区防洪排涝标准由不足10年一遇提高到20年一遇。积极响应国家南水北调东线规划，江淮生态大走廊建设被写入《长江经济带生态环境保护规划》《淮河生态经济带发展规划》，总投资近300亿元，目标是把南水北调东线输水廊道和淮河入江水道建成清水走廊、绿色走廊和安全走廊，建成扬州的生态安全屏障，打造全省乃至全国的环境保护高地和绿色发展中心，南水北调源水厂已具备每秒500立方米的调水能力。

"建城先建园。"扬州是一座城在园中、园在城中、城园一体的园林城市，为了适应城市现代化发展，扬州将打造现代城市公园作为名城扬州新的时代标识，大力推动扬州传统园林与现代公园融合发展，深入推进老城"+公园"、新城"公园+"的项目工程，扩容蜀冈—瘦西湖风景名胜区，不断完善覆盖城乡、均衡分布、功能完备的公园体系，建设高颜值高品质的公园城市，市区每年新增绿地100万平方米以上，拥有大中小各类公园300多处，展现出美丽中国扬州样板、健康中国扬州样本的现实模样。

"兴城先兴人。"城建事业除了工业、服务业和城建项目，还有大量的民生项目，特别是老百姓最关心的医疗、教育、住房"三座大山"，在规划指导下，全市新建一大批公共医疗卫生设施，建成18家农村区域性医疗卫生中心，并着力构建医疗卫生设施网络，组建多家医疗联合体，打造完成"15分钟健康服务圈""15公里半径医疗急救圈"，民众"看病难"的问题得到化解。全市中小学投入92.65亿元，累计完成346.5万平方米校舍改造任务，中小学校舍安全比例由2009年的42.33%提高至2018年的86.02%。新建扬子津科教园大学城，规划面积约5.2平方千米，初步形成可以容纳6所高等院校、18万名师生的规模。在全市最好地段优先布局建设集孵化器、加速器、科技产业园、人才公寓等功能于一体的科技产业综合体，打造"竖起来"的科技园，致力于建设人才高地、创新高地。继续推进安居工程，陆续建成交付杉湾花园一至六期、佳家花园一至四期和联谊南苑B、C、D地块等保障房小区，总建筑面积251万平方米，竣工交付各类保障性住房2.2万套，有效保障了城市中低收入家庭的合法权益和基本居住需求。新建扬州新大剧院、扬州戏曲园、扬州京杭之心剧场、扬州市音乐厅、青麦坊剧场等文化设施，开通24小时服务的城市书房，全面实施以老城区、老厂区、老街巷、老宿舍、老宅子、老校舍等为重点的"八老"改造工程，先后翻建老街巷230余条，整治老宿舍、老宅子、老校舍90余万平方米。实施"三拆三整治"攻坚战，让城市新起来、净起来、美起来，让市民有更多的获得感和幸福感。在一份中国社科院进行的城市幸福感调查中，扬州居民幸福感在294个城市中高居第三。

"庆城看江广。"这10年，随着扬州牵头中国大运河"申遗"成功，扬州全国文明城市、国家森林城市、国家生态市的圆满创建，扬州迎来了2500年城庆，并承办了第十九届省运会、江苏省第十届园艺博览会（简称"园博会"）和2021年世界园艺博览会（简称"世园会"），以节庆、城庆等重大活动为契机，全面改善城市面貌、提升城市管理水平、扩大城市知名度，成为扬州城市管理者和广大市民的共识。特别是2011年11月，江都撤市建区，扬州市区空间全面打开，江都区与广陵区的融合地带跃升成为"大扬州"的行政区划中心、地理中心、生态中心，同时也成为沿长江地区融合发展的重要一环。江广地带成为扬州城市建设和发展的主战场、主阵地和扬州现代化都市形象的新集中展示区。新建市政服务中心、市青少年活动中心、市妇女儿童活动中心和市科技馆4个主要场馆，总建筑面积11万平方米，既是市委、市政府服务企业、服务群众的平台，又为市民科普、休闲等活动提供重要场所。还有总投资12亿元、占地面积700亩、按5A级景区标准打造的"马可·波罗花世界"主题旅游景区对外亮相，总投资2亿元、占地面积150亩的"蝶恋花"儿童乐园对外开放，总投资2亿元，占地面积240亩的自在岛"扬州国际赛马会游艇会"对外营业。扬州李宁体育园是全国第三座以"李宁"命名的体育公园，成为扬州可持续发展的体育产业，建立了中国群众体育设施建筑的设计典范。万福大桥矗立江淮之心，不仅是俯瞰扬州古代文化、现代文明以及生态文明建设新成果的"观光平台"，也是提升城市规划建设的"规划平台"，更是严格落实"七河八岛"区域"四控一禁"要求、做好生态保护的"监督平台"。中央商务区（CBD）、中央生态区（CED）和中央活动区（CAD）积极推进现代科创产业、信息软件服务产业、金融产业、休闲度假产业等产业发展，以高标准打造产城融合载体。一个充满生机和活力的未来城市新中心正在呈现。

"城市是本开启的书，从中可以读到理想和抱负。"放眼这座可以诗意栖居的城市，在建设古代文化与现代文明的交相辉映中，在人文、生态、宜居、精致的无限魅力中，正着力践行习近平新时代中国特色社会主义思想，向扬州市委、市政府提出的"打造美丽宜居的公园城市，打造独具魅力的国际文化旅游名城，打造充满活力的新兴科创名城"的奋斗目标专注前行，正以时不我待、只争朝夕的干劲，努力创造着扬州城的第四次辉煌。

二连浩特文化的立论与经济社会发展

徐进昌　殷继红[*]

在茫茫的荒漠草原，连接漠南、漠北，牵手欧亚大地，有个商业大动脉滚动着的二连浩特，千百年来一直流淌着商贸文化的血脉。古时候的额仁达布苏淖尔、玉龙栈、伊林驿站和滂北，如今的边境陆路口岸和国际大通道，二连浩特一直是个很独特的地方。

在茫茫荒野，挺立起一座小城。有恐龙漫步的雄浑气象，有塞北驿站的悲怆苍凉。有边境界碑的鲜明夺目，有中华国门的庄严辉煌。有栋栋别墅小院充满欧洲风格，有列车长龙穿越铿锵作响。

这里是恐龙的故乡是古生物群体的快乐家园，在远古，棕榈树长满河岸，恐龙、猛犸象等庞然大物栖息聚集。

这个历史上的荒原商道驿站，如今已发展成贯通欧亚大陆的枢纽口岸小城，2019年地区年生产总值已突破100亿大关。年验放中欧班列超过900列，发运集装箱超过3万个，货物总重超过58万吨，货值超过25亿美元。年对外贸易已超过159亿元。

文化是一个地区沉淀的记忆，是文化自信精神强大的基石。抚今追昔，探寻这方独具风韵的土地，沉淀的文化蕴涵，彰显的商贸物流血脉，从历史文化的角度，继往开来，助推这方土地的经济社会发展。

---

[*] 徐进昌：元上都历史文化研究会理事长。殷继红：元上都历史文化研究会理事、副秘书长。此文写于2019年。

一、流淌着商贸血脉的口岸文化

遥遥千里的张库大道，漫漫千年的伊林驿站。从茫茫荒漠中的额仁达布苏淖尔盐产地，到苏尼特草原滂北商道北部的伊林驿站，这片斑斓戈壁，这片神奇的土地，凝聚了多彩的商贸物流往来，沉淀了斑斓多姿的口岸文化，通过它厚重而充满活力的历史沉淀启示二连浩特的发展和未来。

文化是人类的共同记忆，沉淀和结晶了人类生存与发展的实践和智慧。一个独具特色的地方文化，小到几村几乡、一城一地，大到毗邻的几地几域，都属于一个特定属性的文化发祥地，是特定人群生存发展的集聚地，积淀了独特风情的社会生活境况。这种地域和文化，作为一个专门的学科进行挖掘、研究、阐释，继往开来，发扬广大，无疑是对人类走过的历史的追寻与弘扬，也是对人类前行道路的探寻与开拓。

草原是诗，文化是魂。一方土地记录和沉淀了独特的地域风情和历史文化。一个地域的人们在一个共同的生存空间，长期的共同生产和生活中创造了独特的生存习惯和人文风韵。地域文化是地域性的文化现象，是通过特定地域的人们在继承和发展中创造的。地域文化是对特定地域空间内的生态环境、经济方式、社会结构、文化传统诸方面进行综合研究的学问。二连浩特文化正是千百年来丝路文化在锡林郭勒草原的文明印记。

二连浩特文化是口岸文化，古丝路文化源远流长，流淌着商贸交流的血脉，沉淀了大连通、大发展、合作共赢的大情怀，孕育了互联互通、携手与共的理念和构建。驼铃和丝路沉淀了历史悠长的信念，列车和航班使流通的理念长上了腾飞的翅膀，地球村的理念从这里启航。几分粗犷的游牧文明，几分精明的商旅文明，穿越了荒原、戈壁，跨越万水千山，通过贸易跨越了国界，让世界共享。

苏尼特草原、阿巴嘎草原是二连浩特文化的关联区。这方土地孕育了二连浩特文化，二连浩特文化是这方土地的一颗璀璨明珠。恐龙化石标识了远古之际这里的面目,岩画铭刻了这方土地的文明古迹,现代口岸展示了这里的蓬勃生机与活力。

这份沉淀了商贸精神的文化,富有进取心,敢为人先,开拓前行。诚信为本,视野开阔,奋发向上。不畏艰险,勇立潮头,创新发展。有游牧文明的豪爽大气,也有商业文明的精明算计。有世界的视野,有全球的事业,有拥抱四海的情怀、胆气和智慧。

二连浩特文化是特定时期和特定地域形成的国家大文化中的一个子系统,其彰显的口岸特点和物流枢纽特质在经济全球化的今天,有着特殊的价值和意义,值得引起社会各界的关注和探寻。地域文化研究专门考察和分析某一地区独特的地理人文环境、经济形态、政治状况、文化教育、社会习俗、文化心理等方面。所以将其作为理论和学术课题,作为经济社会发展规划,纳入议事日程,制定操作规程,透过区域文化研究成果,寻找出中国文化在地方上的表现特征,让文化软实力和最基本的民族自信,助推地方现代化建设的稳健发展,从而有助于更加清晰地审视中国经济社会和文化的发展脉络。

二、二连浩特的历史脉络和资源概况

二连浩特是亚洲最早发现恐龙及恐龙蛋化石的地区之一,是世界最大的白垩纪恐龙化石埋藏地,境内拥有 134 平方公里国家级地质公园。

1893 年,著名地质学家奥勃鲁契夫来到二连盐池,首次发现恐龙化石。1922 年,美国纽约自然博物馆成立的"中亚考察团"在二连进行考察发掘,首次发现了恐龙蛋化石,拉开了二连恐龙动物群研究的序幕。

近百年来,先后有俄国、美国、瑞典、苏联、加拿大、日本、比利时、意大利等国的古生物学家来二连进行科学考察,发现了大量的恐龙化石,取得了重要研究成果。

二连盆地的恐龙化石生物群是晚白垩纪恐龙生物群的代表,恐龙化石种类多、分布广、保存完好,反映了晚白垩纪恐龙生物群的主要特征。从 1893

年到现在，陆续发现恐龙化石十余属种，主要有蜥脚类、兽脚类、鸟脚类等。所发现的恐龙化石以植食性种类居多，包括蜥臀目、鸟臀目和镰刀龙目，主要代表有古似鸟龙、似鸡龙、阿莱龙、鹰龙、姜氏巴克龙、锡林郭勒计尔摩龙、甲龙、杨氏内蒙古龙、美掌二连龙等。

特别是2005年发现的世界最大的窃蛋龙类恐龙——二连巨盗龙，长近8米，高5.5米，为中国古生物界研究鸟类起源做出了巨大贡献。二连巨盗龙的发现被美国《时代》周刊评选为2007年度"十大科学发现"之一，2008年获得吉尼斯世界纪录证书，2009年二连恐龙化石埋藏地被评为国家4A级地质公园。

二连浩特除了以恐龙之乡闻名世界，也以苏尼特、阿巴嘎岩画显示了在古文明上无可取代的显赫地位。这是二连浩特在文化上举足轻重的两张世界性的名片。苏尼特、阿巴嘎岩画，勾勒了早期人类在这方土地的生产生活画面。岩画在不断受到损坏，也在不断引起有识之士的关注。已有用心之人抢救性地制作了大量拓片，并编印成书。

二连浩特的第三张名片，就是以草原丝路、伊林驿站、滂北驿站、二连电报局、二连铁路彰显的国际物流大动脉的身份和价值。纵观古今，二连浩特流淌的都是物流大动脉的血脉。是玉龙栈、伊林驿站、滂北驿站，点缀了千里荒原，给茫茫戈壁注入了人性和物流的血脉，赋予几千里的欧亚大陆以生机和活力。

1899年，这里已经建立电报局，作为通往远东和欧洲大陆电报的放大信号地。作为物流大动脉，较早地应用先进的科技，抢占了发展的先机，显现了二连浩特发展的亮丽色彩。

三张名片使二连浩特闻名天下，具有世界级的名气和地位。二连浩特正以蓬勃之势不断拓展，以"一带一路"为借力，直通欧洲腹地，展现了作为枢纽的强大优势。

近代，二连浩特开始有人居住的地方，位于现在市区东北9公里处的盐池，蒙古语为"额仁达布苏淖尔"。额仁，意为"斑斓多彩"，达布苏淖尔，意为"盐湖"。

早在原始社会就有古游猎部落在这里生息，春秋战国时期名为林胡地，亦称东胡地。秦汉时匈奴迁徙在此，东汉时期乌桓、鲜卑入居，隋唐两代有突厥徙牧。辽为漠葛失部地，金为汪古部族地。元属上都苏尼特鄂托克地，设玉龙栈。

据《元史·宪宗纪》载，蒙哥汗在此会见忽必烈，设大宴并共商国事军情。明英宗十四年（1449年）归北元左翼三万户，称"苏尼特鄂托克"。

玉龙栈是元代草原丝绸之路的重要节点。它是以元大都（今北京）为起点的元朝草原丝绸之路上的一个重要驿站。元朝的丝绸茶叶从大都出发，经上都，过玉龙栈，再到哈喇合林（今蒙古国乌兰巴托西）、阿尔泰，西接钦察道之后，运往欧洲各国。这也就是清代伊林驿站的前身。

额仁达布苏淖尔，是张库大道一侧的一个产盐地。在茫茫的荒原上，斑斓多彩的大片洼地上有食盐出产，成为商家出没之地。盐池西北岸至今还留有1600平方米的建筑遗迹，那就是昔日的伊林驿站。

该驿站设于清嘉庆二十五年（1820年）。到清光绪十五年（1899年）架通"张—库"电话线，并设立电报局。为便于书写和传递，这时"伊林"书写为"二连"，并将该地标入当时的地图集。

1918年旅蒙商创办"大成张库汽车公司"，开通了张家口至库伦（今蒙古国乌兰巴托）的张库大道，二连驿站南又增设了滂北站，蒙古语为"额仁达布苏"。1943年日军占领该地，驿站废弃。目前伊林驿站遗址已列入市重点文物保护单位。

新中国于1953年为二连浩特正式动工修建集二铁路。在铁路选线时，为避开盐池低洼地形，从传统交通线西移9公里，又在传统边境线南6.5公里处建国境火车站，站名初称"额仁"，后更改为"二连"。

1956年1月，中、朝、越、苏、蒙及东欧各社会主义国家参加的铁路联运正式开通,以车站为中心的建筑群便成为二连浩特的雏形。

1956年3月7日设二连镇,隶属锡林郭勒盟苏尼特右旗。1957年7月14日,升格为县级建制,于"二连"后加缀"浩特"(蒙古语意为"城市")一词,隶属锡林郭勒盟。

1966年1月经国务院批准设市。1969年11月划归乌兰察布盟,1980年5月重新划回锡林郭勒盟。

1984年9月,胡耀邦同志视察二连时提出"南有深圳,北有二连"。1985年1月,内蒙古自治区批准二连升格为准地级市。1985年6月,国务院批准二连为甲类开放城市。1986年3月,自治区政府批准二连为计划单列市。1992年7月,二连被国务院列为13个沿边开放城市之一。

1994年8月胡锦涛同志视察二连,做出"在边字上做文章,在开放上下功夫,在内联上求发展"的重要指示,为二连的开放发展指明了方向。2014年6月5日二连经国务院批准成为全国第二批重点开发开放试验区。

2014年8月,习近平总书记访问蒙古国期间与其达成共识,"双方同意研究在中国二连浩特-蒙古国扎门乌德等地建立跨境经济合作区"。

二连浩特市地势平坦,由西南向东北缓缓倾斜,平均海拔932.2米。地表无河流,地下有古河道穿境而过。二连属温带大陆性季风气候和干旱荒漠草原气候,春季干燥少雨,夏季短暂炎热,秋季天高气爽,冬季寒冷漫长。年均降水量142毫米、蒸发量2684毫米,无霜期90~120天,采暖期210天。

全市共有草场577万亩、森林25万亩,绿化覆盖率36.5%。二连野生植物主要有灌木、半灌木植物和草本植物40余种,分属18科、35属。主要植物有戈壁针茅、小针茅、无芒隐子草、女蒿、冷蒿、沙生冰草、沙蒿、芨芨草、苔草、白刺、针茅、沙葱等。其中常见的药用植物有麻黄、补血草、知丹、苁蓉、锁阳等。

二连拥有丰富的风能、光能资源。70米高年平均风速每秒7.3~7.4米、太阳能地表年总辐射约每平方米1698千瓦时,风资源有效风速小时数为7980

小时，年可利用小时数约 2720 小时；光伏资源年日照时数约 3278 小时，年等效利用小时数约 2500 小时。二连市有新能源企业 6 家。截至目前，二连浩特市风电装机容量为 34 万千瓦、光伏装机容量为 12 万千瓦；按目前装机规模，二连市新能源年发电量 6.4 亿千瓦时—6.5 亿千瓦时。2015 年发电量 6 亿千瓦时；2016 年 1—8 月份发电量为 4.5 亿千瓦时。

通观二连浩特的历史，商贸物流一直是它独特的色彩，玉龙栈、伊林驿站、电报局、铁路、口岸，成为千百年来作为物流大动脉的二连符号，也是二连浩特文化的特色和血脉。这份历史的传承和积淀，体现了二连浩特这方热土的文化风韵，成就了父老乡亲祖祖辈辈的精神家园。

三、口岸贸易贯通欧亚的强劲势头

三百多年前，一条自张家口经由二连浩特，直达漠北草原腹地库伦（今蒙古国乌兰巴托）的漠北丝路蜿蜒北上。当时二连浩特叫伊林驿站，是过往商人的车马大店，成千上万的骆驼、马匹在此放养接济，以利更为遥远的北上。

如今，丝绸之路上汽笛长鸣，"钢铁驼队"驰骋草原，中蒙间最大铁路口岸二连站主动融入"一带一路"建设，古驿站焕发新活力。

二连浩特位于内蒙古自治区正北部，北与蒙古国口岸城市扎门乌德隔界相望，两市相距 4.5 公里。东临锡林郭勒盟苏尼特左旗，西、南与苏尼特右旗毗邻。距锡林浩特市 360 公里、呼和浩特市 390 公里、北京 690 公里，是距首都北京最近的边境陆路口岸。距蒙古国首都乌兰巴托 714 公里、俄罗斯首都莫斯科 7623 公里，边境线长 72.3 公里，是我国对蒙古国开放的最大陆路口岸，是国家和自治区向北开放的前沿和窗口。从北京经二连浩特到莫斯科比经滨洲线近 1140 公里，是最便捷的欧亚大陆桥"桥头堡"。辖区面积 4015 平方公里，城市建成区面积 27 平方公里。下辖 1 个苏木（5 个嘎查）、8 个社区。全市总人口约 10 万人，户籍人口 3.1 万人。有蒙古、汉、回、满、朝鲜族等 17 个民族，其中蒙古族人口 1.4 万人。

号称"中国北大门"的二连浩特,见证着中国向北开放和"一带一路"建设的跃动音符。1956年1月3日,集宁至二连浩特至乌兰巴托的铁路在二连浩特正式接轨,打通了中国连接欧洲的又一条亚欧大陆桥。

20年前,这里还只是个小镇子,火车站前只有一条土马路,一过汽车尘土满天。那时候,二连只有铁路、邮局、海关等几个单位,是乡镇行政级别的城市,大街上都看不到几个人。如今的二连浩特高楼林立,基础设施完备,宜居易商,日趋繁华热闹,10万人的小城已经是内蒙古自治区计划单列市,被称为"火车拉出的城市"。

据内蒙古边防总队二连边防检查站统计,截至2018年10月28日17时02分,口岸验放量再度突破200万人次。相比2017年,突破200万人次的时间提前了18天,出入境人员同比增长6.5%,再创历史新高。

2018年前8个月,二连口岸对外贸易值达159.2亿元,与2017年同期相比增长18.4%。其中进口115.9亿元,增长15.9%;出口43.3亿元,增长25.6%。

截至2018年11月13日,二连海关累计验放中欧班列907列、发运集装箱38685个、货物总重58.52万吨、货值25.37亿美元。其中进口班列448列、集中箱18402箱、货物总重34.92万吨、货值7亿美元;出口班列459列、集中箱20283箱、货物总重23.6万吨、货值18.36亿美元。

目前运行的25条线路中,运行列数前三位的班列分别为郑欧班列、西安班列、蓉欧班列。过境中欧班列增至15条,"郑连欧""渝连""湘连欧"国际货运班列实现常态化运行,累计开行822列,较2017年增长240%。

搭建跨境电商平台,开通货物快速通道,启动实施"空地联运"项目,禹力等7家跨境电商平台上线运营。环宇国际商贸城、富皇汽贸修配城等专业市场建成投用,引自天津自贸区的东疆进口商品直营中心正式运营,蒙俄进口商品超市增至13家,贸易物流业发展条件进一步改善。2019年进出口货运量由1305万吨增加到1503万吨,年均增长2.9%,进出口加工业提档升级。

二连浩特还修订完善边境经济合作区的产业布局规划，出台《关于促进工业园区健康发展实施方案》，累计投资1.9亿元，完善园区道路、排水和供电等基础设施，开工建设边合区PPP项目。加大招商引资力度，远东木材交易园区、格伊古勒畜产品、金古源粮油加工等33个项目建成投产。东新粮油、天利源铁矿石、明雨伟业绒毛等一批项目开工建设，入区工业企业总计达到71家，以木材、农畜产品、铁矿石、建材等为主的多产业加工格局基本形成。2019年，金融机构累计为中小微企业发放各类贷款151.6亿元，有效缓解了企业融资难、融资贵问题。

边境文化旅游业活力增强，积极创建国家全域旅游示范区、中蒙跨境旅游合作区，加快申报建设边境旅游试验区。同时建成改造了国门旅游景区、伊林驿站博物馆、中蒙国际马术演艺基地、综合博物馆、市门广场、自行车骑行线等景区景点，旅游综合服务中心、地质公园提档升级等项目开工建设。还促成中蒙两国旅游部门签署旅游合作协议，成功举办"茶叶之路"国际文化旅游节、二连浩特·扎门乌德全民健身综合运动会等系列品牌活动。开通茶叶之路旅游专列，加密至蒙俄和国内航线13条，口岸旅游吸引力进一步增强。

二连浩特践行"亲、诚、惠、容"周边外交理念，加大对蒙援助援建力度，完成援建东戈壁省综合医院等一批项目。重点领域和关键环节改革稳步推进，率先在全国实现图格里克现钞兑换挂牌、跨境调缴、现汇挂牌，率先在全区完成"扩权强县"、不动产登记制度改革试点，颁发华北地区首本不动产登记证。"放管服"改革取得阶段性进展，在全区率先实行投资项目在线审批，全面推行"双随机一公开"监管机制，并颁发全区首批"二十四证合一"营业执照。口岸旅检通道"三个一"和"三互"口岸大通关改革顺利实施，国际贸易"单一窗口"启动运行，通关时间缩短30%以上。

"5+5"综合行政执法改革试点基本完成。建设用地使用权转让、出租、抵押二级市场国家试点改革顺利推进。协调国家贸促会主办二连浩特中蒙俄经贸合作洽谈会，首次成功举办 APEC 中小企业跨境电商峰会，国际会展中心被列为永久会址建成投用。创新同蒙俄合作机制，促成中国在扎门乌德设立总领馆，与蒙古国色楞格省、俄罗斯乌兰乌德等 17 个地区建立了友好合作关系，多层次合作交流更加频繁。加强对外教育交流合作，在蒙古国扎门乌德市挂牌成立全区首家"孔子课堂"，出台《蒙古国籍学生奖学金实施办法（试行）》，累计发放奖学金 1650 万元，在读外籍学生达到 986 名。实行对蒙古国患者就医减免检查费政策，累计接诊蒙古国患者近万人次，顺利实施口岸"光明行"行动。中蒙足球交流合作也迈出新步伐，援建扎门乌德中蒙青少年足球交流基地投入使用，"伊林杯""二连扎门杯""娜荷芽杯"等渐成品牌赛事。

同时，二连浩特的航空事业也崭露头角、一飞冲天。赛乌素机场成为连接欧亚大陆的航空通道，为经济全球化增添了一翼航空的翅膀。赛乌素机场位于二连浩特市区东南 27 公里处的赛乌素镇，距中蒙边境线仅 32 公里。机场于 2008 年 6 月开工建设，2009 年 10 月 18 日通过竣工验收，11 月 27 日顺利完成校飞，同年 12 月 16 日试飞成功。赛乌素机场跑道长 2400 米，宽 45 米，飞行区等级为 4C 级标准，可满足 ERJ-145、CRJ-200 等支线飞机和波音 737、空中客车 A319、A320 等机型起降。机场航站楼面积 5043 平方米，可满足年旅客吞吐量 15 万人次、高峰期每小时 200 人次的使用需要。机场道路及配套停车场设计为远期机型和航线发展充分预留了空间。2010 年 2 月 11 日，二连浩特机场首航成功，2010 年 4 月 1 日正式通航。

2017 年 7 月 21 日 10 时 25 分，伴随着 GX7891 次航班的平稳降落，标志着"二连浩特至济南"直飞航线顺利开通。济南航线是二连浩特机场开通的继北京、天津、呼和浩特、石家庄（经停石家庄）、满洲里、乌兰巴托（蒙古）、乌兰乌德（俄罗斯）、伊尔库茨克（俄罗斯）后的第九条客运航线。

2017 年 12 月 1 日起，锡林浩特机场新开锡林浩特至二连浩特往返定期航班及不定期公务机包机航班。定期航班班期为每日一班，机型 PC-12，由新疆通用航空公司运营执飞，为大众出行提供更多便利。

据悉，2018 年 10 月 15 日，二连浩特机场共保障进出港旅客 163127 人次，同比增长 26.2%，提前 78 天赶超 2017 年全年旅客量，2018 年底有望突破 20 万人次，航空大动脉呈现强劲发展的势头。

二连浩特今后一个时期的总体发展愿景，就是主动融入"一带一路"和"中蒙俄经济走廊"建设，让物流大动脉更畅通、更强劲。要以国家重点开发开放试验区建设为统领，充分发挥口岸优势，大力发展国际贸易物流、进出口加工、边境特色文化旅游和清洁能源产业。进一步加强城市建设管理，完善基础设施，改善人居条件，优化投资环境，提高服务质量，筑牢"两个屏障"，加强党的建设，打造人民喜爱的、国际接受的、大家向往的中国北方最好口岸城市。

这个连接欧亚大陆架的交通枢纽，这个千百年来流动着商贸物流血脉的大通道，这个恐龙、岩画、玉龙栈、伊林驿站、二连火车站沉淀的口岸文化，借助"一带一路"，书写大边贸、大流通、大发展的现代化篇章。这一方斑斓多姿的土地，正在展现强劲崛起的雄姿，牵手广袤的欧亚大地，描绘自己壮美的未来。

结尾以一首《二连边关吟》收笔：改革开放到北疆，恐龙之乡口岸忙。南有深圳北二连，国家定位明方向。铁轨贯通欧亚路，边关明珠亮草乡。国门边贸显神威，词人文友书华章。

地域文化

论人与文化的生命规律

陈 耕[*]

习总书记提出的"创造性转化，创新性发展"已经成为中华优秀传统文化传承发展工程的指导方针。这一方针深刻地阐释了文化传承发展的生命规律，揭示了人与文化不可割裂的关系。

只有深刻地认识理解人与文化的关系，深刻地认识和理解人与文化"生生不灭"的生命规律，才能更好地贯彻落实"双创方针"。

人是文化的创造者，但同时又是文化的创造物。文化即人，人即文化。文化和人一样，是世代传承、生生不灭的生命体。那么生物学中的生命规律，是否有助于文化规律的探索呢？

生物学告诉我们，自然界中凡有生命的物体，包括植物、动物和微生物三大类，统称为生物。生物有两个规律：一、生物的个体都进行物质和能量代谢，即新陈代谢，使自己维持生命，并得以生长和发育；二、生物都按照一定的遗传和变异规律进行繁殖，使种族得以繁衍和进化，即自我复制。新陈代谢和自我复制是生物最重要的特征，也是最基本的生命现象、生命规律。

生命的新陈代谢有两个过程，一是将从食物中摄取的养料转换成自身的组成物质，并储存能量，称为"同化作用"或"组成代谢"；二是生物体将自身的组成物质分解以释放能量或排出体外，称为"异化作用"或"分解代谢"。

生命的运动过程，就是一方面不断地汲取外来的养分，转换成自身新的

---

[*] 陈耕：厦门市闽南文化研究会会长。此文写于2019年。

组成物质；一方面不断地分解旧的组成物质，并将其排出体外。生长通常伴随着发育过程的细胞分化和形态建成。有机体或器官的生长速度呈倒"U"形曲线，开始生长缓慢，继而生长加快直达高峰，以后生长停滞。至衰老期，分解超过合成，机体和器官逐渐萎缩。新陈代谢失调会产生疾病。新陈代谢一旦停止，生命也就终止。

可见，新陈代谢决定了生命的生长与衰亡。任何一个生命体的生命力，都取决于它的新陈代谢能力。如果它善于吸收外来营养，并善于转化为自己的组成物质，其生长一定蒸蒸日上。如果"分解超过合成"，旧的组成物质不断老化、分解、流失，而新的营养无法吸收，或吸收了无法分解，它只有走向衰亡。

复杂生命体的新陈代谢实际上包含了多层意思。复杂生命的成长，不是一个细胞由小到大的生长过程，而是旧细胞不断分裂死亡，新细胞不断生成生长的过程。人的成长便符合复杂生命的成长过程。人在儿童和青少年时期，新陈代谢旺盛，新细胞的生成，大大超过了死亡的旧细胞，人就长大了。到老年，体内的新陈代谢功能衰退了，旧的细胞死得越来越多，新的细胞生得越来越少，人就衰老了。最终，新陈代谢完全停止，生命也就结束了。这是辩证法，是世界一切生命的规律。

世界上已知的任何生物都有孕育、形成、成熟和衰亡的生命过程，这正是生命最基本的形态。如果文化也是一个生命体，那么生物生命的规律是否也被文化生命所遵从呢？

中华文化自古而今，从无到有，从小到大，历经数千年演变成今日博大精深的中华文化，正是由于一代代文化细胞的生成和积淀。从物质文化、制度文化到思想文化，每一个时代都在不断更新。而曾经停滞的新陈代谢，僵化的细胞，也曾使中华民族濒于危亡。但在惊醒之后，在汲取新的营养后，日新月异地加快了细胞的更新换代，从"最危险的时刻"走向开天辟地的新时代。

例如歌仔戏文化，从最初的形态到最终走上剧院的舞台，曾经历过"落地扫""半暝反""杂菜戏"和"正班""大戏"四个阶段，十分典型地表现出文化个体生长的历程。

早年的歌仔戏被称为"落地扫"，这是歌仔戏的原始细胞。因为它是踩街游行中或庙会祭祀时，在马路上、庙口埕的地面上表演，观众四面团团围观，没有舞台。这时它所表演的多是一些折子戏，一些小生、小旦、小丑的"三小"戏。

其后，这个细胞开始分裂了，从一个折子，变成两个、三个折子，从一个小戏，变成可演三至八个的小戏，慢慢成熟后，也能演一些大戏了，但还是一些业余戏班，往往只能等职业戏班演到下半夜歇鼓时，他们才上台去演。因其腔调来自民间歌谣，通俗悦耳，耳熟能详，又新鲜活泼，也能召唤观众，便称其为"半暝反"，意即下半夜才锣鼓喧天在舞台造反。

再往后，职业戏班看到"歌仔调"居然如此吸引观众，也开始学习演歌仔戏，并将业余歌仔戏班的佼佼者拉入职业戏班。但当时职业戏班多为"南管戏""北管戏""车鼓戏"，要转换全部演唱"歌仔戏"并非一时可行。那时戏班一天至少要演两场，即下午场和晚场，于是戏班就出现"日唱歌仔，夜唱南管"，或是"日唱车鼓，夜唱歌仔"的情形。有的戏班更是一出戏里，有的唱北管调，有的唱歌仔调，观众称其为"杂菜戏""杂菜班"。

后来歌仔戏吸收其他剧种的营养，逐渐成形。到20世纪20年代，这些"杂菜班"变成专唱歌仔调的歌仔戏班进入台湾的戏院演出。在舞台演出中歌仔戏汲取了京剧和闽剧的剧目、身段和舞美，形成为一个行当齐全、行头鲜艳的大戏班。先在台湾的戏台站住脚，又渡过海峡来到厦门、闽南，倾倒闽南观众，风靡一时。这时人们就称其为"正班"，而那些业余、半业余的歌仔戏班则被称为"土班"。

从"落地扫""半暝反""杂菜戏"，到"正班"，可以看出歌仔戏的成长过程，也可以看到歌仔戏旧细胞衰亡与扬弃和新细胞发育与生长。

新陈代谢的第二层含义就是生命个体内部与外部能量的不断交换。任何一个复杂的生命，都是一个耗散结构。新陈代谢使它每时每刻都在进行生命运动，都在不断地消耗能量、分裂新细胞。而能量来源于外界，这正如一个人每天要劳动、读书、休闲、睡觉，都在不断地消耗能量，也要吃饭、喝水，不断从外界补充新的能量。直到有一天，补充的能量赶不上消耗的能量，人就开始消瘦、生病，最后死亡。旧的能量消耗，产生不平衡，补充新能量，达到新的平衡，任何生命体的生命活动，都是如此循环往复。

文化同样也需要不断地补充能量，不断汲取外部的营养。仍以闽南歌仔为例。闽南人的"歌仔"是一个非常模糊宽泛的概念。从文学的范畴讲，"歌仔"指的是闽南方言口传文学中的各种民谣。无论是作为歌唱的民歌，或作为念诵的童谣，都称为"歌仔"。从音乐的范畴讲，"歌仔"则泛指闽南音乐中比较通俗的歌曲，比如儿歌叫"婴仔歌仔"，采茶山歌叫"采茶歌仔"，渔歌叫"行船歌仔"。"歌仔"的"仔"，在闽南方言中原本带有比较轻视的意思，比如小孩叫"囝仔"，大人就不能叫"大人仔"。同样地，对南音，闽南人就称为"曲"，不会叫成"曲仔"。这是因为早年的南音曲高和寡，讲究优雅清和，一般为官宦士绅人家所专有，普通的平民百姓如果不是有特殊的背景，并不容易学习和掌握。歌仔则不同，乞丐也可大唱其乞食歌仔，通俗易学。因此，"歌仔"有时又用来泛指除南音、北管之外的所有其他闽南音乐。

歌仔在闽南传唱千年，又随着闽南人在明清时期"过台湾"。歌仔传入台湾，到了新的环境，接触到新的音乐因素，有了新的生活，开始发生新的变化。

首先在内容上，出现了反映台湾百姓生活的歌仔。如《看牛歌》，描写一位离开父母替人打长工看牛的年轻小伙，一年十二个月的辛苦艰难。又如反映渡台艰辛的歌仔，唱道："晕船吐出青黄胆，睡在船中病一般。顺风想送都容易，三日两夜过台湾。"

除了内容之外，在音乐上也发生了一些变化。早期闽南歌仔的音乐曲牌主要有五空仔、四空仔、倍思仔、杂嘴调以及取自南曲的"番婆弄调"和各种民歌小调。其中四空仔可视为代表性曲牌，它对台湾七字调形成的重大影响是公认的，甚至有"四空仔阳关"为"台湾七字调的前身"之说。但是，如果简单地认为"台湾七字调"就是"四空仔"，显然忽略了歌仔传入台湾后，吸收新的音乐因素再创造的过程。

海峡两岸研究歌仔戏音乐的学者们都注意到，"四空仔"的徵调色彩和七字调的羽调式之间，必有一个演变的过程。并且，差不多所有做这项"七字调"成因课题的学者，都认为这种转变同"七字调"产生之前就与已在台湾存在的羽调系统民歌有关。这就产生了一个问题，即徵调色彩的闽南歌仔，传到台湾，怎么会产生出羽调系统的民歌？

早期渡台的闽南人，由于清政府严禁携眷的政策，男性占绝大多数。男人们到了台湾西海岸，同原住民中的平埔族混居杂处，相当一部分人娶了平埔族的姑娘为妻。清同治以后，大批的汉人移居台湾。平埔人因着汉服、袭汉姓、行汉俗、操汉语，再加上通婚，至19世纪末，已基本汉化。他们对音乐的天赋和爱好也就带入台湾的汉族之中，他们的一些歌谣也就融入台湾的闽南歌仔中。许常惠在其《台湾音乐史初稿》中认为，进入清代，平埔族受外来强势汉族文化的影响，一方面逐渐失去生活中歌唱的传统，另一方面，音乐也开始汉化，只有在祭祀中保存其少数传统音乐。光复后保存的少数平埔族的音乐，声乐曲调接近汉族系统，例如五声音阶或六声音阶，器乐变为汉族鼓吹乐。这是受强大汉族文化的影响而产生的无可抗拒的蜕变。因此今天仅存的平埔族歌谣，大多改为闽南歌词。平埔族音乐与汉族融合的过程中，一方面，平埔族音乐受到汉族的影响，逐步汉化；另一方面，汉族音乐在这一过程中也不可能不受到影响。由于许多平埔族的歌谣"改为闽南语歌词"，实际上已经很难分清这两种歌谣，它们已融合为一了。可见闽南歌仔在传入台湾后，在闽南人与平埔人的融合过程中，大量地吸收了平埔族音乐的营养。

闽南歌仔传入台湾后还吸收了客家音乐的营养。几乎与闽南人把"歌仔"带到台湾同时，客家人也把客家山歌带到了台湾。客家山歌的词和曲，都非常丰富多彩，它是客家人最主要、最具特色，也最为吸引人的艺术代表。它纯朴自然，通俗上口，兴之所致，脱口而出。客家山歌传入台湾后，受到闽南歌仔的影响，也有新的创造。如客家"渡台悲歌"描述一个客家青年听信了"客头"之言，偷渡来到台湾，备尝艰难。其表现内容，也有了新的突破。除了山歌，客家人还带来了"采茶"。采茶是一种歌舞小戏，流行于我国南方许多省份，特别是客家人居住的湘粤赣闽等地。传入台湾后，俗称"采茶"或"采茶戏""相褒"或"相褒戏"。由于采茶的演员只有生、旦、丑三人，又称为"三角采茶"。客家人到台湾，形成许多聚族而居的客庄，不少也与闽南人混居。彼此往来中，客家山歌也就传入闽南人口中。早期著名的歌仔戏艺人赛月金，就能唱《客人山歌》，只不过是用闽南话来唱。经学者的调查研究证实，客家山歌对台湾闽南歌仔是有影响的。

由此可知，闽南歌仔传入台湾后，在新的生存环境中，汲取了平埔族音乐、客家音乐的营养，在内容上和音乐上都发生了一些变化，产生了许多新的、羽调色彩的闽南语歌仔，丰富了闽南歌仔的色彩，也增强了闽南歌仔的生命力。为了区别产生于闽南的歌仔，后来人们称之为台湾"本地歌仔"。

20世纪20年代，台湾的"本地歌仔"风靡海峡两岸的台湾和闽南。这时，大陆的新文化运动使很多青年学习了西方的音乐，简谱、五线谱、和声、对位、钢琴、小提琴开始进入闽南人的文化生活，尤其是厦门这个中国最早的对外通商城市。当时台湾在日本的殖民统治下，日本是东方较早学习西方文化的国家，也把西方音乐带到了台湾。于是两岸闽南人就开始汲取西方的音乐营养，来创作新的歌仔。1929年，台湾出现了一首闽南语新歌《乌猫进行曲》。1931年1月，《台湾新民报》也发表了赖和作词、李金土作曲的闽南语新歌《农民谣》。1932年上海联华影业公司出品的电影《桃花泣血记》输入台湾，为扩大宣传，敦聘詹天马作词、王云峰谱曲，创作了闽南音乐史上第一首闽南语新歌《桃花泣血记》。接着台湾出现了几位才华出众的闽南歌谣作曲家，其中最著名的当数邓雨贤、陈达儒、姚赞福、苏桐和周添旺。他们创作的许多歌曲，如《望春风》《雨夜花》《心酸酸》《农村曲》等在闽台民间家喻户晓，却在很长时间里无人知道词曲作者，只把它当作民间歌仔传唱。1933—1934年，哥伦比亚唱片公司录制了邓雨贤谱写的《望春风》《雨夜花》《四季谣》和《月夜愁》。借着唱片，闽南语歌曲流传更加广泛，不仅影响了后来台湾的音乐，也流传到大陆和海外有闽南人居住的地方。

台湾光复后，闽南语创作歌谣又一次迎来高潮，流行较广的有杨三郎的《望你早归》《黄昏再会》、许石的《台湾小调》《安平追想曲》、张邱东松的《烧肉粽》、吕泉生的《杯底不可饲金鱼》等。杨三郎、吕泉生都曾留学日本，他们的曲调有浓厚的日本风味，从乡土音乐角度而言，学界有不同看法。

到了20世纪60年代，西方的现代流行音乐、流行唱法、电声乐器传到了台湾，闽南歌仔又一次吸收外来营养，创作出了《天黑黑》《爱拼才会赢》《再会啦，心爱的无缘的人》《车站》《伤心酒店》等闽南语现代流行歌曲。邓丽君、刘福助等歌星的演唱更使闽南语现代流行歌曲风靡一时，又一次展现了音乐、艺术、文化新陈代谢的力量。

闽南歌仔在近三百年间，由于不断汲取不同的文化营养，激发出新的文化能量，产生了台湾"本地歌仔""新歌仔"和"闽南语流行歌曲"。不管怎么变，都是用闽南语演唱的闽南歌曲。一代有一代的模样，既传承了传统，又在汲取外来营养之后自我发展。

相反地，那些不能汲取外部能量补充自己，创造新的细胞，维持新的平衡的文化，也难于得到新的发展，势必慢慢地衰竭、枯萎。

生命的另一个规律是自我复制。自我复制指产生与自身相同的新个体，以绵延种族。[1] 生命是有周期的，生命个体的生命周期虽然各有不同，但总是有生有死，绝不会万寿无疆。生命的延续，靠的是繁衍后代，文化也是如此。以中国戏曲为例，戏曲是一个抽象的概念，我们只见过京剧、越剧、歌仔戏等具体形式，就好像我们没有见过抽象的"人"，只见过张三、李四、王二麻子。

---

[1] 冯德培、谈家桢、王鸣岐主编：《简明生物学词典》，上海：上海辞书出版社，1983年，第360页。

京剧诞生至今才二百多年,越剧、歌仔戏更不过百年,而中国戏曲自唐宋至今已有一千多年历史。从宋金院本、南戏到元杂剧,到明传奇,再到清以后的地方戏曲,中国戏曲传衍了好几代。元杂剧曾辉煌一时,关汉卿被誉为与莎士比亚同样伟大的戏剧家。然而,时至今日,除了案头的剧本,当时的唱腔无人听过。从剧种来讲,元杂剧已经消亡,但是,它的生命基因还留存在后来的诸多剧种如京剧、越剧、歌仔戏等当代戏曲中。

闽南戏曲的传衍也是如此。八百年前闽南人创造了"乞冬戏",五百年前创造了"泉潮雅调""潮泉腔",二百年前创造了高甲戏,一百年前创造了歌仔戏。虽说一代有一代的戏曲剧种,但其文化基因却在代代创新的剧种中传留下来,得以永生。

如同我们血管里流淌着父母的血,我们的肌体里遗传着父母的基因,在文化的发展中,同样有文化血脉,文化基因的传承。它不是简单的毫无关联的生死更替,而是一种基因血脉的延续和发展。如中国戏曲"以歌舞演故事"宗旨从未被改变,改变的只是不同时代流行不同的声腔、不同的歌与舞。关汉卿的《窦娥冤》至今还在上演,不同剧种会有不同的诠释和表现。厦门歌仔戏剧团 2009 年排演的《窦娥冤》,唱的当然不是元杂剧的声腔,灯光舞美、身段表演也是当代歌仔戏,但故事没变,人物没变,为底层弱势小人物鸣冤叫屈的精神没有变,以歌舞演故事的宗旨没有变。

文化个体,无论是物质文化、制度文化、思想文化,都是有生命周期的,同时也在不断的发展变化之中。例如闽南的蚝壳厝很有历史价值,但随着社会的发展,现代人要过现代生活,要有通风、采光、卫浴以及电器等现代化设备,所以今天的人不可能再住回以前的蚝壳厝。就算现今金门流行把闽南大厝改成民宿,也要进行改造使其适合现代的居住要求。居住方式的变化,是物质化的住屋生命周期的更迭。即使像婚庆礼俗这样相对稳定的民间习俗,也在不断变化之中。从 20 世纪 50 年代到 21 世纪的前 10 年,闽南的婚俗至少有过五六次较大的变化。传统的古典婚礼,彩轿迎娶、拜堂成亲,除非特意为之，今已不多见，代之以汽车婚纱、宾馆宴客，形式虽有不同，寓意却仍没有变化。

"敬天法祖"是中国传统文化的核心观念，但在今日，"敬天"不再是迷信式的祈天佑福，而是表达人类对大自然的敬畏、感恩和珍惜；"法祖"也不是一味地遵循祖宗成法，而是对传统文化的礼敬保护、客观分析、科学传承。

以新陈代谢和生命传衍来理解和考察一个地方文化，需要一个较长的时期（数十年或数百年），才可能判断总结它在历史长河中细胞的更新换代、物种的兴盛衰退，才能了解这一文化的生命活力，它的昌盛或它的衰危，它欠缺的营养和需要的环境。

文化生命如同生物生命，从内部的细胞，个体的生命，到种群的延续，文化生命的过程无不遵循生命运动的规律——新陈代谢和自我复制，只有遵循这两条规律，文化才能生机勃勃、生生不灭。

当然，任何一种文化要实现新陈代谢和自我复制，绝非轻而易举，它必须具有以下几个条件。

第一，文化实现新陈代谢的前提之一是开放。任何一种文化在它发生发展的整个生命过程中，如同人一样，必须不断消耗旧的能量，吸收新的能量。因此它必须开放自己，使自己始终与外界保持能量的交换和补充，不断吸取其他文化和大自然的营养。比如一个剧种、一个剧团，必须不断地排演新剧目，长年不断地演出，不断唤起观众观剧的热情，才得以延续。演出就是在消耗自己的能量，排练、创新剧目，就是在不断补充新的能量。演出依赖于观众，有生命力的、生机蓬勃的剧团总是有演出订单、有票房、有观众。如果没有新剧目，或者演出不精彩，失去了观众，它和外部的联系就断了。要保持这种不断的联系，就必须不断排练好看的、观众喜欢的新剧目。要排练新剧目，就要有新的剧本、新的唱腔曲牌、新的舞台美术、新的表演形式，甚至新的演员。这时，无论是传统的老戏新编，还是从别的剧团移植，或者请戏剧作家重新创作，总之，必须开放自己，汲取新的营养，否则就会走向衰危。过去有"一个剧目救了一个剧种"的说法，实际上是深刻地说出了文化物种的生机在于新陈代谢。而新陈代谢的前提是开放自己，吸纳新营养，创造新细胞。开放包容是所有文化维持新陈代谢、保持生命活力的前提。

第二，文化要保持新陈代谢的关键是自身的能力，包括吸收营养的能力、排泄渣滓的能力和用营养制造新细胞的能力。"一个剧目救了一个剧种"，它必须是一个像《十五贯》这样的好剧目，你拿了人家的剧本，或者请剧作家新创作一个剧本，你还得有本事把这个剧本排出来。而且要排得好看，观众喜欢。有许多新剧目投资不小，花时不少，排出来以后，观众摇头，演员泄气，一场两场就收摊，剧团元气大伤。这就是能力的问题。有时是创作的剧本不理想，一剧之本站不住，再好的质量、再大的投资也不行，这是剧作家的能力问题。有时是剧本虽好，但不对这个团的戏路，或是导演、作曲、舞美、演员动力不足，好本也排砸了，这是剧团的能力问题。所以，光知道要新陈代谢还不行，还要看新陈代谢的能力，能消化能吸收才能创造出新的细胞、新的好戏。

文化的自我复制同样也必须满足两个条件：

第一，文化要保持自我复制，实现生生不灭的前提同样是开放。生物的人通过与异性交配实现自我复制，而且在人类发展的初期，就了解到近亲繁殖对人类健康发展的危害。在中国古代，很早就有"五服之内不得通婚"的族规。随着生物学研究的发展，人们更进一步了解到"杂交优势"。自我复制，有遗传，也有变异。使自己的后代更健康、更聪明、更出色是人类与生俱来的共同愿望。闽南的谚语里就有："一代大新妇，三代大子孙，一代娶矮某（妻），三代出矮鼓（父母的体格会影响子女的身体）。"

文化的自我复制，同样存在近亲繁殖和开放择偶的问题。文化的封闭禁锢、近亲繁殖，导致一代不如一代直至衰亡的例子，可以说俯拾皆是。闽南过去有一个十分流行的剧种叫"打城戏"，当时叫"师公戏""和尚戏"。它多在闽南七月普渡或是亡灵祭日时演出，剧目多为《目连救母》《李世民游地府》

等。这一剧种是从道士的仪式中发展起来的,后来和尚也加入了。解放后由于破除迷信,市场大大萎缩,最后仅剩一个戏班,后来也散了。之后,一个道士世家又拉起了一个"打城戏"班,也风光了几年。但是仅此一家,难有交流,后继传承也只能单亲繁殖,徒弟只有几个,一代不如一代,随着老艺人的年迈体衰,这个剧种终于淡出了戏剧舞台。

而同样是"天下第一团"(即仅此一团)的泉州梨园戏,因历史传承悠久,有"戏剧活化石"之称,受到观众喜爱,也得到了政府支持。剧本创作、舞台美术、作曲等相关创作人员,陆续进入专业戏剧学院、音乐学院学习,把现代艺术精神融入传统剧种之中,数十年不断创作新剧目,精彩纷呈,始终保持着强健的生命力。

第二,文化要实现良性的自我复制,关键是能力。自我复制,用通俗的话说,就是生孩子。要生孩子,就要有生育能力。生育能力是创造新生命的能力。老祖宗早就说过,"不孝有三,无后为大"。"无后"就是断根绝种。从文化的角度来看这句话,实在是振聋发聩。文化是有生命的,有生命的东西必定有生也有死。死而无继,就是绝后,文化同样会断根绝种。所以创造文化生命的能力,对于每一代人来说,都是不可忽视的。

但是,文化自身无法实现新陈代谢和自我复制,只有人才能能动地实现文化的新陈代谢和自我复制。

文化的开放,是人的思想观念的开放。人的思想不开放,就没有文化的开放。中国的积弱积贫,就是明清两代皇帝的闭关锁国,"片板不许下海",最终导致丧权辱国。改革开放,是从解放思想开始。人的思想禁锢解放了,人的眼光、人的胸怀才可能开放。

文化的开放,有两个路径。一是空间的开放,一是时间的开放。完全的开放,既是空间的全方位开放,又是时间的全方位开放。改革开放以来,我们相对重视空间的开放,对世界各种文化,主要是西方文化持比较开放的态度,却一定程度地忽略了在时间路径上对传统文化的开放,甚至把中国的落后，全部归咎于传统文化，对其采取了轻视、忽视和漠视的态度。直到进入新世纪，这种情况才有所改变。

文化新陈代谢的能力、自我复制的能力，同样在于拥有这一文化的人，这一文化群体的文化创新意识和文化创造能力。

德国哲学家卡西尔（Ernst Casslier,1884—1945）在其影响深远的《人论》中全面考察了人类文化的各种不同的表现形式——神话、宗教、语言、艺术、历史、科学等等，并得出结论，认为人主要是通过他的象征活动而表现其特点的；人类的全部文化都是人自身以他自己的符号化活动所创造出来的产品；人是文化的动物。[1] 他提出："对人的研究，必须从对人类文化的研究着手，因此，一种人的哲学，也就必然应该是一种文化哲学。……人只有在创造文化的活动中，才成为真正意义上的人，也只有在文化活动中，人才能获得真正的自由。"[2] 卡西尔进一步认为，人是符号的动物，即能利用符号去创造文化的动物。人与动物的根本区别在于：动物只能对"信号"做出条件反射，只有人才能把"信号"改造成为有意义的"符号"。人类的全部文化都是人自身以他自己的符号化活动所创造出来的产品。[3] 卡西尔的观点，后来被美国人类学家克罗伯（A.L.Kroeber,1876—1960）进一步发展为影响广泛深远的"符号-文化"学派。

尽管卡西尔的观点有其片面的地方，但他关于"人只有在创造文化的活动中，才成为真正意义上的人，也只有在文化活动中，人才能获得真正的自由"的观点，获得学术界普遍的认同。

德国当代文化人类学家兰德曼进一步发展了卡西尔的观点，他提出我们是文化的创造者，同时我们又由文化所产生。这是一个"伟大的因果循环体系"："我们决定文化，文化塑造我们。从文化的角度来看，首先是个人的创

---

1 覃光广、冯利、陈朴主编：《文化学辞典》，北京：中央民族学院出版社，1988年，第249页。
2 覃光广、冯利、陈朴主编：《文化学辞典》，北京：中央民族学院出版社，1988年，第6页。
3 见恩斯特·卡西尔：《人论》，甘阳译，上海：上海译文出版社，1985年。

造力，它是文化产生的前提；从个体的角度来看，每个人首先为文化所决定，而后他或许能成为文化的创造者。"[1]在阐述了"人是文化的存在"的论点之后，兰德曼进一步指出：人是历史的存在，人是传统的存在，人是社会的存在，并深刻地描述了人与文化的关系，和人的文化创造力的来源。兰德曼认为，在历史发展过程中，人创造的不是抽象的文化，而是多种文化；同时在历史中，人给了自己多样的不同形式。因此，人的文化性本身包含了历史性。人在历史之中固有的和先验的绝不是某种先定的文化规范，而是一种指向文化，和作用于它的能力，或者说是一种人类永不枯竭的创造文化的能力。这种能力既不为外在的需要所限制，也不为原来的目标所限定，它是变化着的，不能预先确定其活动范围，也不能在量上限定它的内容。虽然各种文化可能受个体气质的感染，甚至受地理气候的影响，但文化不是内在因素对外在条件消极被动的反映，相反，文化是一个自由的创造。这就是人高于历史、决定历史的力量。人类创造文化的自由被束缚在历史之中。人类不仅模仿着历史环境中一切文化的产物，人类所创造的文化也必然带有历史的风格。历史发展是多元化存在的，而在一定历史中形成的文化也必然是多元化的风格，这两者决定了人存在的无限丰富性，以及变异性和永恒性的双重特征。人所创造的文化现象是历史的，文化创造的中心——文化创造者本身是永恒的，人的未定型和可塑性、人的自我教育的使命是永恒的。[2]

兰德曼的理论充分阐述了人是文化的创造者，又是文化的产物者。人在创造文化时，受制于历史，受制于传统，受制于社会。但人类的历史充分证明，人可以超越历史、超越传统、超越社会，不断创造出新的文化、新的历史、新的传统和新的社会。

在这个意义上我们确认：人是文化的创造者，是文化新陈代谢、自我复制、生生不灭的原动力。一个区域（地方）文化的生存发展状况，取决于该文

---

[1] 覃光广、冯利、陈朴主编：《文化学辞典》，北京：中央民族学院出版社，1988年，第24页。
[2] 覃光广、冯利、陈朴主编：《文化学辞典》，北京：中央民族学院出版社，1988年，第24—25页。

化区域的人对文化的认识、态度和文化创造意识、创造能力。

人不但可以推动自身文化的新陈代谢、自我复制、良性循环；人也可能造成自身文化新陈代谢能力衰退，生育能力退化，甚至完全性无能而断子绝孙。

无论是物质文化、制度文化还是，精神文化；无论是显形的文象，还是潜藏的文脉，都是人类的创造。文化的生存发展环境，无论是政治、经济、人文，最终其发展都取决于人的意志和努力。即便是地理环境，也随着人掌握了越来越多的科学技术，而带来越来越惊人的对环境的改造力和破坏力，甚至不可逆转地改变了人类自身的生存环境。

毫无疑问，无论是文化物种的创造、文化生命的延续，还是文化环境的缔造，人都居于主导的中心地位，是最关键的、决定的因素。

我们必须深刻理解习近平总书记关于必须坚持以人民为中心的发展思想，特别是多次深刻指出要"不断促进人的全面发展"的指示。在地方学研究中，使"人"成为一个最应首先关注的中心议题，"人即文化，文化即人"，让人与文化作为共生的生命体成为普遍共识。

草原丝绸之路与中华文明之形成

郑少如[*]

一、北纬 40~50 度生态线

在遥远的石器时代，欧亚大陆的地理环境导致人类沟通和交往是极其困难的。北亚遍布寒冷的苔原和亚寒带针叶林，人类难以生存。中亚又有崇山峻岭和广阔无垠的戈壁沙漠，如天然屏障，阻隔了东西方的通道。

在人类的生存环境中，通道的形成基本上有两种形式：一是人工修筑，二是自然形成。而欧亚大陆北纬 40 度到 50 度上的生态线正好形成了一条天然的连接欧亚大陆的大通道。

这条大的自然生态线，东起蒙古高原东端，西到南西伯利亚和中亚北部及南俄罗斯，是一片天然的草原地带。向西连着南欧和东欧，向东南通往中国的中原地区。

这条狭长的草原地带，除有局部丘陵之外，地势比较平坦，生态环境比较一致，而中国北方草原地带正好位于欧亚草原的南缘。

距今约 3500 年前后，由于北方地区的生态环境变得干旱和寒冷，这一区域的畜牧业和游牧民族因之兴起，生活在这一生态线上的北方游牧民族的生产和生活方式适应了这一区域的生态环境，这条大通道也成就和见证了北方民族的强大与兴盛。

---

[*] 郑少如：内蒙古文史研究馆馆员，内蒙古包头大漠文化艺术中心理事长，内蒙古包头市西口文化研究会会长。此文写于 2019 年。

二、历史上最早的丝绸之路

这条草原生态大通道的存在,也造就了青铜时代最早的游牧民族之间的交流和商品交换。因而,成为北方游牧民族开发最早的商品交换之路,也就成了历史上最早的草原丝绸之路。

大宗商品交换的需求起源于农业与畜牧业的分工。中原农业地区以农为主,盛产粮食、丝麻与手工业制品;北方草原地区以游牧为主,盛产马牛羊、皮乳肉。农耕民族需要牛马等大量畜力;游牧民族需要粮食、丝纺织品及手工业制品等生产、生活用品。这种相互需求、相互依托的关系,造就了草原丝绸之路形成的基础条件。因此可以说,北纬40度至50度的草原地带,在当时人类社会尚无能力自己筑路的情况下,应运而生,成为天然大通道,是自然选择和人类生活满足基本生存条件的需要。

翦伯赞先生认为,在神农、黄帝的时代,正是由采集、狩猎经济转化到农业、畜牧业经济的时代。众多北方地带发现的考古资料表明,草原丝绸之路的开辟与形成,是由于气候寒冷而农业经济衰退之后,在兴起与不断壮大的游牧业的基础上得以实现的。

可以说,一条跨越欧亚的丝绸之路的形成,必是由众多地区、众多民族、众多历史时期的事件积淀而造就的,它所起的作用以及造成的影响是毋容置疑的。今天,只有把它提升到历史文化的层面来研究,才会显示出其不可低估的分量。

这条古老的草原丝绸之路是人类文明发展史上的一大创举。世上本无路,是草原游牧民族逐水草而居,拓出了这条草原丝绸之路,之后与中原农耕民族相互交融、交汇,相互往来,经济沟通,文化融合,踏出了这条体现各民族伟大智慧的草原丝绸之路。

《晋中地区志》记:"康熙三十八年(1699年)太谷、祁县、榆次的旅蒙及旅俄商人中以骆驼和车辆作运输工具的'驼帮'和'车帮'开始出现。"穿越内蒙古自治区的中部,进入蒙古国的东戈壁省。将两湖、福建的茶叶和丝绸运往俄国及东欧各国。

近年来，考古学家还发现北魏、隋至唐朝，沿呼和浩特北上穿越阴山有一条"参天可汗道"，作为中原向北方草原以及到中亚通东欧的主要通道，又称"白道""白漠"道，也是一条"皮毛之道""茶马古道"。当时最大的旅蒙商号"大盛魁"资本金达2000万两白银，经营的商品繁杂，无所不有，"上至绸缎，下至葱蒜"，年贸易额达1000万两白银，而且带动了票号、镖局等许多相应产业的发展。据俄国人记载，在恰克图乾隆三十年（1765年）有300名商人和821名工匠，到乾隆三十九年（1774年）有488名商人，908名工匠。

古稒阳道，又称"中道""单丁道""石漠道"等等。西汉元封元年，汉武帝亲率18万大军从长安出发，经秦直道到五原（今九原）麻池古城，经稒阳道出石门，直登单于台北上。

向西还有"黑道"，也称"西道""黑漠"。

东、中、西三条大道将东至京津，南至湖广、福建，西至甘、宁、青的大量商品聚集于内蒙古包头这个水旱码头，之后经固阳，达茂，从满都拉口岸出关，进入蒙古国到达首都乌兰巴托。再一直向北，经达尔汗到俄罗斯的恰克图。

恰克图，位于蒙古国与俄罗斯联邦的交界处。一条界河分南北两岸，南岸为蒙古国，北岸是俄罗斯联邦，三国商贾在此交易，繁荣了恰克图这样一个小镇。雍正七年（1729年），晋商在此建起了"买卖城"。恰克图开市之时，中、俄两国政府均派驻了官员。恰克图总面积约千亩，北半边是俄式建筑，南半边是中式商铺。经营着烟、茶、丝绸、皮毛、杂货，由四家商铺做起，之后达到百余家，称为"北方雄镇"，有了"沙漠威尼斯"之称。乾隆十四年（1749年），恰克图贸易已经营了二十年，到乾隆三十五年（1770年），恰克图已有住户200家，贸易额比开市时增加了1000多万卢布。商品种类得到发展，华商出口的除茶和丝绸之外，还有土布、大米、瓷器、漆器、烟草、药材以至冷冻饺子等等。来向俄商换回呢绒、狐皮、貂皮、海獭皮、羊皮及各种皮制品，还有鹿茸、羚羊角、水晶、麝香及小五金等。

三、草原丝绸之路上的民族融合

草原丝绸之路是由不同区域的众多民族共同创造的。这一区域既是北方游牧民族生息繁衍的地方，又是历史上各个时期兴起的不同民族争战与融合、经济往来与文化交流的五彩斑斓的历史大舞台。

纵看历史，黄帝到夏商周阶段也与猃狁、北狄互有争战，战国晚期至秦汉帝国，更是与匈奴有着四百余年的征战融合。此后随着不断兴起的鲜卑、突厥、契丹、女真、蒙古等民族与中原华夏的融合，以及中亚、印度、罗马、波斯、粟特等欧亚文明的融入，才形成了今天多元一体格局下的中华文明。

华夏五千年，战火从未中断过。尤其是中原与北方的拉锯战，烽烟一直燃烧着。我们企盼着和平，从不希望战争。但客观地看，战争也创造了文化，促进了融合，催化了经济，推动了文明的进程发展。

文化有故乡，但无国界。内蒙古的文化如此丰富，也是由于多民族，乃至多个国家在这里交融、交汇所留下的印迹所致。比如秦皇汉武，秦始皇派大将蒙恬、卫青率 30 万大军在固阳修筑了名震中外的万里长城。30 万民众来自全国各地，不一样的民风民情，不一样的民习民俗，也像这条长城一样在这里留下了不朽的痕迹，自汉武帝北上，以至北魏、辽金，再到成吉思汗西征，秦汉五道长城，诉说着不一样的故事，书写着不一样的历史，传递着不一样的信息，产生了不一样的融合。

这条草原丝绸之路上留下的不只是"大盛魁"驼队的驼铃声，也不仅是千年烽烟烧过的焦土，还有一个个不朽的历史遗迹：从陕西省云阳县起一直到内蒙古包头市九原区麻池镇的秦直道，是一个惊人的巨大的历史地理工程，可称为两千多年前的高速公路。全长 1800 公里，双向八车（马车）道。长城似弓，直道似箭，由中原向草原，如今遗址尚存。秦始皇命丧沙丘，尸体经直道运回咸阳。

公元433年，北魏为保卫国都平城（大同），在北方陆续设置了沃野（今内蒙古临河县西南）、怀朔（今内蒙古固阳南）、武川（今内蒙古武川县西）、抚冥（今内蒙古四子王旗东南）、玄柔（今河北张北）、怀荒（今河北省张北县）等国防六镇，横在草原丝绸之路上。其中的怀朔镇在今固阳县境内，被历史学家看作北魏的咽喉及六镇之首，在政治、经济、军事往来方面作用极大。怀朔镇领五郡13县，统辖今包头的广大地区。诞生了北齐国皇帝高欢及其子高洋这样的人物，以及木兰从军的传说，还有昭君出塞、文姬归汉、吕布逞雄等各朝各代的英雄史诗。怀朔镇也是草原丝绸之路上的锁钥，是通往蒙俄北境的咽喉要地。

坐落于北疆边地似楼兰古城般的赵王城——敖伦苏木，在包头市达茂旗境内。这里是一个多庙的地方，也是成吉思汗将最心爱的三公主阿剌海别吉嫁给汪古部首领阿剌乌思的驸马城，之后有蒙古帝国16位首领的女儿分别嫁给了汪古部王爷，成为成吉思汗征战的坚石基地。这里也是蒙古帝国崛起的源头和兵员、粮草保障的大后方。赵王城统辖范围包括阴山以北，东起集宁，西到乌拉特中旗，南至包头，北到边境的广大地区，也是元朝草原丝绸之路上的重要节点。考古工作者先后在敖伦苏木发掘出的景教碑石，天主教教堂建筑的白琉璃瓦片、古罗马风格的粘贴花砖以及地下尚未发掘的教堂和其他遗址，无不说明东西方早有往来而且关系十分密切。

敖伦苏木古城如今保存完整，高大的城墙和角楼，四周轮廓清晰，全城废墟明显可见，沉睡了800余年，等待有朝一日被揭开神秘面纱，惊现于世。

可以说，草原丝绸之路的贯通和中西文化交流的结果，繁荣了草原丝绸之路，丰富了草原丝绸之路，是历史上文化大碰撞、大交流、大繁荣的时代，也是民族大融合、大发展的时代。

四、结语

草原丝绸之路是人类在5000多年前即开发的最早的政治、经济、文化之路，它的形成，从整体上推进了北方游牧民族以及中华文明的历史进程。

（一）经济繁荣

历史大通道的打开，东西方、南北方的贸易往来、经济互补，开拓了丝绸经济，使欧亚大路上的整个丝绸之域创造了前所未有的繁荣和发展。

丝绸之路上的沿途各国打开了闭塞之门，在经济交往的同时，也推进了社会发展。思维理念、行为方式、生存状态均发生了相当大的变化，因而也推动了社会的进步。

经济的繁荣，社会的发展，以文化形态反映了出来。草原丝绸之路是一个文化大展厅。它淋漓尽致地展示了中原农耕民族的文化，展示了北方游牧民族的文化，展示了西域文化，以及亚欧各国不同形式、不同色彩的多元文化。

经济、社会、文化的发展与繁荣，必然造就民族的融合。

（二）历史遗迹

草原丝绸之路的形成，留下斑驳的历史遗迹，成为至今发掘不完、研究不尽的文化结点。

留在北方大地上的秦直道、茶马古道、驼道、古稒阳道、西口故道、沿呼和浩特过阴山的白道（参天可汗道）、中道（石门障）、黑道（也称西道），为丝绸之路的开通，为中西方的贸易往来、文化交流立下了汗马功劳。

随着丝绸之路的开通，古城驿站随之崛起：麻池古城、北魏沃野、怀朔、武川、抚冥、柔玄、怀荒六镇、敖伦苏木古城、绥远城（今内蒙古呼和浩特市）、包头市美岱召古城寺等都建立在丝绸之路上。

丝绸之路上还成就了大盛魁、晋商广义魁等十大商号。

草原丝绸之路创造了无数文明、无尽文化和无边的可供发掘、研究的课题，留下了灿烂的非物质文化遗产，是我们最大的文化财富。

草原丝绸之路是一个太大的课题，取其一角，也只是个框架，需要不断填充、不断完善、不断丰富，使草原丝绸之路更加辉煌，散发出草原的芳香，展示出丝绸的亮丽光芒。

北京地名的地域文化特征

张 雪 朱永杰[*]

2013年12月14日，习近平总书记在中央城镇化工作会议上强调："要规范地名管理，传承、保护和弘扬优秀的传统地名文化。"中国地名文化内涵丰富、源远流长，是中华民族文化的重要组成部分，在新时代中国特色社会主义文化建设中具有重要地位和作用。"地名承载着人与环境的关系，蕴含社会的记忆，是拥有地域文脉的无形地标，成为居民意象中不可或缺的元素。"[1]一个地名可能是一段历史，一个地名可能是一段印记，一个地名可能是一个人物，一个地名可能是一个标志。

地名是历史的产物，是一定地理事物的反映，也是一种历史文化现象，地名与不同地域的城市历史、文化和环境等有着密切的联系，这是地名的价值所在。北京作为历史文化名城，地名文化博大精深，能够从时、空、人各个维度展现北京独具魅力的地域文化特征，是这座城市不可忽视的文脉标志，是这里的人们不可磨灭的家国记忆，更是时代浮沉里不该消亡的地域特征。

一、历史地名演变与城市发展史息息相关

北京在西周时期为分封国的统治中心，秦至北宋时期，北京一直作为州、

---

[*] 张雪，北京联合大学应用文理学院历史文博系2018级专门史专业学生；朱永杰，博士，北京联合大学北京学研究所副研究员。此文写于2019年。
[1] 王长松：《保护地名文化遗产》，《北京日报》2015年10月26日，第22版。

郡、县等地方治所。辽将北京定为陪都之后，北京的历史走进了全新的时代。北京从一座边疆重镇变成了行政中心，且统治能力逐步加强。在这三千余年的建城史中，北京名称的更替成为这座城市发生重大变故的标志性事件，每个名称代表的城市性质、统治面积、城市建制等都不尽相同。

地名对一个城市的文化传承具有重要意义。从帝王将相的交替更迭到寻常百姓的流离迁徙，从辽南京、金中都、元大都、明清北京城到今天的北京，不同地域、不同民族甚至不同国度的人们在这里留下了行踪，不同习俗、文化乃至文明在这里产生碰撞、交融，体现出北京地名文化多元共存、兼容并蓄的特点。北京的曾用名有很多，串联出北京这座城市的兴衰起伏，跌宕历史。北京最初见于记载的名称为蓟，燕国是以蓟为中心都城最早兴起的奴隶制国家。秦及汉初为广阳郡的治所，从晋朝开始，北京改名叫幽州，隋炀帝将幽州改称涿郡。唐玄宗天宝时一度改称为范阳郡，以后又改为幽州。安史之乱史思明称帝，国号大燕，改范阳为燕京。北宋时期称燕京，也叫燕山府。契丹得幽云十六州之后，在这里建立陪都，改称南京，府名幽都。女真人建立金，迁都至此，改名中都。忽必烈到达燕京后，动工兴建宫殿城池，即元大都，奠定了今日北京城的基本格局。明朝大将徐达进入大都城后，立即将大都改为北平。明永乐年间，朱棣改北平为北京，此后至清末时期北京称为京师，通称北京。中华民国袁世凯政权及北洋政府时期，北京定名为京兆。民国政府改北京为北平。新中国成立后改北平为北京，沿用至今。

二、地名反映了地理形胜特点

古时候，山水是被人们最先认知命名的事物，人们普遍参照山水确认地理方位。因此，地区名称和山水的名称有着密不可分的关系，且往往见证了一段历史。这种地名不含政治色彩，不受时代变迁影响。所以存量居多，且具有稳定性。在北京自然地理实体类的地名中，众多原始的山川河流的名称沿用至今。"北京在华北大平原的北端，三面有重山环绕，中间形成一个小平原，可以叫作北京小平原，因为其形势犹如海湾，所以又叫作'北京湾'。北京城址距离西山最近，正当古代永定河洪冲积扇的背脊，地形由西山山麓向东南逐渐倾斜。"[1] 北京北部为燕山山地，西北属于太行山的西山山地，正南面向华北大平原，平坦辽阔。重山之间，有一些盆地、半盆地、天然峡谷，形成了南北往来的通衢和小型聚落。全北京市有大小河流200余条，大多发源于西北山地或蒙古高原，其中如永定河、潮白河等一些大、中河流形成了冲积平原。一些汇入海河，注入渤海。还有一些河道沟渠因北京城水资源贫乏、季节性泛滥与断流而变成街巷市坊，这种现象在城区更为普遍。北京范围内的自然地理实体包括山地、丘陵、沟谷、盆地、平原、草甸、洼地、河流、湖泊等等。这些自然地理事物的名称现在仍然以各种属性的地名存在，记录着北京这块空间内各类地理事物沧海桑田的变化，也反映了人地之间相互作用、共生发展的过程。

北京在西周时期为诸侯国"燕国"，《史记正义》引徐才《宗国都城记》："地在燕山之野，故国取名焉"。[2] 而后灭蓟，成为三面环山，一面开敞的小平原。据考古挖掘证实，董家林西边"大房山"一带山脉的"燕山"也被转移到了北京以北，即现在所称的燕山山脉。北京内城西北部有一水面，称积水潭，曾称净业湖、西水关、西涯等。"源于古代永定河故河道留下的坑洼，由于地下水汇集而形成的大水塘。"[3] 侯仁之先生在《什刹海与北京城址的演变》一文中得出结论："从中都旧城到大都新城的城址转移，也就是从莲花池水系转移到高梁河水系上来。原本是高梁河上的积水潭，也就成了大都城内运河的重点，实质上也就是经济命脉的中心。"[4] 现今的积水潭成为地铁2号线上的站名，并且衍生出积水潭医院等地名。通惠河为著名的古运粮河道。元代漕运量增

---

1 侯仁之：《北京城的生命印记》，北京：生活·读书·新知三联书店，2009年，第53页。
2 司马迁：《史记》卷四，北京：中华书局，1997年。
3 杨舒：《地名里的老北京》，北京：星球出版社，2013年，第48页。
4 侯仁之：《北京城的生命印记》，北京：生活·读书·新知三联书店，2009年，第501页。

大，旧河道远不能适应需要。郭守敬奉命设计治理，他引白浮泉水，经瓮山泊至积水潭，向南注入运粮河道，直达通州。河上建闸11处，以起到"过舟止水"的作用，竣工后元世祖赐名"通惠河"。在元代前，通惠河叫潞河，到金代时叫金闸河，从万宁桥到金闸河的一段因在都城内，并流经元代的皇城根，故称为"玉河"，又称为"御河"。

在北京的城市发展中，人类开发利用水资源、森林资源等自然资源完成了许多重大工程，很好地解决了城市发展中面临的难题，也引发了对自然环境的破坏。地震、洪涝等自然灾害对人类生活的破坏和影响也是深远的。这一系列人地关系演变也在一个个地名上留下了印迹。

三、地名展示了城市营建特点

北京现存的众多地名是作为元大都以及明清北京城时保留下来的，反映着都城建造的选址考量、设计理念、街巷规划、市场分布、宫苑布局、水系利用等众多方面的思想知识。作为中国古代最后几个封建王朝的都城，其营造建设体现了古代封建王朝对城市营造的最高要求和最精湛的技艺。北京的众多地名是人民建设城市的智慧结晶，反映着统治者和老百姓的美好愿望和生活理念，依托于地名而传承下来的地名文化为后人建设更加美好的北京城提供了原动力。

现位于西城区西南部的金中都太液池遗址是金海陵王正式定都北京，修建中都时的重要地物，太液池位于金中都西侧的玉华门外，原为马蹄形的水面，是研究中都城宫室方位的重要实物。元代时的太液池是北京北海与中海的总称。明北京城的宫殿位置南移，开挖南海，与北海、中海统称"太液池"，属皇城西苑。从太液池在都城中的位置可以明确判断都城的平面设计密切结合了地方特点，考虑到以湖泊为中心的宫殿建筑布局，在为新宫提供水运便利的同时又为新宫建设营造了优美的环境。北京的地名中还有一批因距离而命名的，诸如三里屯因距内城三里而得名；八里桥因距通州八里而得名，是通州去往朝阳门的咽喉；十里堡也因距朝阳门十里而得名。北京由京杭大运河运来的粮食物资经通州转运至北京城内，最重要的道路之一就是经这条大道运至朝阳门。

北京还有众多地名是以北京城市圈层结构命名的，地名显示旧时的城门位置与分布格局，体现城市特色，这也是由北京城市的地理特点反映出来的。环绕北京城二环一圈的地名以"门"为通名，北京地铁2号线全线18个站点，其中以城门命名的站点有前门、和平门、宣武门、崇文门、复兴门、建国门、阜成门、朝阳门、西直门、东直门、安定门共11个。地铁2号线围起来的区域基本与明清北京城的内城相合。且二环以内多以"街、巷、路、胡同"等为通名。以北京内城九门、外城七门为界，以区分旧城区和乡村，由内向外，出现了以"村、庄"等为通名的聚落名称，说明其命名初期属于农村；城市的外围出现了以"山、峰、沟、谷、坡、峪"等为通名的地名，表现出山区地名的特征。在北京城的外围城市与郊区结合部，明显具有城市地名向乡村地名过渡的特征。比如朝阳区至顺义区一带，既有靠近城区的"街、里、路"，又有以农村聚落为主的"乡、镇、村、庄、营、店"等。就北京城的各区而言，城区地名多以"街、路"为主，外围则以"村、庄"等聚落名称为主，其间也存在圈层结构。

四、地名展示了军事文化特点

北京凭借其优越的地理位置成为古代兵家必争之地。北京城在成为都城之前始终作为阻挡北部异族的军事重镇，而之后作为国都的千余年里，防卫功能更是不可或缺的。在悠久的建城史中，这座城市曾经的金戈铁马、箭拔弩张留在了一个个地名里。

唐贞观年间，太宗驻兵蓟城，修建了一座大庙，叫悯忠寺，即现在法源寺的前身，是为了纪念东征死去的将士。在北京城里还有一大批"营寨"留存至今，顺义有"高丽营"，因安置归顺唐朝的高丽将士及家属而得名，这个

"营"至今已有1300余年的历史了。朝阳的"常营"因明初大将常遇春北攻元大都曾在乡域内屯兵扎营而得名。雍和宫西边的五道营胡同因其在明朝是"武德卫营"驻军之地而得名,后转音为"五道营"。海淀区苏家坨镇车耳营村,曾用名"车儿营""车营"。因明朝抗倭民族英雄戚继光奉命镇守内长城时,在蓟州、昌平、保定一带主持练兵,设立兵营、建有车营而得名。清代留下与军事活动相关的地名甚多,大清八旗军作战以骑马射箭为主,各旗均有营造弓箭马具的工匠营,如,因造弓箭而得名的有阜成门内的东、西弓匠胡同和东直门内的北弓匠营胡同;因造武器装备而得名的有建国门内的铁匠营胡同和盔甲厂胡同;因专职制造炮弹、枪药和各种战斗所需的火器并演习弓箭、枪炮技术而得名的火器营;因造炮厂而得名的有东城区的炮局胡同等等。此外,德胜门外的教场口街和宣武门外的校场口胡同,都是明清两代的练兵场。而在北京城外,长城沿线的门头沟区、延庆区等地有一批因驻兵而逐渐形成的村落。

北京地名里的军事特色显著,表明其作为军事战略要地的地位长久且影响深远。无论是作为一座普通城市还是特殊的都城,北京城内外一直驻扎着大批军队,甚至制作军用设备的营造厂也数量颇多,拥有着北方军事重地的属性。

五、地名彰显了其他人文特色

北京地名数量庞大、类别多样、内涵丰富,蕴涵了丰富的地域文化特征,体现出北京文化多元共存、兼融并包的特点,反映着北京独具特色的人文特征,诸如皇家文化、官僚文化、民间文化、饮食文化、语言文化、移民文化、商市文化、四合院文化等等。北京地名里面既有统治阶级的政治理想,也有平民百姓的生活愿望。这种表达意愿的地名在全国各地都有,是汉语地名普遍的文化特征。地名也留下了民族交流和移民活动的痕迹。地名中的民族语词汇、民族称呼直接反映了民族接触的史实,一些地名的命名大多与移民有关,而且移民方言在地名的历时变化中也有所反映。北京地名中嘉名、雅名日益增多的同时,还有一部分俗名，甚至是恶名，又表现出另外一种文化心态，即无所禁忌，追求世俗趣味。这部分地名为北京地域文化增添了特色，这种带有浓厚乡土味儿的地名，和不同时代的京味儿文学具有异曲同工之妙。北京地名里的姓氏地名非常丰富，它反映了传统的宗族观念，其中"姓氏＋家＋通名"结构是常用的姓氏地名。北京是古都，各种思想意识形态都在这儿有过传播，佛教、道教、儒教、伊斯兰教、天主教等都在地名中留下了印记，地名反映了丰富多彩的民间信仰。总之，地名蕴涵的历史文化信息，是北京文化不可或缺的组成部分。透过地名这扇窗口，可以窥见北京历史文化的丰富多彩，下面选取其中独具代表性的胡同文化和寺庙文化的相关地名以反映浓郁的市井气息和北京人乐活丰富的精神面貌。

（一）胡同地名文化

一方水土养一方人，北京城的历史更迭和自然地理共同塑造了北京人真实爽朗、大气风趣的性格，这种性格在北京人取的地名上得到了充分的体现。这类地名的命名反映社会意识或人民群众愿望，此类地名因时代变迁而易。北京的街巷胡同纵横交错，与四合院建筑形成了北京人的生活场所，北京人常说："有名的大街三百六，无名的胡同赛牛毛。"北京胡同地名大多来自民间，是一座蕴藏着浓厚的北京传统民俗文化的地名资源宝库。

北京胡同地名，以人名、市场商品、建筑物、地形景物或花鸟鱼虫动植物等命名，花样繁多，语词文化内涵丰富。以动物为专名命名的有"骡马市大街、牛街、石猴街、虎坊路、石虎巷、羊房胡同、金鱼胡同"等。以植物为专名命名的有"槐树街、椿树巷、果子巷、菊儿胡同、豆芽菜胡同"等。以标志物命名的有"府学胡同、砖塔胡同、铁狮子胡同"等。以交易场所命名的有"钱市胡同、驴市胡同"等。以生活用品为专名的有"柴棒胡同、米市胡同、油坊胡同、盐店胡同、酱坊胡同、醋章胡同、茶儿胡同"等。以生活器物为专名的有"剪子巷、绒线胡同、帽儿胡同、南锣鼓巷"等。同时，有些胡同历史悠久，有的历经四五百年历史，甚至有的经历了七百多年的历史，如砖塔胡同、法源里胡同、南锣鼓巷、史家胡同等等。胡同形状宽窄、长短、曲直不一，两侧既有高门显贵住的四合院，也有百姓陋宅，胡同实体文化底蕴深厚，如府学胡同、禄米仓胡同、西什库胡同、文丞相胡同等等。

（二）寺庙地名文化

《帝京景物略》载："西山巨刹……区过六百。"北京的寺庙随着城市发展而不断兴修，至清代兴衰更迭，历史悠久，数量繁多，信仰丰富多样、建筑各有特色。《北京庙宇通检》收录的寺庭亦有500多处。如观音庵、土地庙、真武庙、天仙庵、火神庙、地藏庵、五圣祠、三官庙、龙王庙、玉皇庙、妈祖庙、清真寺、天主堂等等。这些寺，庙在历朝历代均有修建，现存多为元、明时期修建，少数建于隋、唐、辽、金时期，清代修缮工程较多。民国时期的寺庙一些损毁，一些改为他用。中华人民共和国成立后有几次修缮工程。

位于门头沟区的潭柘寺始建于西晋年间，曾名龙泉寺、大万寿寺、嘉福寺、帕云寺等。位于西城区的天宁寺创建于北魏孝文帝时期，曾名林光寺、宏业寺、天王寺等。位于西城区的法源寺建于唐贞观年间，曾名顺天寺、崇福寺等。距今有1600余年历史的潭柘寺、1500余年历史的天宁寺和1300余年历史的法源寺都是反映城市历史年代和建置沿革的佐证。位于房山区的云居寺始建于隋大业年间，是全国闻名的佛教圣地。位于东城区的雍和宫始建于清康熙年间，是北京最大的喇嘛庙。位于西城区的白云观为金世宗在唐幽州天长观的基础上重建的，是北京最大的道观。由此可见，北京地名中展现出北京多样的宗教文化信仰。而一些寺庙地名则反映了北京的民俗庙市特色。始建于元代至元年间的西城区护国寺，与始建于明景泰年间的东城区隆福寺均为旧时京城著名的庙市，并称东西两大庙会，百货云集，无所不有。"寺庙托起庙会，庙会又使地名声名远播，随其地的文物保护单位成为京城历史文化的重要组成部分。"[1]

---

[1] 张惠岐：《北京地名与寺庙的文化情结——兼议对寺庙与传统地名的保护利用》，《北京规划建设》2003年第2期，第96页。

六、小结

北京,以其独特的自然地理位置,悠久的城市发展历史,多彩的市井生活,孕育了一批内涵丰富、独具特色的地名,留下了北京的历史印迹、反映了北京的空间艺术、展现了北京的人文风采。承载着北京地域文化特征并且与人民生活紧密相连的北京地名,流露出北京地理形胜变化、城市发展建设的特点,凸显出北京作为军事要地的属性,展现出北京的传统民俗文化和人文风采。

地名涉及国家尊严、领土主权、民族团结。研究地名和地名学,探其义,知其理,明其功,作用深远。地名同时是一种特殊的文化载体,是人类认识自然与社会的直接表达,是连接古今文化的重要桥梁和媒介。地理的沧海桑田、北京历史的兴衰沉浮、人们的精神面貌都附着在一个个大大小小的地名上,地名的特殊意义在于与普通大众的生活息息相关,所以北京当前应该重视地名文化,保护和传承好地名文化,让人们熟悉、牢记并且传承这座城市所承载的地理变迁和历史印迹。

独具特色的鄂尔多斯传统祭祀

旺楚格[*]

鄂尔多斯有着独具特色的传统祭祀。传统祭祀在长期的历史中，不断丰富、不断完善，逐渐形成完整的文化现象，便成为独具特色的鄂尔多斯祭祀文化。鄂尔多斯祭祀文化，是指鄂尔多斯蒙古族在共同的心理素质、共同的思想理念的支配下形成的共同的祭祀内容与祭祀表现形式。鄂尔多斯祭祀文化，以崇尚大自然为基本理念，以祭拜长生天、祈求天地人和为主要内容，是蒙古民族传统文化的集中展示。它是在长期的历史变迁中，由原始的信仰与民俗礼仪相结合的产物。鄂尔多斯祭祀文化，是蒙古民族祭祀文化的集中体现，并具有鄂尔多斯鲜明的地域特点。鄂尔多斯祭祀文化，在内容上集中体现了长生天祭祀、圣主成吉思汗祭祀、圣火祭祀、山水神灵祭祀；在祭祀形式上集中体现了蒙古族古老的奶祭、火祭、牲祭、酒祭；在祭祀仪式上，保持了宫廷祭祀礼仪。

鄂尔多斯人的祖先，是成吉思汗宫廷的守护者，是成吉思汗忠诚的卫士；成吉思汗去世后，鄂尔多斯人世世代代守护、祭祀成吉思汗灵帐。因而，鄂尔多斯人成为蒙古族祭祀传统的集大成者，将古老的祭祀世代相传，逐渐形成以成吉思汗祭祀为核心的具有鲜明特点的祭祀传统。

---

[*] 旺楚格：鄂尔多斯学研究会专家委员会副主任。此文写于2019年。

一、鄂尔多斯传统祭祀的形成

1206 年，成吉思汗建立大蒙古国后，实行千户制，打破了以原来的部族、氏族为群体的体制。守护、服务于成吉思汗宫廷的鄂尔多斯部，来自各千户，由诸多氏族的人员组成。成吉思汗逝世后，这些对成吉思汗及其黄金家族忠心耿耿的人们，成为守护、祭祀成吉思汗宫帐和其他祭祀圣物的群体。这一群体，被汗廷授予免除一切赋税、兵役，担负守护成吉思汗圣物的神圣职责。鄂尔多斯部，不是蒙古族历史上所出现的诸多氏族部落之一，而是以职业聚集在一起而形成的群体。在几百年的历史中，他们世世代代继承祖先的职业，一直聚集在成吉思汗祭祀宫帐周围，形成了守护诸多宫殿的群体——鄂尔多斯部，成为蒙古族祭祀传统的集大成者。

鄂尔多斯传统祭祀，以原始萨满教为基础，继承了原始萨满教的基本理念、基本表现形式。萨满教是原生性宗教，广义的萨满教是世界的，萨满文化是个世界性的文化现象，其流行区域集中在亚洲北部和中部，乃至欧洲北部、北美、南美和非洲。狭义的萨满教在阿尔泰语系中流行，如维吾尔族、哈萨克族、塔塔尔族、蒙古族、锡伯族等民族所信仰，其信仰主要是万物有灵论、祖先崇拜和自然崇拜。

萨满教的本质，是对神灵的信仰和崇拜。萨满教在宗教意识之中确立了各种具体的信仰和崇拜对象，并建立了同这些对象或沟通、利用、祈求、崇拜，或防备、驱赶、争斗等行为模式。在长期的社会生活中，萨满教的基本信仰和崇拜，影响了社会共同体成员的共同心理和观念，约束并规范了其社会的共同信仰和宗教行为，形成以信仰观念和崇拜对象为核心的社会文化体系。

鄂尔多斯传统祭祀，首先继承了原始萨满教的基本观念。其祭祀以崇拜长生天，崇拜祖先、英雄，崇拜山水神灵、大自然为主要内容，形成自己独有的特点。特别是以萨满教为基础的成吉思汗八白宫的祭祀，决定了守护成吉思汗八白宫的鄂尔多斯人的风俗、信仰的形成。

信仰萨满教的蒙古人，相信天地及宇宙和一切自然现象都有神灵。因而，时刻祭祀至高无上的九十九天以及日、月、星、山川河流。原始萨满教把九十九天分为左四十四天和右五十五天。他们认为，凶猛的赤天为左四十四天的首领，只要供奉它，它就会救助人间。鄂尔多斯蒙古族把凶猛的十三天的画像放置在毡包里，安放于毡帐内进行供奉。这一神物，亦称"毡神"。他们把成吉思汗看作是受长生天命而降生的圣人，与天共存，将他的灵柩、旗徽和遗物作为圣物，进行供奉。

北元时期，带着成吉思汗圣物聚集在黄河河套的鄂尔多斯部，形成了以崇拜成吉思汗为主的独特风俗习惯。他们一直把自己看作是"圣主的卫士"。因此，只要生了儿子，就挂上弓箭在家门口进行祝福。鄂尔多斯蒙古族每天清晨在天马旗祭台上烧香，洒祭鲜奶，念诵《圣主颂》和《苏勒德颂》，向成吉思汗祈祷。在盛大的宴席上献全羊时，首先要敬苍天、敬成吉思汗。妇女们挤奶，先向苍天和圣主献祭。他们制作新毛毡，也为成吉思汗祝福。遇到美食佳肴，总是要说一声"托圣主的福"，然后才食用。别人给自己敬酒时，用食指向苍天和成吉思汗弹祭后，才能品尝。咳嗽或打喷嚏时也要说声"圣主保佑"。他们除夕晚上祭奠祖先，正月初一清晨向苍天敬献由三百六十五根芯组成的天灯。鄂尔多斯蒙古人历来把炉灶看作是家业兴旺的香火的象征，每天用食物进行供奉。家中季子为家业继承人，每年腊月二十三或二十四祭圣火，并于腊月二十三在圣主宫帐内举行盛大的成吉思汗圣火祭祀仪式。他们敬重白色和蓝色，并将白、蓝、红、黄、绿看作是吉祥的颜色，在成吉思汗祭典中敬献用五彩绸缎制作的"五彩哈达"。这五彩，也是鄂尔多斯蒙古人象征苍天、圣火、乳汁、大地、水草的色调，体现了崇拜大自然的观念。

其次，鄂尔多斯传统祭祀继承了原始萨满教重视灵魂的观念。对神灵的信仰和崇拜，是萨满教的本质。信仰原始萨满教的蒙古族，相信世上的自然现象及万物都有神灵，因而崇拜日月星辰，崇拜山川河流及水草。并相信人去世后遗体会回归大自然，与大自然融为一体，而其灵魂和遗体分离，永存于世上。

基于萨满教的基本观念，鄂尔多斯蒙古族时刻祭祀神灵和故去的人的灵魂，特别重视对祖先、英雄人物灵魂的祭祀。早些时候，鄂尔多斯蒙古族没有墓地。人去世之后，进行野葬、土葬、火葬，不留痕迹，使遗体很快与大自然融为一体，同时在家里设灵位，进行祭祀。1585年，三世达赖喇嘛经过鄂尔多斯途中，把今伊金霍洛旗的塔布乌兰（五座红沙丘）定为公墓。从此，在这附近游牧的牧民和普通台吉家人去世后都以野葬的形式安葬在此处，便成为鄂尔多斯最早的公墓。

鄂尔多斯蒙古族，平时以焚烧美食祭祀祖先及已故的长辈。他们还认为，腊月二十三至二十九，是已故先辈及家人的灵魂回归之日。为了不惊动他们的灵魂，在这期间忌讳大声喊叫和吵闹，忌讳打烂碗盆。每逢腊月二十九夜晚，家家户户都要在野外举行"送行长辈灵魂"仪式，过年准备的美食取出一份佳肴，焚烧祭祀。

鄂尔多斯人继承的成吉思汗祭祀，是以原始萨满教为基础，对祖先、英雄人物灵魂的祭祀的集中体现。成吉思汗祭祀，内容丰富、内涵深刻、规模宏大、形式独特，充分体现了鄂尔多斯蒙古族重视对灵魂的祭祀，成为鄂尔多斯传统祭祀的核心。

二、鄂尔多斯传统祭祀的内涵

鄂尔多斯传统祭祀，以崇尚大自然为基本理念，以祈求天地人和为主要内容，传承了蒙古族最高祭祀形式。鄂尔多斯部的祖先，既是成吉思汗宫殿的守卫者，也是成吉思汗宫廷中承担各种职司的群体。其中一部分人负责主持成吉思汗宫廷祭祀仪式，成吉思汗逝世后，整个鄂尔多斯部承担了对成吉思汗的祭祀活动，世代传承。成吉思汗时期的帝王祭天仪式，之后的成吉思汗祭祀，是蒙古族最高祭祀形式。鄂尔多斯部的特殊身份，为传承蒙古族最高祭祀形式，提供了多方位的有利条件。

首先，鄂尔多斯蒙古族传承了蒙古汗廷祭祀仪式。传统祭祀，是人们精神生活的体现,也是精神生活和物质生活发展的产物。13世纪初,震撼世界的历史伟人成吉思汗统一蒙古高原,将众多的部落归附于自己的旗帜之下,建立了蒙古民族这一共同体。成吉思汗缔造的蒙古民族刚刚形成的时候,它的成员来自诸多的部落、氏族。这些部落、氏族有自己的信仰,也有各自的文化。比如,当时很有影响的克烈惕部信仰基督教,乃蛮部信仰伊斯兰教,唐古德人信仰佛教,蒙古部信仰原始萨满教等等。因宗教信仰不一,各部落的文化特点也有差异,还没有形成蒙古民族的共同文化。

成吉思汗统一蒙古高原,各部族共戴成吉思汗为大汗。成吉思汗虽然实行宗教信仰自由政策,但在成吉思汗的影响下,各部族的信仰随之发生变化,成吉思汗所信仰的原始萨满教,在蒙古高原上更具有影响。当时,萨满教成为蒙古族社会的精神动力,也是统治阶级所利用的精神工具。据史料记载,成吉思汗五十岁那年,在茫茫大草原上拉起万群牲畜的练绳,以九十九匹白骒马乳汁洒祭长生天。这一盛大的祭天仪式,被称为"查干苏鲁克大典"(白色畜群大典),由鄂尔多斯部世代传承至今。每到盛夏,鄂尔多斯各地纷纷举行"珠拉格"(马奶节),用鲜马奶祭祀苍天,祝福草原人畜兴旺、繁荣昌盛。

信仰萨满教的蒙古族,把长生天看作是最高神明,并将成吉思汗看作是苍天的骄子。这是成吉思汗逝世后产生神秘的成吉思汗祭祀的缘故,也是鄂尔多斯部传承成吉思汗祭祀的思想基础。鄂尔多斯部传承的成吉思汗祭祀,虽说是原始萨满教的产物,但成吉思汗祭祀本身并不是萨满教,也不能归入宗教范畴。在历史的长河中,原始萨满教早已失去当时的活力,而成吉思汗祭祀,作为一个民族的传统文化,以其无限的魅力和强大的生命力不断完善、不断发展、世代相传。

其次,鄂尔多斯传统祭祀具有深刻的内涵。鄂尔多斯传统祭祀,主要体现在神灵祭祀、成吉思汗祭祀、圣火祭祀等几个方面。对神灵的祭祀,主要体现在以祭天为主的敖包祭祀上。敖包,是用石头堆成的圆锥形实心塔,顶端插上神矛或树枝,系着经文小旗或哈达。鄂尔多斯地区的敖包通常有独立敖包和十三敖包之分，十三敖包象征凶猛的十三天。敖包，通常立在山顶丘陵之高处和风水宝地。敖包的种类包括祭祀长生天的祭天敖包，象征山水神灵的神灵敖包，祭祀祖先的氏族部落敖包，纪念英雄人物的纪念敖包，纪念聚会的"胡日呼"敖包，宗教性质的寺庙敖包，显示道路方向地界的标志敖包等等。敖包，在蒙古人心目中是神圣的，人们在行程中遇见敖包，须下马敬献哈达、美食等，以示敬仰，并非常注意对敖包周围环境的保护，不损一草一木，保持环境的原始状态。对神灵的祭祀，除了敖包祭祀外，在鄂尔多斯还广泛流传着"十三阿塔天神"祭祀、星辰祭祀、黄河祭祀、神泉祭祀、神树祭祀、山川祭祀等等，充分体现了鄂尔多斯蒙古族对大自然的崇拜之情。

成吉思汗祭祀，是蒙古民族最高祭祀形式。鄂尔多斯蒙古族长期以来形成了以祭祀成吉思汗、信仰成吉思汗为主的独特风俗习惯。成吉思汗祭典主要由以圣主宫帐为核心的八白宫（室）祭典、成吉思汗苏勒德祭典以及成吉思汗圣物祭典组成。成吉思汗祭典，除每日例行祭典外，一年举行数十次专项祭典。其祭典形式独特，内容丰富，规模宏大，显示着古老、神秘的传统文化特点。成吉思汗祭典，除了在成吉思汗八白宫及苏勒德供奉地按传统习俗举行外，鄂尔多斯蒙古族每家每户在家里随时都会祭典。

圣火祭祀，体现了鄂尔多斯蒙古族崇尚圣火、注重家业的继承和家业兴旺的心理。因为蒙古族把火看作光明的象征、兴旺的象征、温暖的象征。鄂尔多斯蒙古族传承的圣火祭祀包括两大类，一是成吉思汗圣火祭祀，即祭祀成吉思汗黄金家族传承的圣火，贯穿于成吉思汗所有祭典中的成吉思汗圣火，象征民族的振兴、国家的繁荣和草原的兴旺。另一个是家庭香火祭祀，即牧人家祭祀炉灶。家庭香火祭祀随时都进行，是家族香火不断、家业兴旺的象征。每逢腊月二十三或二十四每家每户还举行专门的香火祭典，以示对圣火的崇尚。

三、鄂尔多斯传统祭祀的基本特征

鄂尔多斯蒙古族传承的以成吉思汗祭祀为主要内容的传统祭祀，在长期的历史中不断完善，形成区别于其他地区的鲜明基本特征。鄂尔多斯传统祭祀的基本特征，主要体现了祭祀内容的原生性、祭祀内涵的神秘性、祭祀形式的独特性和祭祀传承的特殊性。鄂尔多斯传统祭祀的基本特征，使其在崇拜对象、崇尚内容、思想内涵、表现形式等诸多方面构成了具有系统性、完整性的独具特色的鄂尔多斯祭祀文化。

（一）祭祀内容的原生性

鄂尔多斯传统祭祀是蒙古族原始祭祀的集中体现。随着13世纪蒙古民族共同体的形成，其宗教信仰也已形成。

当时代表蒙古民族信仰的为原始萨满教，基于原始萨满教的蒙古族祭祀，成为蒙古民族共同心理素质形成的思想基础。

共同的心理素质，是构成一个民族共同体的基本要素之一。人们的心理素质来源于精神生活，而一个共同体的共同心理素质来源于共同的精神生活。这一共同的精神生活，具有很强的感染力、凝聚力，能够占据人们的精神和意识，成为人们思想意识的主体。当一个共同体的共同心理素质基本形成的时候，它要寻找能够体现心理素质的一系列行为表现。这种思想意识和精神的表现行为，起初以原始的宗教信仰来体现，蒙古族的原始宗教信仰，即成为以原始萨满教为基础的祭祀。鄂尔多斯蒙古族，是蒙古民族共同体的组成部分，在长期的历史变迁中，担负着守护、祭祀成吉思汗八白宫的历史使命，这一特殊的使命，使鄂尔多斯人世代传承了原始祭祀传统，一直延续至今。

鄂尔多斯人传承的"十三阿塔天神"祭祀，源远流长。早在10世纪，成吉思汗十代先祖布古哈特格，就已祭祀"家族十三阿塔天神"，后称为"哈特根十三阿塔天神"。元朝时期，鄂尔多斯哈特根部族的祖先巴音哈热继承了十三阿塔天神的祭祀活动，并一直沿续至今。十三阿塔天神，为象征十三重天的画像，供奉于一座毡帐内。毡帐内分三层，上层供奉天神，中层供奉着剑、弓箭、旗幡、红柳条棍等物，下层安放着祭祀用品。祭祀天神由专门的"珠木"负责，并以氏族传承形式延续，完整地保留了蒙古民族原始的祭祀形式。

鄂尔多斯的传统祭祀，完整地保留了原始祭祀，集中体现了崇拜长生天、崇拜祖先和崇尚大自然的心理。据史料记载，当年成吉思汗在克鲁伦河畔独自登上山顶，祈求长生天。下山后又进宫帐三天三夜闭门不出。人们聚集在宫帐外齐呼"天神，天神"。第四天成吉思汗从宫帐中出来，对欢腾的人们庄严宣布："长生天赐给我们胜利吧！"当时，信仰长生天的蒙古军士气大振，十万大军浩浩荡荡南下的征战就此展开。当年，成吉思汗祭祀长生天的神秘"天神"祭祀仪式，唯独在鄂尔多斯完整地保留了下来，成为珍贵的文化遗产。

（二）祭祀内涵的神秘性

鄂尔多斯传统祭祀是蒙古民族原始祭祀内涵的集中体现。鄂尔多斯传统祭祀，在祭祀对象、祭祀内容、祭祀形式以及祭祀供品、祭典祭文、祭祀用具等诸多方面带有神秘性，留下诸多解不开的谜。比如，在成吉思汗祭典中所唱的祭歌，就带有神秘性。成吉思汗祭典中献圣酒时所唱的祭歌由《大蒙古》等十二首歌组成。这些歌是用听不懂的语言唱的，守灵人达尔哈特称之为"苍天语言"，所以这些祭歌也被称为"天歌"。"天歌"的传承，也带有神秘性，是以家族口传形式秘密传承，除了传承人以外，任何人都不会唱这些"天歌"。

鄂尔多斯传统祭祀中，有很多神秘的仪式。成吉思汗春季查干苏鲁克大祭中就有神秘的"芦苇浸酒"程序。大祭主祭日的日出前，可汗、济农将从野外捡回的干净芦苇（蒙古语称"吉格苏"）放置在银盘里，上面洒圣酒进行祭典，并用浸酒的芦苇拍打牲绵羊右耳看相，使传统祭祀保留着神秘的色彩。

鄂尔多斯传统祭祀中敬献的许多供品，也带有神秘色彩。除了全羊、全牛、全马以及素食、奶食、圣酒等常见供品外，还有些特殊的供品。如，祭圣火所用的由牺羊四褶的肠子、肥肠、胃组成的"珠太"供品；将牺羊四褶的肠子、肥肠、胃中渗入圣酒后烤熟的"烤牲"（蒙古语称"希日古勒斡特格"）；成吉思汗哈日苏勒德大祭中敬献的，由八十一只全羊各部位组成的"札萨布日"供品；以牺羊头部、气管和心肺的前半截组成的"珠勒图"供品；在成吉思汗祭典中敬献的"公羔"（蒙古语称"乌古日格呼日嘎"）供品；祭祀成吉思汗黄金家族的风干全羊、全牛"哈图"供品等，体现了鄂尔多斯传统祭祀的神秘性。

（三）祭祀形式的独特性

鄂尔多斯传统祭祀是蒙古民族原始祭祀形式的集中体现，也是鄂尔多斯蒙古族原始礼仪习俗的集中体现。在长期的历史变迁中，鄂尔多斯传统祭祀从内容到形式，形成了完整的体系。其中，在祭典形式上再现了古老的蒙古民族牲祭、火祭、奶祭、酒祭、歌祭等形式。在祭祀用具上，表现了草原民族对大自然和动物的艺术审美属性，便产生了具有浓郁特色的诸多珍贵的祭器，使鄂尔多斯传统祭祀独具特色。

牲祭，即用牺羊、牺牛、牺马作为供品进行祭祀活动。鄂尔多斯蒙古族在通常的祭祀中一般以全绵羊当作供品，其数量根据祭祀对象、献祭者的意愿所决定。成吉思汗祭典中一般以三或九为基数敬献供品，即小祭中敬献三只全羊，大祭中敬献以九为基数的全羊。春季查干苏鲁克大祭及苏勒德威猛大祭中分别敬献九九八十一只全羊，并在成吉思汗四时大祭中敬献全牛、全马供品。这是鄂尔多斯传统祭祀中的最贵重的祭品，也是鄂尔多斯传统祭典中不可缺少的供品。

火祭，即在圣火中焚烧香柏、美食佳肴进行祭祀。信仰萨满教的蒙古族，相信神灵、灵魂永远活在世上，因此重视对神灵、灵魂的祭祀，常常点燃圣灯照亮黑暗，表达自己美好、虔诚的心愿。他们把圣灯看作是香火的象征，幸福的向往，吉祥福禄的祝愿，也是香火不断、幸福美满的祈祷。圣灯的燃料为乳汁之精华制成的奶油。他们认为，圣灯是"桶里鲜奶的结晶，滩上百草的精华，桩上五畜的养分，光明圣洁的象征"。在成吉思汗宫帐内，点着永不熄灭的长明灯，每年正月初一还要点燃千盏圣灯祭祀成吉思汗。鄂尔多斯蒙古族除了每天在"黑慕日"神台和炉灶的火中投放美食佳肴祭祀外，每当祭祀敖包和祭祀成吉思汗时，都要点燃圣火，焚烧最好的食品进行祭祀。这是鄂尔多斯蒙古族传统祭典中不可缺少的一项程序。

奶祭，即用鲜奶和奶食品进行祭祀。蒙古族是以牧为主的游牧民族，在漫长的历史中，奶食成为蒙古民族的主要饮食。奶食呈白色，蒙古民族把它看作是"滩上百草的精华，桩上五畜的养分"，是光明圣洁、纯朴虔诚的象征。因此，蒙古民族非常崇尚乳汁，崇尚乳汁的颜色，把乳汁当作上乘祭祀供品。鄂尔多斯传统奶祭仪式，通常有两种。一种是牧人把最好的奶食品作为供品敬献万物神灵、祖先和圣主成吉思汗；另一种是把鲜奶或酸奶洒向苍天，洒向大地，祝福草原繁荣昌盛。每到盛夏鄂尔多斯地区广泛举行的"珠拉格"（马奶节），是挤马奶，用鲜马奶祭祀苍天的盛大聚会。每年举行的成吉思汗查干苏鲁克大祭、淖尔大祭、斯日格大祭等季祭，都是以九十九匹白骒马乳汁祭祀长生天为主要内容。

酒祭，即以圣酒作为供品进行祭祀。鄂尔多斯传统祭祀中有敬献圣酒的仪式，并以上乘的专制圣酒祭祀长生天、祭祀大地、祭祀成吉思汗、祭祀祖先。过去，鄂尔多斯人祭祀用酒主要以马奶作原料，以传统的工艺酿制而成。圣酒分为一次酿制而成的"萨尔呼德"，二次酿制而成的"阿日札"，多次酿制而成的"浩日札"。鄂尔多斯蒙古族把奶酒看作是"鲜奶的头份，牲畜的结晶，乳中的精华"。成吉思汗各种祭祀中都要举行献圣酒仪式，春季查干苏鲁克大祭仪式中至少敬献八十一尊（每尊七斤）圣酒。圣酒，后来也有以五谷之精华酿制而成的上乘粮食酒。鄂尔多斯传统祭祀中的献酒仪式，一是作为供品敬献，二是把圣酒洒向圣火、苍天大地进行祭祀。

歌祭，即以唱祭歌、念诵祭词进行祭祀。以成吉思汗祭祀为核心的鄂尔多斯传统祭祀，保留着13世纪就已形成的蒙古帝王祭祀仪式，每项祭典仪式中分别有专门的祝词、颂词、祭文、祭歌，其涉及的内容涵盖了蒙古民族古老、原始的语言、文字、法律、观念、风俗、历史、文化、信仰等诸多方面。鄂尔多斯蒙古族以唱祭歌、念诵祭词的形式表达内心的情感，使这一习俗成为鄂尔多斯传统祭祀的重要特征之一。

（四）祭祀传承的特殊性

鄂尔多斯传统祭祀是蒙古民族原生祭祀的完整保留。因此，鄂尔多斯传统祭祀在内容、形式、传承等诸多方面体现了独特性和广泛性。特别是鄂尔多斯传统祭祀的传承载体和传承人，更是世上绝无仅有的。鄂尔多斯传统祭祀，在祭祀对象、祭祀内容方面与其他地区虽然有着很多共性，但在表现形式、祭祀礼仪、祭祀程序等诸多方面又有自己独有的特点，区别于其他地区。这些区别，一方面体现在祭典祭词上，鄂尔多斯传统祭祀中的祭典祭词非常丰富，这些祭典祭词从远古传承至今，具有古老、原始的特点；另一方面体现在祭祀形式上，即完整地保留了古老的牲祭、火祭、奶祭、酒祭、歌祭等形式，使鄂尔多斯传统祭祀形成独特的特点。

鄂尔多斯传统祭祀，能够完整地保留古老、原生的特点，主要取决于传承。一是传承对象的特殊性。成吉思汗八白宫及苏勒德等圣物，是"全体蒙古民族的总神祇"，这些世界上绝无仅有的祭祀圣物集中在鄂尔多斯，使鄂尔多斯传统祭祀保留了诸多世界"唯一"的内涵。另一个是传承人的特殊性。鄂尔多斯蒙古族，自古以来肩负守护、祭祀成吉思汗八白宫及苏勒德等圣物的神圣使命，使成吉思汗祭祀广泛传承于鄂尔多斯。特别是作为鄂尔多斯部组成部分的成吉思汗守灵人达尔哈特，近八百年来以家族世袭制的形式传承成吉思汗祭祀，成为蒙古民族当中唯一直接传承成吉思汗祭祀的特殊群体，使神秘的成吉思汗祭祀在鄂尔多斯完整地保留至今，鄂尔多斯也成为世界蒙古民族崇拜的圣地。

基于蒙古族"非遗"视角下的地域文化探讨

包玉瑞*

如今,多数专家学者认同"地域文化专指中华大地特定区域源远流长、独具特色,传承至今仍发挥作用的文化传统"。地域文化划分为广义和狭义,狭义的地域文化专指先秦时期中华大地不同区域范围内物质财富和精神财富的总和;而广义的地域文化指从古至今中华大地不同区域一切物质财富和精神财富的总和。在联合国教科文组织颁布的《人类口头和非物质遗产代表作条例》中,该遗产被定义为:"来自某一文化社区的全部创作,这些创作以传统为依据、由某一群体或一些个体所表达并被认为是符合社区期望的作为其文化和社会特性的表达形式;其准则和价值通过模仿或其他方式口头相传,它的形式包括语言、文学、舞蹈、游戏、神话、礼仪、习俗、手工艺、建筑术及其他艺术。"从地域文化的定义衡量非物质文化遗产,即是特定区域源远流长、独具特色,传承至今仍发挥作用的文化传统。而蒙古族非物质文化遗产恰恰具有这一定义所给定的全部涵义。面对极其丰富的蒙古族非遗成果,本文以锡林郭勒及所辖正镶白旗作为个案,试图进行地域文化的探寻和学科领域的拓展。

党的十九大报告指出,"文化是一个国家、一个民族的灵魂","文化兴国运兴,文化强民族强","没有高度的文化自信,没有文化的繁荣兴盛,就没

---

* 包玉瑞:中国民族学学会生态民族学专委会理事,中国蒙古史学会会员,元上都历史文化研究会理事、副秘书长。此文写于2019年。

有中华民族伟大复兴"。党的十九大将中华优秀传统文化写进报告，昭示出文化自信对于道路自信、制度自信、理论自信的价值支撑，彰显了中华优秀传统文化对于中国特色社会主义道路历史合理性的阐发作用，表现出尊崇传统在意识形态层面的稳固作用。党的十八大以来，以习近平同志为核心的党中央深刻把握国际国内文化发展态势，高度重视文化建设，持续推进文化体制改革发展，我国思想文化建设取得重大进展，文化自信不断增强，国家文化软实力和中华文化影响力大幅提升。习近平总书记深刻指出："理论自觉、文化自信，是一个民族进步的力量；价值先进、思想解放，是一个社会活力的来源。"2017年初，我国首次以中央文件形式印发的《关于实施中华优秀传统文化传承发展工程的意见》，表明国家已对文化传承完成顶层设计，开始全盘操作中华传统文化的当代传承。

在这个伟大的时代，锡林郭勒秉持深厚的文化历史底蕴，高擎建设民族文化大盟的旗帜，乘势而发，在保护和传承蒙古族非物质文化遗产方面，硕果累累。据报载，2018年上半年，文化和旅游部公布第五批国家级非遗代表性传承人名单，锡盟7人入选；内蒙古自治区人民政府公布第六批自治区级非物质文化遗产名录及扩展名录，锡盟入选31项（含扩展23项）。目前，锡盟已经形成初具规模的非物质文化遗产四级名录体系，数量多，种类全。包括列入世界人类非物质文化遗产名录1项（"蒙古包营造技艺"）；国家级非物质文化遗产名录13项（"祭敖包"等）；自治区级非物质文化遗产名录118项（"乌珠穆沁长调民歌"等）；盟级非物质文化遗产名录195项；旗县（市）级非物质文化遗产名录367项。国家级传承人9名；自治区级传承人94名；盟级传承人305名；旗县（市）级传承人586名。2018年6月，"文化和自然遗产日"锡林郭勒主场活动——第八届锡林郭勒盟非物质文化遗产保护成果展在苏尼特右旗隆重开幕。展览以"多彩非遗，美好生活"为主题。蒙古包营造技艺、奶制品制作技艺、察哈尔服饰、潮尔道——蒙古族合声演唱、蒙古族勒勒车制作技艺、乌珠穆沁搏克、蒙古族刺绣（蒙古族毡绣）、蒙古族木雕、蒙古族骨雕、马鞍具制作技艺、蒙古族书法、柳条编制技艺、蒙古族绳艺、阿木尔巴伊斯呼朗（蒙古康乐牌）、剪纸、杭锦神祭祀、骆驼达拉拉嘎仪式、火不思、蒙古族策格酿制技艺等丰富多彩的非物质文化遗产名录项目参加本次展览。在13顶蒙古包里，以文字、图片、非遗衍生品展销及传承人现场展示、展演等形式，展出传统音乐、传统体育与游艺、传统美术、传统技艺和民俗等5大类60余项独具地方特色的3500余件（套）非遗实物，并举行"苏尼特民歌民乐展演"专场演出。全盟12个旗县（市）非遗保护机构的48名代表性传承人参加此次成果展。本次成果展通过观众参与互动、体验生活的方式，全面展示近年来锡林郭勒盟各地区非遗保护方面取得的丰硕成果，推动非物质文化遗产更好地融入群众、融入生活，对保护传承民族文化起到积极的作用。锡林郭勒的察哈尔文化，包含苏尼特等蒙古族多部落文化，他们既具个性，又有共性；既独立成章，又珠联璧合。锡林郭勒的蒙古族文化以共同的价值取向形成一个独具特色的地方文化综合体，源远流长，积淀深厚，文化传统资源十分丰富，承载了蒙古族传统文化的多元化、大众化和生态化特质，文化传统和民族精神延续至今。它充分展示了草原文化和中华文明史，更彰显了游牧文明与农耕文明交汇融合的独特历史文化。

蒙古族作为中华民族的一分子，在漫长的人类历史进程中，以自己的智慧和文化创造了本民族的历史，产生了许多伟大的思想家、科学家、发明家、政治家、军事家、文学家和艺术家；创造了大量优美动人的神话、传说、史诗，以及音乐、舞蹈、绘画和有价值的科学典籍；建造了很多雄伟壮观、绚丽多彩、富有民族特色的建筑。这些优秀的文化艺术遗产，在历史上为祖国的文化发展做出了自己独特的贡献，在共同缔造中国文化的过程中发挥了独创精神，建立了不可磨灭的功绩。是中华文化的重要组成部分，是中华民族共有的精神财富，是人类文明的重要成果。

蒙古族非物质文化遗产是印证这个民族存在的文化标识，是维系这个民族发展的文化基因。正镶白旗作为蒙元文化的发祥地，察哈尔文化的传承和发展地,非物质文化遗产不仅为数众多、各具特色,而且具有极高的人文价值。如今,列入自治区级非物质文化遗产名录5项;盟级非物质文化遗产名录5项;旗县(市)级非物质文化遗产名录5项。列入自治区级非物质文化遗产名录的项目包括搏克服饰苏日(皮条)、"焖汤疗法"祭火、祭祀敖包等。

搏克服饰是蒙古族服饰文化的一个瑰宝。"搏克"是蒙古语,《蒙古秘史》中称为"孛阔",汉语意为摔跤之意。蒙古族的搏克服饰主要由昭都格(坎肩)、将嘎(项环)、拉布尔(腰围彩带)、陶浩(套裤)、班吉拉(裙裤)、搏克靴子等组成。手工缝制的搏克服饰具有裁剪适体、做工精良、装饰独特、经久耐用的特点。搏克服饰的制作工艺集金属工艺、皮革工艺、刺绣工艺于一身,充分地体现了蒙古族传统手工艺。搏克服饰的审美特征,以服饰风格的民族观、天人相谐的自然观、以力为美的英雄观、兼容并蓄的社会观为主。搏克服饰以其独特的审美特征成为体现蒙古族文化和装饰艺术的服饰珍品。2014年,搏克服饰缝制技艺的主要传承人达希普勒吉历时5个月缝制完成了史上最大的香牛皮昭都格。昭都格使用了一整块牛皮,约43平尺,长1.35米、宽1.75米、重量12千克,镶有256个银白铜铆钉,领结用奥林匹克五环的颜色装点缝制,用棉线双股缝合,达希普勒吉以此申报吉尼斯世界纪录。蒙古族用"苏日"(皮条)可制作皮条、马嚼子、马鞭、鞍鞯、马鞴、马屉、马镫、肚带等用具。第三代传承人拉苏荣在自己的生产生活中坚持使用蒙古族传统的制作方法制作各种苏日(皮条)用具。2013年他成立了正镶白旗萨其音郭勒苏日(皮条)文化室,陈列展示了近百件作品,传承和发展了苏日(皮条)手工艺。蒙古族"焖汤疗法"的第三代传承人丹苏荣扎布参考元朝御膳医呼思慧的《饮膳正要》和"焖汤疗法"的民间偏方,结合自身40余年的医疗实践,传承和发展了"焖汤疗法"。"焖汤疗法"以其纯天然、无害无毒、功能齐全、有病去疾、无病养生的独特功效,治愈了几百名患有心脏疾病和精神分裂症的病人。

为使蒙古族悠远的精神血脉得到延续,正镶白旗走察哈尔文化之路,提升建设民族文化大旗的丰富内涵。通过文字、图片、录音、录像等能够长期保存的媒介和数字化信息技术，对赛马、搏克服、蒙古象棋等非物质文化遗产的讲述、表演、制作技艺等方面，进行收集、记录、分类、建档和申报。通过演出、展览、拍摄专题片、参加各级非物质文化遗产展示会等形式，让国内外更多的人了解和感受到了蒙古族非物质文化遗产的魅力。起源于母系氏族社会时期，察哈尔祭火，是蒙古族最古老的祭祀活动之一。11世纪忽必烈建立元朝之后，元上都及其周围地区一度成为元朝政治、经济、文化中心，从古老的萨满教传承下来的祭火风俗在察哈尔地区得到了良好的传承和发展，到清朝时期逐渐变成了传承至今的腊月二十三晚家家户户都要举行的祭火神（灶神）仪式。清朝时期，蒙古族祭火风俗在察哈尔各地区再次得到改善和发展。当时的喇嘛教代表人物之一，察哈尔格西罗桑楚臣把佛教以慈悲为怀的精神传入察哈尔祭火仪式之中，反对祭火时杀生，并亲自创作了祭火经——《祭火升天极乐世界》。解放后，祭火仪式把请喇嘛僧人念经的方式改为以浩特乌苏（畜群小组）集体祭火神的新礼规。祭火神作为历史悠久的传统民族文化习俗延续到今天，成为蒙古族百姓生活中不可缺少的一项重要内容。在蒙古人看来，火是神圣的，用祭火来迎接春节，燃烧的火焰象征新的一年一切红红火火、幸运吉祥，表达了蒙古族热爱生活，与自然和谐共存的理念。虽然现代文明影响着每个蒙古族家庭，但是祭火习俗在许多家庭都得到了传承和保留，为蒙古族文化历史以及宗教的发展和延续起到推动作用。不同地区的蒙古族祭火仪式略有差异，主要目的都是祈福平安，表达对火及大自然的崇敬和尊重。"敖包"在草原人们的心目中，象征着神灵在其位，世袭传诵，构成了极其强烈的信仰。正镶白旗辽阔的草原上，矗立着苏木敖包、寺庙敖包、畜群敖包、家族敖包、泉水敖包、湖泊敖包等60多座敖包。2012年新建立的"旗敖包"以示对全旗人民的美好祝福和对风调雨顺、草木茂盛、国泰民安的祝愿之情。蒙古族祭祀敖包并对其崇拜有加，每年举行一次"祭敖包会"。祭祀一般都在旧历五月中旬举行。清人祁韵士诗云："告虔祝庇雪和风，石畔施舍庙祀同。塞远天空望无际，行人膜拜过残丛。"祭祀敖包，是蒙古族生活中的一件大事。正镶白旗新建"旗敖包"的首次祭典，于壬辰年六月二十八日（2012年8月15日）的"龙兴之日"隆重举行。后经北京雍和宫图布登活佛占算，将每年的农历六月十三日定为固定祭日。作为社会风俗、节庆类的非物质文化遗产，无一不彰显察哈尔文化炫目夺人的魅力。察哈尔文化以"非遗"为承载，成为祖祖辈辈留给我们的一笔无量财富。"非遗"也是察哈尔文化重要的组成部分，是察哈尔人及世人永恒的美好记忆，成为民族的共同记忆与行为。上述内容，体现了地域文化构成的全部要素。"地域文化首先在地域范围上必须有确定的指向，有个核心的区域。其次，必须有独特的历史的文化的特性，是某种草根文化、乡土文化的发祥地，并且有着足够的影响力和延续力。再次，这种文化形成一定的体系，有相对完整的一个学术理论框架和一定数量的研究人群。最后，这种文化在历史上或当今的地区经济社会的发展中发挥过或发挥着重大的影响力。其关联性表现在它是某个更大范畴文化的子系统和支脉，支撑着包容更广内容更丰富的大文化。内蒙古各地的地域文化大多可以归纳到游牧文化、草原文化。丝绸之路文化的国际性和世界性广为人知。作为丝绸之路链条上的内蒙古地域文化和泉州文化无疑具备世界性的影响和意义。"[1]

蒙古族非物质文化遗产作为地域文化具有多重价值。不同时代的蒙古族各部落在文化的相互碰撞和交融中，形成了锡林郭勒区域察哈尔等蒙古部"开放包容、尚武爱国、重商敬业、崇文好艺"的精神价值。就其所体现的文化价值而言，一是丰富了中华民族文化的内容。文化遗产反映了长期流传的人类文化活动及其成果，尤其重要的是，非物质文化遗产以其民间的、活态的历史描摹，使得中华民族的文化更加绚丽多彩，成为世界民族文化中的瑰宝。二是体现了中华民族传统文化的多样性，蒙古族因为生活环境、文化发展程

---

[1] 徐进昌、郝爱丽：《试论内蒙古各地地域文化的独特性、关联性与世界性》，《锡林郭勒职业学院学报》2015年第1期，第1页。

度、经济发展水平、地理空间的特殊性，孕育出了独具特色的文化，形成了多种多样的文化遗产存留。在历史的长河中，兼收并蓄、融合发展，体现了中华民族传统文化的包容性和多样性。三是通过非物质文化遗产，可以形象地看到蒙古族的历史事件和人的生存状态、生活方式、生活习俗以及他们的思想与感情，具有重要的美学价值，可以为繁荣当代文化提供取之不竭的源泉。

习近平总书记在中国文联十大、中国作协九大开幕式上的讲话中指出："任何一个时代的文艺，只有同国家和民族紧紧维系、休戚与共，才能发出振聋发聩的声音。反映时代是文艺工作者的使命。广大文艺工作者要把握时代脉搏，承担时代使命，聆听时代声音，勇于回答时代课题。"非物质文化遗产作为人类宝贵的精神财富，还在为增强中华民族的凝聚力、建立和谐社会、加强国际合作与交流方面发挥着重要的作用，其传承与发展已经不满足于刻板的"采集与复制"方法。"修旧如旧"和"生搬硬套"的艺术表现形式也逐渐不被大众所接受。从非物质文化遗产的角度探讨地域文化，应当使为数众多的非遗成果以此注入现代化的语境之中，获取足够的社会认可度，把文化资源优势转化为守望相助、团结奋进的精神动力，实现人民对美好生活的愿景。

浅议鄂伦春族的生态环境意识
——与自然和谐相处

关红英[*]

广袤的黑龙江流域，大小兴安岭、外兴安岭以及贝加尔湖和库页岛都留下了鄂伦春族猎人强有力的足迹。莽莽的原始森林、沉寂秀美的草原、蓝幽幽的河川峡谷，拥抱着勤劳勇敢的鄂伦春民族，鄂伦春族人也无限眷恋着大自然这充满慈爱的巨大摇篮。

一、鄂伦春族生活环境的概况

鄂伦春族是人口较少的少数民族，据2000年全国第五次人口普查统计，共有8196人。鄂伦春语属阿尔泰语系满－通古斯语族的通古斯语支，没有文字，曾学习使用过满文，现在主要使用国家通用语言文字。

现在，鄂伦春族主要分布在内蒙古自治区的鄂伦春自治旗和扎兰屯市，黑龙江省的呼玛县、塔河县、逊克县、嘉荫县和黑河市。

若是能够切身感受大兴安岭、小兴安岭优美的风景环境，了解鄂伦春族这一古老民族的思想和信仰，就会深切地感受到他们世代累积下来的尊重自然、与自然和谐相处的生态环境意识。

小兴安岭和大兴安岭属于兴安山地，海拔1000米至1400米，山地北宽南窄，地形西北高、东南低。它的西北端和大兴安岭山地的分界处，大致在嫩江上游的谷地一带，海拔多在500米以下。大兴安岭呈东北—西南走向，

---

[*] 关红英：内蒙古鄂伦春民族研究会秘书长（专职）。此文写于2019年。

位于内蒙古高原的东部边缘，主体部分在内蒙古自治区境内。它的最北部属黑龙江省，向着黑龙江岸的一边坡势比较陡峻。兴安山地的外侧有黑龙江流过，它是中苏两国的界河。兴安山地河流以雉鸡场为中心，向四周呈放射状流出。北坡额穆尔河及东侧的呼玛河注入黑龙江；南坡属嫩江支流，有甘河、多布库尔河等；西坡有根河及其支流，注入额尔古纳河，水量大，蕴藏着丰富的水利资源。

兴安山地处北半球，属于寒温带大陆性季风气候，受季节性大气环流的影响比较明显。春季多风，夏季湿润，冬季寒冷，最冷月气温降至零下45摄氏度左右。气温大致随海拔高度和纬度的增加而递减，东部高于西部，南部高于北部，盆地高于山地。无霜期105天左右。南部与北部相差大致一旬之多。积霜九月上旬开始，终霜到翌年五月。全年日照2590余小时。大兴安岭积温不足2000摄氏度。全年平均降水量约700毫米，降雨量北部地区少，东部地区多，冬多偏西风，夏多偏东风，风速自北向南减弱。农作物生长期短，适于早期耐寒早熟作物。

兴安山地所处位置、地形、气候等条件，使这个地区的植物类型复杂，植物资源十分丰富，其中不少是经济作物，森林是最大的自然资源。兴安山地系森林在我国首屈一指，大兴安岭生长着落叶松、樟子松、白桦、黑桦、柞树、杨树和柳树等耐寒树种。落叶松和樟子松木质坚硬，用途很广，是建材工业的重要材料。小兴安岭主要生长着红松、鱼鳞松、杉松、冷松和黄花松。其中红松是中外驰名的经济树种，纹理通直，抗压力强，富有树脂，耐腐，有光泽，美观，不易开裂和曲折，属上等材料。这里不仅有参天的松、桦、杨等乔木，还有几十种繁茂的灌木；不仅有丰富的黑木耳、松蘑、榛蘑、桦树蘑和猴头蘑等菌类植物，还有几百种花草和宝贵的药材，特别是黄芪、五味子、贝母等草药，在国内早有盛名。野果也十分丰富，山丁子、稠李子、榛子、红豆、都柿、草莓等都味美可食。以都柿和红豆为原料酿成的"野果皇后"酒和"红豆酒"，在东北地区颇有名气。山芹菜、山韭菜、山葱、黄花菜、柳蒿芽等，都是鄂伦春人民所喜爱的、别有风味的野菜。这里盛产的蕨菜更是远近闻名，出口国外，很受欢迎。

茂密的森林植被，给各种动物提供了极好的生态环境。据目前所知，哺乳动物有二十余种，有榛鸡等多种鸟类，还有爬行类动物等。野兽有马鹿、驼鹿（犴达犴）、狍子、野猪、熊等。还有水獭、猞猁、狐狸等珍贵毛皮兽类。

由于这里水系发达，河流纵横，淡水鱼资源也很丰富。山区河流中的鲤鱼、细鳞鱼和黑龙江的大马哈鱼、鳇鱼都十分有名。其他的还有白鱼、鲫鱼、鲇鱼、狗鱼、哲罗鱼、草根鱼等。

大小兴安岭地区正在开发或未开发的矿产资源也相当丰富。金矿主要分布在黑龙江上游地区和大小兴安岭的各河谷地带。煤、铁、铅、锌、铝、铜、钨、钼以及石棉、油页岩、石墨、玛瑙等也有一定的储藏量。

在鄂伦春自治旗所在地阿里河镇西北10公里处的一座山腰上，有个天然石洞，洞口宽阔，洞中有洞，洞顶奇石突兀峥嵘。洞周围林木繁茂，花草丛生，洞前的林丛中间有一条清澈的小溪，涓涓向东流去。鄂伦春猎民给洞起名"嘎仙洞"。洞口距地面25米，所在山峰相对高度为122米，洞口呈三角形，底宽20米，高12米，朝南偏西。洞内雄伟宽阔，幽暗深邃，洞底地面平坦，洞内东北延伸，地势逐渐上升，长达120米。洞壁为中性花岗岩，俗称"麻石"。1980年，考古学界在嘎仙洞发现洞中石壁上所刻的内容与《魏书》中记载的内容完全符合，证实了嘎仙洞是距今1500年的古代民族鲜卑人先祖的石室，也证明了这是一处长期居住着古代人类的洞穴遗址，说明了北魏王朝的建立者——拓跋鲜卑，就是从大兴安岭的森林里出发，走向草原、走向中原的。

二、鄂伦春族的自然崇拜

（一）保护和爱护自然

人来自于自然，在创造历史和文化的漫长进程中，受自然的启迪，师承自然，仿效自然，所以把与自然和谐相处的意识融入其文化是极为自然的。

鄂伦春人对大自然有着特殊的感情。因为他们在常年的野外生活中认识到，大自然是人类生存的条件。保护自然，才能使人类的生活得以长远保证。如果破坏自然，那么，迟早会导致人类本身的毁灭。

鄂伦春人热爱自然、保护自然的美德，首先体现在保护森林、爱护树木上。由于鄂伦春人世代与大自然打交道，吃的、穿的、用的都是来自大自然，所以他们从不随意乱砍、滥伐树木，像保护自己的眼睛一样保护着森林资源。在野外生火取暖、做饭，也从不乱砍树木，而是到河边捡些"漂流木"或在林中捡些干枝丫、倒木之类。只有每年做桦皮船时，才不得已选合适的树木砍伐做支架、船帮等，但从不浪费每一块木板、板头。

在森林中生活，鄂伦春人最注意的是火灾的发生。"一点星星火，可毁万年林"是人们的口头禅。平时人们义务巡山护林。如果在森林中吸烟或在"斜仁柱"里点篝火，用过之后都会小心翼翼地扒开土层，把烟火头、火柴头埋在含有水分的土里，再用脚结结实实地踩好，或把自己用过的篝火用水浇灭之后才离开。多少世纪以来，鄂伦春人没有因不注意用火而发生人为火灾的，这正是鄂伦春人热爱自然、保护自然美德的突出表现。

鄂伦春人不仅注意火源，更可贵的是当雷击等原因造成森林火灾时，都会全力以赴，甚至不顾生命危险去扑救。男女老幼齐上阵，与火做殊死搏斗，用自己的生命保护大森林。

鄂伦春人以狩猎为生，在长期的狩猎生产中，他们积累了丰富的狩猎经验，知道什么时候该打什么、什么时候不该打什么。鄂伦春猎人有个规矩：不许射猎正在交配中的野兽，他们认识到自然界繁衍生息的规律，只有动物交配，能使动物繁衍后代，使动物资源更加昌盛，造福人类。鄂伦春人还不许打鸿雁、鸳鸯。因为鸿雁、鸳鸯总是成双成对地生活在一起，如打死一只，另一只会孤独死去。鄂伦春人认为打鸿雁和鸳鸯会破坏夫妻生活，也不利于繁殖后代。

鄂伦春民族具有人类最原始、最朴实也是最珍贵的生态环境意识。这种对待自然的态度，不仅符合人类物质要求方面的长远利益，而且有助于陶冶人类的道德情操。现在，鄂伦春人越来越认识到对花草树木特别是对动物的无端摧残，会助长人们的冷酷、残忍；热爱自然界的山山水水、保护濒临灭绝的动、植物，有助于培养人的同情心、义务感乃至对家乡、对祖国、对人类的深厚感情。因此有人说，鄂伦春人对自然界的态度从一个侧面反映着鄂伦春人本身的文明程度。

（二）自然崇拜

鄂伦春人虽然没有统一的天神观念，但是，对天体和天象中的各种自然现象却都是崇拜的。他们认为太阳至圣，能给人类以光明和温暖，没有太阳就不能生存。除了在各种神像中都画有太阳，习俗中也有太阳的影子，如两人争吵，要向太阳发誓，以明辨是非。人们遇到困难时，要向太阳祷告。在发生日蚀时，认为是天狗在吃它，要用敲铜盆来解救。每年农历正月初一要向太阳跪拜。鄂伦春人也崇拜月亮，在各种神像中也要画上月亮。他们每年农历正月十五、二十五和八月十五要拜月亮。如果整日打不到野兽，要在露天放一个清洁的桦皮盆，人们在盆旁叩头，祈求月亮使他们打到野兽，第二天观察盆内有什么兽毛，就认为会猎取到什么野兽。他们对北斗七星有着特别亲切的感情，认为它是由七姊妹组成，这组星星很像他们的高脚仓库，因此称它为"奥伦博如坎"，即主管仓库的女神，每年农历腊月二十三和正月初一晚上都要对着仓库烧七炷香来供奉。

鄂伦春人对风、雨、雷、电和彩虹感到神秘莫测，因此产生敬畏、供奉之心。他们认为"旋风神""风神"有很大威力，人从刮旋风的地方横过，会触犯旋风神而得抽风或嘴歪眼斜的病症；冲犯风神则会得疯病。还认为"雷神"一手拿凿子，一手拿锤子，用力打击冰川，就会发出震耳欲聋的雷声，因此在雷击过的地方能找到冰川，把它拿回来挂在"斜仁柱"中可以避邪。而雨是龙在水泡子里吸水后飞到天空喷洒下来的，因此他们非常崇敬龙，并有许多关于龙的神话。雨后出彩虹，是天和地连起来了，是雨过天晴的象征，这样便于狩猎，因此要向虹叩拜。

地上的山川、河湖以及动植物都是人们赖以生存的自然对象，由此产生的依赖感，是自然宗教的基础。

鄂伦春人认为，"白那恰"（山神）统辖着崇山峻岭及山林中的动植物。为了供奉这位山神，在山中高大的老树干上，距地面 2 米左右的地方砍去一块树皮，画一个脸形，用红布遮盖，猎人每次路过这里，都要给"白那恰"装烟、敬烟、敬酒、叩头，要用猎物给它上供；每次吃饭时，都要把饭碗举向空中绕两圈，每次饮酒时要用手指蘸酒向空中弹两下，以示向"白那恰"敬饭、敬酒。这样，"白那恰"就会保佑他们多打野兽。他们对山间长的粗大古树，奇形怪状的巨石，也都怀有畏惧而崇敬的心情，猎人每当路过这些地方时，都不许高声喧哗，也不许吵吵闹闹，要怀着虔敬的心情，向其叩头礼拜。在这奇形怪状的山岭中，又隐藏着许多动植物，从而产生了许多幻想和神秘感，同时山林又给鄂伦春人以生活之源，他们对山林产生崇拜，也就很自然了。

火可以使人取暖、煮食，也可以使人遭灾。因此鄂伦春人认为"火神"是自然的一大神灵。火神的形象是一位老太婆，因此要由妇女来供奉。在每年正月初一的早晨，先要向火塘跪拜磕头，然后才给家中长辈磕头拜年；在去别人家拜年时，进门也要先向火塘跪拜。每天用餐时要先向火塘里扔些肉、饭等食物，以示供奉。他们对火的崇敬还表现在禁止向火上倒水、用刀叉火，以防止触怒火神。对火的崇敬，是因为人们在生活中须臾也离不开火。

崇拜动物也是鄂伦春人的自然崇拜之一。鄂伦春族早期饲养驯鹿，但是否崇拜驯鹿，不得而知。他们在饲养马以后，对马进行崇拜，每逢马下驹时，要挤马奶给"马神"上供；在狍子下崽的季节，也要抓小狍子供奉"马神"。他们认为只有这样马匹才能迅速繁殖起来。

他们对植物也同样崇拜，饲养的马需要好的草场，因此供奉"草神"，每当马匹繁殖不旺或马有病时，就在草甸子上摆野鸭或细鳞鱼来供奉草神。

在长期的历史进程中，鄂伦春人创造了与环境相适应的文化，有学者把这种文化比喻为一种不具扩张色彩的"绿色文化",即一种追求人与自然的和谐,追求社会的团圆、宁静的文化。虽然鄂伦春人还不能像日益受到大自然报复的现代工业社会的人一样理性地看待人与自然的关系,但他们凭着对生存需要的感受,在处理人类社会与自然环境的关系中,把人视为自然的一部分。在他们看来,世上万物皆有灵,人若对自然保持崇敬和畏惧的心理,生命就会受到万物之灵的保护,否则将招致惩罚。本着这一信仰,他们热爱脚下的每一寸土地,也热爱自然界中的一草一木,在处理人与自然的关系方面拥有许多传统的美德,因此他们生活的环境里,人与自然总是保持着最良好的和谐统一。

三、结语

很长一段时间以来,一些学者在总结当今经济发展、科技发展和社会发展的得失利弊时,对人类追求无度之经济发展和科技发展提出了尖锐的看法。如罗马俱乐部认为,人类对经济和科技的追求已经给自己制造了莫大的困境,首要困境就是"自然界受到人类野蛮的劫掠,农地、牧场、森林、渔业受到人类过度开发,全球生态面临前所未有的危机。"[1]若用生态学的角度来透视鄂伦春文化就会发现,虽然他们没有系统的生态环境保护方面的科学知识,但是他们在其带有原始意味和朴素情感的尊重自然、与自然和谐相处的文化发展中的所思所为,有着当今生态学上的意义。

鄂伦春自治旗建旗68年来,在党的民族政策的光辉照耀下,各项事业都有了长足的发展。但从20世纪60年代以来,大兴安岭林区人口增多,森林过量采伐,造成水土流失,植被减少,野生动物生存空间的条件恶化,加之一些违法的乱砍滥伐、乱捕滥猎,动物种群在急剧减少,致使生态环境逐步恶化。1996年1月23日,旗委、旗政府正式宣布在全旗境内禁猎,目的在于

---

[1] 高健等编:《罗马俱乐部决断力 人类策划与世界决断》,北京:中国城市出版社,1998年,第28页。

保护濒临灭绝的野生动物。当然鄂伦春人以生存为目的进行的狩猎不是野生动物数量锐减的原因，问题的根本在于野生动物失去了生存环境。大兴安岭丰富的植物、禽类、昆虫等其他珍稀动物资源也遭遇着同样的厄运。世代以狩猎为生的鄂伦春人经过痛苦的抉择，毅然放下了猎枪，走上了农耕和多种经营之路。这也正显示了鄂伦春民族敢于面对现实的英雄气概和鄂伦春民族崇尚自然、热爱自然的传统风尚。

通过这些年"天保工程"的具体实施，鄂伦春旗的生态环境已得到保护并逐渐得以恢复。

党的十八大以来，自治旗按照习近平总书记关于生态文明建设的新思想、新观点、新论断，牢固树立"绿水青山就是金山银山"的发展理念，坚持生态环境资源的可持续利用，转变经济增长方式。可持续发展是人类寻求与生态环境和谐共处的一个长期探索过程，只有把碧绿留给森林，把肥沃留给土地，把蔚蓝留给天空，把秀美留给山川，把清澈留给湖泊，力求人与自然的和谐，才能达到环境与经济协调发展的双赢。

地方学研究

额尔古纳市恩和俄罗斯族民族乡成立前的一段往事

张晓兵 *

　　25年前内蒙古自治区呼伦贝尔市的额尔古纳市，在俄罗斯族小聚居区的恩和乡，成立了全国唯一一个俄罗斯族民族乡。民族乡的设立，是内蒙古俄罗斯族发展历史上一件具有划时代意义和远见卓识的大事。随着民族乡作用的日益突出，在以习近平总书记为核心的党中央领导下，俄罗斯族这一人口较少民族的发展进入一个前所未有的时期。

　　20多年前，人们很少知道在内蒙古还生活着5000多人的俄罗斯族和比5000多人还要多的华俄后裔。人们大多不了解在额尔古纳河的右岸，在中国的土地上还有数座俄罗斯族和华俄后裔人口占比较大的民族村寨，也有俄罗斯民族人口数量超过全乡人口40%的恩和乡。在这块迷人的土地上，各民族团结和谐，共同生产生活，强烈地展示着极具异域特色的俄罗斯民族的生活习俗和文化。

　　2019年，伟大的祖国成立70周年，各族儿女在伟大祖国母亲的怀抱里茁壮成长，各族人民在中国共产党的领导下在共同富裕的道路上大踏步前进，并在实现强国之梦的征途上做着不懈的努力。尽管各民族之间的发展有差距，生长生活的环境也不尽相同，但总的情况是，绝大多数少数民族生活在大散居、小聚居中。作为中国人口较少民族的俄罗斯族亦是如此。20多年前，全

---

* 张晓兵：内蒙古俄罗斯研究会会长。此文写于2019年。

国俄罗斯族不过13500余人，至今也不过15000多人，主要居住在新疆和内蒙古，在内蒙古的额尔古纳市还有小聚居区和富有特色的民族村寨，但从全国讲，尚无县以上的自治地方，也没有设立民族乡。之后，仅在内蒙古自治区呼伦贝尔市的额尔古纳市，设有全国唯一一个俄罗斯族民族乡。民族乡的设立，无疑在内蒙古俄罗斯族发展历史上是具有划时代意义的大事，在纪念祖国成立70周年之际回顾当年设立民族乡的事情，有利于今后更好地发挥民族乡的作用，让它为俄罗斯民族的发展进步，作出更好的贡献。

1994年初，时任内蒙古自治区主席的云布龙到基层视察调研。担任额尔古纳右旗（现额尔古纳市前身）恩和乡副乡长的俄罗斯族干部曲德欣参与了接待和工作汇报。云布龙主席在恩和乡听取了工作汇报，询问了老百姓的生活情况，了解到部分老百姓还存在着一定的困难，而全乡的俄罗斯族情况更重一些。全乡3000余口人中，有1100多人是俄罗斯族。于是云主席提出："你们乡有这么多俄罗斯族，可以变成一个民族乡。你们变民族乡有大好处，上级领导和政府都能帮助你们，地区的经济和老百姓的生活都能得到改善，你们不要放过这个机遇，要努力争取，我也帮你们解决这个事情。"

有了自治区主席鼓励和支持的话，从乡到旗，到呼伦贝尔盟迅速完成了报送成立恩和俄罗斯族民族乡的请示，而且大家商量后决定派曲德欣等二人去首府呼和浩特专程办这件事。

1994年5月，曲德欣他们从2000多公里外的呼伦贝尔额尔古纳，专程到了呼和浩特市，准备到自治区政府面见云主席，当面送上成立民族乡的请示。当时云主席工作很忙，没有安排见面，但接了成立民族乡的请示，并立即给民政厅、民委作了批示，根据国家的少数民族政策，同意恩和乡变为恩和俄罗斯族民族乡。曲德欣拿到云主席的批示后立即去了民政厅，当时民政厅的达喜道尔吉副厅长接待了他，达副厅长手拿批文，连说好事，云主席批了，太好了。同时嘱咐曲德欣，把云主席的批文交给自治区区划办的马主任，由区划办具体负责。于是曲德欣就到了自治区区划办，但区划办的领导认为，你们建民族乡，这事很难办，你们与俄罗斯仅一江之隔，恐怕中央不能认可。曲德欣内心七上八下，顿时没了底。便又返回了民政厅，向达喜道尔吉副厅长反映了区划办的情况。达副厅长听后安慰道："这个事你不要担心，国家的民族政策是没有界限之分的。"听达副厅长这么一讲，曲德欣觉得又心里有了底。

从民政厅返回宾馆后，曲德欣心里仍然很着急，因为从边远的呼伦贝尔基层到自治区首府在当时是一件费钱、费时的较大事情，何况这件事是云主席重视指示的。曲德欣总想着能缩短等待批复的时间，这次就把正式成立民族乡的批示文件带回去，而且希望能当面听听云主席对此事的看法。于是他向政府一位姓周的副秘书长表达了自己想见云主席的想法，很快云主席同意并抽空接见了曲德欣。见到了云主席后，曲德欣向云主席表达了感谢之情，同时希望请主席给加加力，这次就把批文带回去。云主席安慰道："你不要着急，我还要请周维德副主席签意见。周维德副主席分管民政，他去新疆了，等他回来后签个意见，你放心，很快就能批复。"云主席一席话使曲德欣心里敞亮了，也有了底。云主席非常平易近人，对基层的同志很热情，主动询问他有什么需要帮助的。曲德欣提出，去往海拉尔方向的火车卧铺票很紧张，不好买，能否请领导给解决两张卧铺票。云主席答应了他的请求，同时鼓励说："你们是最基层的干部，工作很认真，基层需要你们这样的领导，回去后带领全乡人民把工作做好。"曲德欣回答："请主席放心，我们一定努力。"

1994年7月27日，自治区民政厅正式发文批准成立额尔古纳市恩和俄罗斯族民族乡，并于9月举行了成立大会。

回首往事，从当时各级政府和领导支持设立民族乡讲，不仅体现了自治区政府和主要领导对俄罗斯族发展建设的极大关心，更是办了一件具有远见卓识的大事。正如云布龙主席所讲的，"变为民族乡有大好处"。现在的民族乡，基础设施建设基本完善，乡村道路硬化全部完成，村容村貌大改观，乡村游成形，一个个极具特色的边疆民族村寨展示给了人们，民族乡的作用日益突出。在多年的努力发展中,民族乡产生了全国民族团结进步先进模范个人,乡党委被评为2019年全国民族团结模范集体,现在的民族乡已成了人们眼中的亮点。

"民族乡是解决我国散杂居少数民族问题一种政治形式,民族乡虽然不是一级民族自治地方,但它是民族区域自治制度的一种必要补充形式,也是我国民族平等政策的一种具体体现。"新成立的俄罗斯族民族乡"除行使和一般乡镇的职权之外,还具有比一般乡镇更多的自主权,可以根据有关法律和法规的规定,结合俄罗斯族聚居区的具体情况和民族特点,因地制宜地发展经济、文化、教育、卫生等事业,展示独具特色的民族习俗和文化风格,管理和保护本乡的自然资源,并对可以由本乡开发的自然资源优先管理开发利用。俄罗斯(族)民族乡人民政府在执行职务的时候,使用当地通用的语言文字;在本行政区域人民中进行爱国主义、社会主义和民族平等、民族团结的教育,不断巩固和发展平等团结互助和谐的社会主义民族关系"。"民族乡的成立充分调动了俄罗斯族群众广泛参与国家和本民族内部事务管理的积极性,从而俄罗斯族群众深切感受到作为国家主人的尊严和社会主义制度的优越性"。[1]

"俄罗斯族是中华大家庭中的成员,也是人口较少民族之一。长期以来,内蒙古俄罗斯族群众以其勤劳、智慧、奔放、朴实的性格扎根祖国边疆,为繁荣民族文化、守边固防、促进当地经济社会发展做出了重要贡献。时至今日,随着党和国家的高度重视和大力扶持,在以习近平总书记为核心的党中央坚强领导下,内蒙古俄罗斯族群众的生活水平日益提高,民族团结不断增强,民族文化特色逐步彰显,进入了一个前所未有的黄金发展期。"[2]

---

[1] 张晓兵主编:《内蒙古俄罗斯族》,海拉尔:内蒙古文化出版社,2015年,第246页。
[2] 张晓兵主编:《内蒙古俄罗斯族》,海拉尔:内蒙古文化出版社,2015年,第264页。

文化旅游

文化旅游

对建设长江国际黄金旅游带核心区的思考

杜汉华　曹诗图　汪碧涛　余海鹏*

湖北省旅游委发布《建设长江国际黄金旅游带核心区推进旅游服务业提速升级工作方案》，确定"到2020年，湖北长江沿线基本成为旅游转型升级的先行区、优质旅游品牌的集中区和生态旅游的示范区，把湖北建设成为长江国际黄金旅游带核心区和旅游强省"。对这个湖北全省文化旅游产业的总目标，我们是认可的。《建设长江国际黄金旅游带核心区推进旅游服务业提速升级工作方案》总体上也是很好的。但是，"长江国际黄金旅游带核心区和旅游强省"能达到什么程度，如何定性定位，还需要斟酌。

湖北位于中国版图的中部，交通四通八达，山水秀美，物产丰富，是楚文化的发祥之地和腹心地带，也是三国争斗和许多内外战争的转换枢纽、商贸交通的重要枢纽和中国南北文化融合交汇产生新文化品种的温床，文化底蕴非常深厚。湖北东西南北地形各有差异，冬无严寒，夏有避暑之地，非常适合发展文化旅游产业。湖北要成为"长江国际黄金旅游带核心区和旅游强省"，能否让湖北省的文化旅游产业在全国"核心"发挥一定的引领作用，作为真正成为"长江国际黄金旅游带核心区"？能否让湖北"旅游强省"，强到和全国文化旅游产业收入最高的粤苏浙三省不相上下，并努力向粤苏浙三省

---

* 杜汉华：襄阳市江汉旅游研究所所长、教授。曹诗图：武汉科技大学管理学院二级教授、硕士生导师。汪碧涛：广东岭南职业技术学院学术委员会副主任、教授、中医主任医师。余海鹏：荆楚理工学院新农村发展研究院教师。此文写于2019年。

的旅游总收入大大跨进一步，争取将来和它们并驾齐驱。

从这个角度思考《建设长江国际黄金旅游带核心区推进旅游服务业提速升级工作方案》的思路，就需要有所转变，17市州中有些地方的定位和努力方向，确实有调整的必要。

《建设长江国际黄金旅游带核心区推进旅游服务业提速升级工作方案》的思路，应该是充分了解过去，踏实立足现在，计划照应未来。

充分了解过去，包括湖北省各地旅游资源和湖北省2000年编制的旅游发展战略的得失，这样才能踏踏实实地立足现实；照应未来，就必须按照正确的发展思路，明确湖北文化旅游产业，树立经过努力能达到的切实可行的目标。

湖北省有武汉、荆州、襄阳这三座历史非常悠久、影响力巨大的城市。《四库全书》中武汉三镇的名称总计出现9353次，襄阳辖区名称总计出现21544次，荆州辖区的名称共计出现15827次。著名军事地理学家顾祖禹认为："湖广之形势，以天下言之，则重在襄阳；以东南言之，则重在武昌；以湖广言之，则重在荆州。"[1]2000年，这三座历史名城的文物古迹和老城区都基本保存，可是当时保继刚和外国专家所做的湖北省旅游总体规划，却忽视了武汉、荆州、襄阳旅游开发的重要价值和区位优势，定位湖北的旅游发展战略仅仅是主打"一江两山"。"抓纲才能带目"，抓住锅盖中心部位的把手，才能顺利地拎起锅盖。而"一江两山"这个把手偏于湖北省西部的山水自然风光，而忽视了湖北省鼎足三分的文化底蕴深厚的中心部位武汉、襄阳和荆州，导致其重要文化旅游资源不被重视，甚至受到严重的破坏，后来湖北省的文化旅游产业明显落后于曾经远落后于湖北省的湖南、山西、河南等省份，至今还无法与粤苏浙三省的旅游总收入相匹敌。

这次《建设长江国际黄金旅游带核心区推进旅游服务业提速升级工作方案》在发展思路上，仍然没有从过去对湖北省文化旅游资源和发展潜力的认

---

1 顾祖禹：《读史方舆纪要》卷七十七，清稿本。

识和布局上，彻底跳出"一江两山"的窠臼。

　　武汉是湖北省的省会，是湖北政治经济文化和交通的中心。《建设长江国际黄金旅游带核心区推进旅游服务业提速升级工作方案》确定武汉市要"实施全域旅游三年行动计划，打造长江主轴都市风情旅游带，巩固湖北省的旅游目的地和集散地。"目前武汉市为此对昙华林、大智路、汉正街等七块历史街区进行了保护，并牵头进行"万里茶路"的申遗工作，这些都是好的开端。此外，还需要找出武汉市和湖北全省的文化脉络与旅游线路等的有机联系，发挥好武汉市是湖北最大客源市场的突出优势，让武汉市在湖北全省的文化旅游产业发展中发挥一定的带动作用。

　　襄阳市既然要"依托丰富的文化和区位优势"，就必须明确其"丰富的文化和区位优势"的重心和载体。襄阳市文化最丰富的地方就是"襄阳古城"，包括"襄阳古城"所在的西南群山——岘山和汉水之间长不过十里、宽不过五里的地面。"襄阳古城"的本来面目是"山水城古风公园"，岘山是唐宋时期的天下名山，有私家园林鼻祖"习家池"和山水旅游源头"岘首山"，王叔和、释道安、释慧远、习郁、习凿齿等名人在此有文化遗存，都可以使岘山成为"康养禅修圣地"。岘山和对岸的鹿门山，都是诗歌之山，是诸葛亮、庞统、羊祜、杜预、孟浩然、李白、杜甫、白居易等文武巨擘向往的地方。汉江虽然只是长江的支流，但古称"天汉"，"江、淮、河、汉"并称，是汉民族和汉文化的发祥地，地位非常重要，其文化意义和发展文化旅游产业的潜力，与世界级旅游目的地莱茵河相媲美，甚至更胜一筹。汉江也是著名的英雄之河、爱情之河。宋元之际援救襄阳血战到底的张贵、张顺，就战死在汉江之上；汉江边的夫人城是名垂青史的韩夫人守襄阳的历史见证，有金华小姐守襄阳的传说，这位女英雄后来演变成为著名的金花女神，是妇女儿童的保护神；汉江边的万山，是郑交甫会汉水女神之地，是最早的人神恋爱的发生地，也是牛郎织女神话传说和七夕节的重要发祥地。数千年的诗歌、散文、戏曲、传说故事和《马可·波罗游记》《三国演义》《三言两拍》《七侠五义》《小五义》《射雕英雄传》《神雕侠侣》，更是把襄阳古城的大名传扬海内外。报告中把鱼梁洲、古隆中当作重点，而古隆中只算襄阳"山水城古风公园"的一个小盆景，"鱼梁洲"的地位比古隆中差得更远，忽视了襄阳古城的价值。关公是全世界唯一一个被追封为"王"和"帝"并被儒道释三教皆奉为神祇的战将，其影响可与孔子比肩，在民间的影响要大于孔子和诸葛亮，至今关公在东北亚、东南亚乃至全世界都有巨大影响。樊城北部的邓城、团山施坡一带有水淹七军古战场，是关公一生辉煌战绩和人生高潮的发生地。方圆十公里，足以成为5A级旅游景区。以襄阳古城为依托，襄阳东津的鹿门山至唐白河之间，还有蒙古大军围攻襄阳的系列堡垒，明清之际成为保卫襄阳的系列堡垒，被称为"襄阳攻防工程体系"。宋元之际襄阳发生的保家卫国的城池持久战，可以和特洛伊十年战争，斯大林格勒6个半月、列宁格勒872天的保卫战相媲美，是决定大国命运为时最久的城市攻防战，创造了世界纪录。规划保护和利用好"襄阳攻防工程体系"和"山水城古风公园"的襄阳古城，襄阳有望最终成为世界级的文化旅游名城、著名的龙头旅游景观城市。襄阳市是湖北省省域副中心城市、省第二大城市、国务院批准建设的"汉江流域中心城市"。襄阳的古城墙和古码头，已经参与了明清古城墙和"万里茶路"的申遗，进入了国家申报世界文化遗产的预备名录，襄阳的"百里长渠"也有望获得"世界灌溉遗产"的桂冠，还有老龙堤、"襄阳攻防工程体系"、习家池等，都有希望成为世界遗产。要重视襄阳市文化旅游产业的发展定位，应合理利用襄阳市发展文化旅游产业的资源优势和区位优势以及"汉江流域中心城市"的地位，促使襄阳市文化旅游产业的发展，使其充分发挥襄阳"汉江流域中心城市"应有的引领作用。

因此襄阳市的定位可以是"依托丰富的文化和区位优势，打造以襄阳古城、隆中、鱼梁洲、水淹七军古战场为核心的文化旅游发展项目，建设三国文化、军事文化旅游板块核心区和汉江流域著名龙头旅游景观城市"。

荆州市和荆门市也有可斟酌的地方。荆州市和荆门市都属荆州，都是楚文化遗存保存最多的地方，都是湖北省最富庶的鱼米之乡。而且有著名的荆州古城、纪南城、八岭山楚墓群、纪山楚墓群等，进入了世界文化遗产预备名录，还有世界文化遗产明显陵，以及湖北省主管的最大的水库漳河水库，富含软化血管的有益物质锶。

荆门市的老莱子，是道家学说的创始人之一、二十四孝故事之首，也是养生长寿的典型。荆门市主管的钟祥市是著名的长寿之乡，"道源寿乡"是整个荆门市的文化主脉和最突出的特色，发展文化旅游产业有极大优势，并且具有唯一性。连接荆州市、荆门市、宜昌市、十堰市和襄阳市的有"荆襄古道"历史文化遗产，是宋元襄阳之战保家卫国和援救襄阳的主战场，拔河、划龙舟、七夕的文化遗存也非常丰厚。襄阳市的南漳、谷城、保康的荆山山脉深处和十堰市的房县、竹山、竹溪、郧西，特别是靠近神农架的部分，夏天气候宜人适合避暑。上述荆门市、襄阳市和十堰市的山区，抗癌富硒的水源和农产品也很多，候鸟式养老和康养旅游产业的发展前景极大，很容易三年内出现重大突破。把"荆襄古道"、荆州古城、襄阳古城、"道源寿乡""关公""老莱子""鬼谷子"等旅游品牌打响，和武当山、三峡大坝互动共赢，争取这条旅游线路，比日本的世界文化遗产"熊野古道"的分量和在全世界的影响力，一定要大得多。

因此要找出荆楚文化与当地第一、二、三产业融合发展的思路，找出把荆州和荆门当地的旅游景区和旅游资源捏成一个拳头的文化脉络与主打产品，把荆州和荆门一炮打响，推向市场，就能让荆州市和荆门市的文化旅游产业出现更大的突破，在湖北省扮演更重要的角色。而荆门市的定位也可由此转变为"依托中国农谷、通用航空等产业优势，凸显'道源寿乡'特色，大力发展乡村旅游、通航旅游，打造全国运动休闲康养旅游目的地"。

恩施号称"硒都"，生态环境极为优越，冬暖夏凉，适合康养休闲度假旅游，现在已经成为避暑度假的火爆之地，重庆等地的人们在此购房，旅游房地产极为火热。康养休闲度假是恩施最能吸引游客的地方，应突出特色，在

"药膳"等康养产业方面，向广东取经，深入挖掘四川和恩施的食疗养生文化底蕴，深度开发恩施的康养度假食疗旅游项目，争取在全国和海内外有更重要的地位。所以恩施州的定位可以为"依托丰富的民俗风情文化和山水资源优势，建设生态文化旅游产业集群，创建国家全域旅游示范区，打造国际旅游和康养休闲度假目的地"。

湖北省《建设长江国际黄金旅游带核心区推进旅游服务业提速升级工作方案》对湖北省的文化旅游产业发展具有指导意义，但还有进一步补充和完善的空间，争取为湖北省文化旅游产业做出重大的突破，使其未来在全国居于一个较为领先的地位，争取和苏粤浙等省份相媲美。

借鉴伊金霍洛经验 助力鄂尔多斯全域旅游发展

庄国瑞 刘海英[*]

全域旅游是将特定区域作为完整旅游目的地进行整体规划布局、综合统筹管理、一体化营销推广，促进旅游业全区域、全要素、全产业链发展，实现旅游业全域共建、全域共融、全域共享的发展模式。全域旅游是资源优化、空间有序、产品丰富、产业发达的科学的系统旅游，要求全社会参与、全民参与，通过消除城乡二元结构，实现城乡一体化，全面推动产业建设和经济提升。在国家全域旅游示范区建设的引领下，鄂尔多斯按照"全景、全业、全时、全民"模式，加快创建全域旅游示范市，推动旅游业供给侧改革和转型升级，做大做响草原游、民族文化游、生态游、沙漠游品牌，旅游业呈现出良好的发展态势。在全市全域旅游发展的过程中，伊金霍洛旗抓住机遇，集各方力量，大力实施"旅游兴旗"战略，举全旗之力创建国家全域旅游示范区，旅游综合实力大幅提升，旅游业改革创新取得重要成果，旅游产品供给体系不断完善，服务保障能力明显增强，品牌宣传营销取得成效，活跃经济和产业富民效果显现，对促进全市全域旅游发展具有积极的启示意义。

一、伊金霍洛旗发展全域旅游的基础和优势

（一）地理位置独特 区位交通优越

伊金霍洛旗地处内蒙古呼包鄂经济圈腹地，是鄂尔多斯风土人情和蒙元

---

[*] 庄国瑞、刘海英：鄂尔多斯应用技术学院教师。此文写于2019年。

文化汇集地，独特的地理位置、深厚的民族历史文化积淀、优越的自然生态环境和天朗气清的怡人气候，成为伊金霍洛旗文化发展旅游业得天独厚的优势。伊金霍洛旗区位交通优势突出，拥有集公路、铁路、航空于一体的立体交通网络。鄂尔多斯机场、火车站坐落于此，目前共运营国内国际航线41条，通达国内北京、上海、西安、济南、南京、宁波、汕头、青岛、太原、武汉、杭州、厦门、福州、西宁、贵阳、海口、三亚等地，以及泰国曼谷、普吉岛、芭提雅、俄罗斯莫斯科、伊尔库茨克等共计43个城市，并计划开通至菲律宾、柬埔寨、越南、新加坡、日本、蒙古、中国香港等国际及地区航线。鄂尔多斯火车站于2016年5月开通动车。随着国际航班、动车的开通和高铁的开工建设，伊金霍洛旗旅游市场辐射半径将得到快速扩大，来自四面八方的游客将享受到更为快捷便利的交通服务。

（二）资源要素齐全　景观壮美

伊金霍洛旗5600平方公里的土地上分布着60多处旅游景点，有历史人文景观如3500年前的朱开沟文化遗址、2000多年前修筑的战国秦长城和秦直道、世界唯一的成吉思汗陵（5A级景区）、保存完好的郡王府、国内最大的以蒙元文化为主题的景区蒙古源流文化产业园（4A级景区）等，共同彰显着这块土地上文明进步的历史和原生文化根基。自然景观中草原、沙地、湖泊、湿地、山峦均有，如苏泊罕草原（4A级景区），以内蒙古西部最大的沙漠草原而著称，甘德尔草原则以秀美的湿地风景而驰名，红碱淖尔是全国最大的沙漠淡水湖，还有同样适合休闲放松的柴盖淖尔、转龙湾，以及北方城市罕有的红海子湿地景区等。也有独特的民俗风情，伊金霍洛旗是鄂尔多斯七旗会盟之地，有国内首家游牧文化活态博物馆，其国家非物质文化遗产鄂尔多斯婚礼实景演出享誉全国。甘德尔敖包、乌兰活佛府、吉祥福慧寺、陶亥召、苏布尔嘎庙等各具特色的敖包和寺庙吸引了大量游客，这些文化景区、人文遗产都彰显着这里独特的民俗风情和地域文化。

(三) 综合实力强　产业体系完善

"十二五"期间，伊金霍洛旗旅游业的综合实力得到显著提升。五年来，伊金霍洛旗旅游业始终坚持集约发展、集群发展、持续发展，紧紧围绕"天骄圣地，绿色煤海"两大主题，突出"文化体验、生态自然、休闲度假"三个重点，着力搞好"蒙元文化旅游带""生态工业旅游区""自然风光旅游圈""游客集散旅游核"四大板块建设，积极打造"成陵—蒙古源流文化产业园—苏泊罕大草原—乌兰活佛府—郡王府—红海子湿地"精品旅游线路，全面提升了旅游产品和服务质量。近年来伊金霍洛旗先后荣获"中国优秀文化旅游名县""中国优秀民族特色旅游县"等荣誉称号，已成为中国西部闻名的以民族历史文化和自然风光为特色，具有区域性吸引力的旅游目的地。

目前，伊金霍洛旗旅游业在吃、住、行、游、购、娱等产业要素建设方面都获得了良好的发展，产业体系完善。全旗现有景区景点60多处，其中国家A级以上旅游景区7处，星级酒店1家，旅行社26家，涉旅企业60余家，旅游餐馆480余家，可提供住宿的酒店、宾馆150余家。伊金霍洛旗的文化旅游产品丰富，已建成多处特色鲜明的博物馆，各类文化娱乐演出节目丰富多彩；旅游交通便捷，旗府所在地阿勒腾席热镇到各旅游景区驱车行程不超过一小时；电讯网络无盲区，实现了全覆盖。旅游综合服务水平大幅提升，已经形成了比较完备的旅游产业服务体系，区域旅游吸引力和竞争力获得大幅提升。

(四) 投资环境优越

伊金霍洛旗是国家重要的能源重化工基地，是自治区重点旅游旗县，是鄂尔多斯城市核心区的重要组成部分，生态环境良好，基础设施完善，人居环境适宜。先后荣膺"全国绿化百佳县""全国绿化模范县""中国绿色名旗""全国文明旗县"、首届"中国十佳绿色城市""中国十佳和谐可持续发展城市""中国全面小康生态文明县""全国优秀文化旅游名县""全国优秀民族特色旅游名县""中国西部最具影响力十大旅游休闲示范县"等荣誉称号。近年来，伊金霍洛旗审时度势、发挥优势，确立建设"宜居宜业宜游伊金霍洛"的战略目标，把发展全域旅游作为资源型地区转型发展的突破口和发力点，着力推动旅游业由"景点景区"模式向"全域旅游"模式转变，提出打造"大成陵"的发展目标，努力把旅游业培育成为伊金霍洛旗战略性支柱产业和人民群众更加满意的现代服务业。同时，政府部门不断加大改革力度，完善住房、教育、医疗、就业等社会保障体系，大大激发了全社会的创新和创业活力，经济社会发展水平得到大幅提升，为各类企业投资发展提供了良好的环境。

二、伊金霍洛旗在推进全域旅游过程中形成的经验做法

伊旗把发展全域旅游与美丽乡村建设有机结合，以"创造人民美好生活"为核心目标，以"完善旅游顶层设计"为首要抓手，以"推进旅游基层实践"为基本方向，以"公共服务体系提升"为基本前提，以"改革管理运行机制"为重要依托，以"产业立体融合互动"为动力引擎，以"营销方式创新提效"为重要手段，以"智慧旅游平台应用"为实现载体，产生了核心景区带动下的大成陵景区模式、引进专业团队运营开发的红海子及蒙古源流模式、景区与乡村互补互利的苏泊罕模式、多方合作丰富乡村业态的哈沙图模式、发展特色项目以农促游的龙虎渠模式、举办连续性大型活动的品牌节庆模式、"互联网＋旅游"的智慧旅游助推模式等不少可供借鉴的经验和做法，也为全市解决旅游发展过程中出现的共性问题提供了一些新的思路与角度。

（一）注重旅游顶层设计

第一，成立了由领导主抓、涵盖全旗40多个部门的高规格"文化旅游产业委员会"。全域旅游被列入政府工作重点，成为"一把手工程"，并将全域旅游任务细化分解到各镇、各部门，纳入年底实绩考核，形成了多部门综合联动的工作机制。第二，制定和出台了有关旅游投资、招商引资、人才培养引进、宣传营销等一系列优惠政策。旗财政每年安排1亿元旅游发展专项资金，用于支持全域旅游发展，在2017年初召开的全域旅游推进会上，对符合奖励

的单位和个人,发放了781.5万元的奖励,发挥了政策的聚合效应和引导作用。第三,编印《创建国家全域旅游示范区实施方案》,进一步增强旅游管理部门工作的综合协调。出台《伊金霍洛旗旅游顶层设计及三年行动计划》等多项政策措施,为全域旅游发展创造了优质的政策环境。

(二)注重运管机制改革

一是着力推动国有旅游资产的整体开发和管理运营,成立了国有控股的旅游产业投资公司,通过市场化运作,将其境内的赛马场、曲棍球场、全民健身中心、影剧院等国有资产划拨给旅投公司,旅投公司通过举办大型的演出、组织各类活动等进行市场化运营,盘活国有旅游资产,有效地促进了资源优化配置。二是激活了旅游产业的多元投融资模式,推动了文旅产业全面转型升级。比如2017年伊旗政府和中青旅资源投资有限公司签订了全域旅游战略合作协议,以蒙古源流旅游区为起步区,逐步开展全旗全域旅游PPP合作模式,以此为契机,吸引更多有意向的投资人参与项目的投资开发,使对外招商引资的渠道更加开阔。三是引导有条件的企业对乡村旅游进行开发和运营,深化"公司+党支部+农牧户""公司+合作社+农牧户""农牧户+农牧户"等经营管理模式,实现周边农牧民产业互补、就业互动的协作模式。并支持符合条件的农民合作社、家庭农场优先承担政府旅游项目。

(三)注重营销方式创新

一是构建了涵盖形象宣传口号、形象主题曲、宣传画册、形象宣传片、宣传书目、旅游攻略、推介会讲解词、幻灯片电子图片、视频资料等一系列品质优良的伊金霍洛旅游形象资料库,并通过对传统媒体、新媒体的运用,让伊金霍洛的旅游形象无处不在。二是巩固传统客源地,重点拓展周边市场,同时通过品牌活动,搭建营销新平台。按照"走出去、请进来"的思路,划定伊旗500公里半径内的重点客源城市为周边客源市场,联合旅游文化主管部门、旅游文化企业,在北京、陕西等重点客源市场开展宣传推介、业内交流及战略合作等活动。三是打破行政地域界线,加强与业界和旗区的联手发展。主动与康巴什、东胜对接,立足中心城区旅游的联动宣传营销,搭建伊金霍洛旅游宣传推广平台。

(四)注重智慧平台建设

伊金霍洛旗已建成了由官方网站、微博、微信公众平台、腾讯客户端、腾讯订阅、天天快报、今日头条、搜狐媒体、搜狐客户端等客户端及国内各大主流网络媒体、平面媒体、主流论坛、旅游专业网站等组成的多角度、多层次网络宣传系统,并利用伊金霍洛大数据平台实现了景区内客流量的实时监控。在旅游配套服务方面,积极与蚂蚁短租、美团网、途家、支付宝、微信、易宝支付等支付平台进行合作,并建成了伊旗智慧旅游服务大厅,利用智能技术构建三维立体的旅游环境,让游客足不出户,就能在虚拟环境中遍览伊金霍洛美景。

三、对鄂尔多斯市全域旅游发展的几点启示

(一)做好旅游顶层设计 强化全域旅游一体化统筹

应进一步发挥全市全域旅游发展工作领导小组的作用,协调解决全域旅游发展工作中出现的困难和问题。建立旅游发展议事制度和追责制度,对需要出台的旅游发展政策及需要新建和改扩建的旅游项目进行"一事一议",防止出台的各项政策"不接地气",着力解决落实力度不大、效果不明显等问题。加强区域统筹协调发展,建立有效的联动机制。始终坚持突出旗区自身特色,探索建立小区域联动营销模式。

(二)配齐旅游发展要素 补齐旅游发展短板

完善配套交通,促进旅游空间整合。建议增设或加密旅游公共交通专线,打通连接市区与周边景点的公共交通,缩短公交距离,定点发车,方便游客往返市区与城郊。在机场、火车站连接景区线路,大力发展共享汽车,鼓励游客开展落地自驾和短途自驾旅游,打造便捷、高效、低成本的旅游出行目的地。完善旅游产品体系,提升旅游特色和品牌产品。建议通过品牌旅游、

基础旅游、专项旅游三个层次构建"336"旅游产品体系，拓展传统观光类旅游产品，加大对文化旅游资源的开发深度和广度，进一步突出歌舞文化、马文化、蒙古族餐饮等民族特色元素，形成草原风景观光、乡村休闲度假、冰雪刺激探险、历史文化体验等旅游特色品牌。大力加强乡村旅游、冬季旅游和体验式旅游产品的开发。

（三）增强人才队伍建设　提高从业人员素质

依托地方高校，强化校企合作办学。进一步强化政、校、企合作，完善人才培养机制、提高教育培训质量、改进教育培训方式、拓展教育培训领域、整合培训资源，实现产教融合。应着力加强旅游行政人才和导游的培养培训，重视旅游高层管理培训机构的作用，支持各种旅游培训、鼓励咨询机构开展职业培训，培养一批景区职业经理人和职业导游。同时，借助政策优惠，吸引热爱鄂尔多斯旅游、热心社会公益事业的退休干部、专家学者、专业教师以及其他专业领域的特殊专门人才加入导游队伍。

（四）精准定位旅游形象　加大旅游营销力度

要精准定位和强化突出旅游形象。目前关于鄂尔多斯旅游广告的营销定位跨度较大，在游客中形成一种模糊的形象，没有真正体现出鄂尔多斯旅游的核心内涵。力争在不脱离地区历史内涵、文化内涵、物产内涵的基础上，提出更具有感召力、影响力的旅游形象定位，兼顾地脉、人脉、文脉，并随着旅游发展使之沉淀，相对稳定化。加大营销力度，拓展营销渠道。要分阶段确立营销目标，以3～5年为一个周期，第一阶段应着力推广品牌形象，推介品牌旅游项目、提高知名度。第二阶段应深入拓展旅游市场，加强区域旅游合作。

（五）加强旅游市场监管　提升智慧管理水平

建立综合的市场监管机制，进一步完善旅游工作的联席会议制度，协调解决旅游业发展中的重要问题。建立综合投诉受理机制，依托市长热线、旅游投诉电话等平台处理投诉纠纷，提升游客满意度。完善智慧旅游平台建设，实现旅游产业链条的全信息化。加快鄂尔多斯市大数据中心和智慧旅游公共服务平台的建设，努力实现4A级以上旅游景区免费无线网络全覆盖，实现旅游大巴、旅游船和4A级以上景区监控检测设施的合理设置。景区景点及旅游目的地设置智慧旅游系统终端，为游客提供智能导游、电子讲解、在线预订、信息推送等综合服务功能，提高旅游的便捷化水平。

（六）改变传统机制　激活旅游发展新动力

改革投融资体制机制，通过PPP、BOT、EPC、设立产业投资基金及众筹等形式引导社会资本进入全域旅游。对已纳入财政PPP项目库中的项目，利用政府发起、企业及金融机构参与等方式增加旅游公共产品和旅游公共服务的供给，项目建成后的资本回收由使用者付费、政府补贴、政府购买三种方式进行。改革管理运行机制，通过产权制度改革等方式与企业、高等院校建立新的合作模式和运营机制，以提升其管理效率。

民族文化旅游创意产业的路径思考
——基于地方学与地域文化旅游发展的研究分析

王雅丽*

一、地方学与地域文化的关系

地方学是一项研究特定地域总体属性的综合学问,既通观这一地方历史与文化的根脉,也关注当今经济社会发展独具的特性和总体趋势。地域文化是地方学的经脉和血液。

地方学作为一个学科还在拓展与探寻的阶段。鄂尔多斯完整地保留了蒙古族的传统文化特别是独具特色的祭祀文化、生态演进的历史经验、地方文化的深厚底蕴,创造了经济社会跨越式发展的奇迹和敢为人先的鄂尔多斯精神。它有两个基本支撑点:知识体系(文化资源的整合与研究)和应用服务(发挥地方学的功能),有专家归纳地方学的本质特征为"鄂尔多斯学=知识体系+应用服务"。地方学是文化建设的重要组成部分,鄂尔多斯学研究会通过积极推进地方学的学科建设、重大问题的研究,结合鄂尔多斯学的优长和历史文化遗产,加强对鄂尔多斯历史事件与人物、民风民俗、文学艺术、文物考古、遗产保护、传统技艺传承、文化资源开发等方面的研究,深入发掘整理和分析研究鄂尔多斯丰富的历史文化遗产,在新的形势下大力弘扬其丰富内涵,使之成为鄂尔多斯文化强市建设基石的可行之策。同时,要大力倡导科学求实的文化精神,扎实、深入地探求鄂尔多斯文化适应时代所需要的丰富内涵,

---

* 王雅丽:鄂尔多斯市东胜区伏羲学校教师。此文写于 2019 年。

积极作为,把历史的优良传统内化为适应时代要求的先进文化内涵,让民族文化绽放出时代的光芒。

二、地方文化与区域经济互动关系

地方文化的发展既是地域经济社会发展不可忽视的重要组成部分,又是地方经济社会发展的窗口和品牌,也是招商引资和发展旅游等产业的基础性条件。地方文化一方面为地域经济发展提供精神动力、智力支持和文化氛围,另一方面通过与地域经济社会的相互融合,产生巨大的经济效益和社会效益,直接推动社会生产力发展。把握地域文化与经济社会发展的互动关系,充分发掘地方文化中的优秀因子,开发利用好地域文化资源,培育新的经济增长点,推动特定区域经济社会持续、快速、协调发展,是当前地方学学术理论研究中急待深化的热点。

研究地方文化,是为了把历史文化资源转化为经济社会发展的动力。为此,一是要加强对文物古迹的保护;二是在城市建设中要突出地方文化特色;三是要大力发展旅游业。如今,在中华大地上,地方文化百家争鸣,异彩纷呈,各地都利用丰厚的地域文化资源,发展旅游事业,取得了良好的社会效益和经济效益。今天的区域经济发展来源于对地域优势文化的弘扬,经济腾飞蕴藏着文化的重大作用。

三、地方学是整合推动地方文化产业发展的创意源泉和宝库

地方学研究的重点与核心即地方文化,而地方文化是一个特定区域内的民众,在长期的生活和生产中自发创造的,并为该地区民众世世代代所喜爱和传承,凝聚着地区民众精神和智慧,承载着地区文化血脉和情感因素的文化形态。目前在各个地方的旅游业、会展业、艺术表演(音乐、舞蹈、戏剧)、文学创作、动漫、创意设计等行业的发展中,结合地方文化特点谋发展,是树立形象、创造品牌、拓展市场的重要手段。地方文化与文化产业互生共存,

文化产业是地方文化的发展路径，而积淀深厚、丰富多彩的地方文化则是文化产业发展的土壤和根基，是取之不尽用之不竭的宝贵资源。文化与经济的交集就是文化产业。毋庸置疑，文化产业已然成为当今最有潜力的"黄金产业"，在未来几十年，文化产业将是拉动中国经济的火车头。因为文化产业同其他产业相比，具有低能耗、无污染、文化资源能在使用过程中不断积累和增加价值等特点，将会是新的经济增长点。

四、地方学研究重点在应用与服务上下功夫　民族文化资源是发展鄂尔多斯旅游业的主要突破口

地方学中的民族文化资源是旅游的重要资源，也属于民族文化和民族旅游的范畴。作为传承一方文化、拉动一方经济、保护一方环境、造就一方人才、致富一方百姓的重要载体，民族民间工艺品和文化产品产业无疑是草原旅游文化平稳发展过程中守住发展与生态两条底线、实现产业转型升级的战略选择之一。要以民族文化传承作为发展成吉思汗文化旅游的前提，以发展文化旅游业作为促进蒙古族民族传统文化传承的载体。利用多种形式对民族文化进行旅游开发，能产生良好的经济效益和其他积极影响，内蒙古鄂尔多斯地区具有丰富的民俗企业化运作、科技化开发、科学化管理、立体化发展等一系列战略措施，开发形成了以成吉思汗陵祭奠、查罕苏勒德祭祀等为代表的祭祀民俗文化旅游产品系列；以鄂尔多斯婚礼为代表的社会游艺民俗旅游产品系列；以鄂尔多斯国际文化节、那达慕大会等为代表的节庆民俗旅游产品系列。鄂尔多斯民俗旅游已经初步实现了产业化经营，产业前景广阔。

五、民族文化创意与民族文化旅游的融合发展

（一）借节造势

以创意活动为核心，电视、互联网、平面媒体为辅开展推广活动，以树立和完善品牌为基本策略，通过一系列创意活动、事件营销和宣传推广，最

终打造出独具特色的旅游目的地城市的标志性文化景区。节庆营销是以旅游目的地的节庆活动为载体，有计划地策划、组织、实施针对节庆活动的系列营销活动。节庆活动营销已成为旅游目的地重要的营销方式。如大连的服装节、青岛的啤酒节、哈尔滨的冰灯节、山东潍坊的风筝节、南宁的国际民歌节等，在推动地方旅游业发展中都发挥了显著作用。在成吉思汗陵景区可策划举办国际那达慕民族体育挑战赛，主赛场在成吉思汗陵景区，比赛场地选择鄂尔多斯各旅游景区，以全面展示各景区的旅游风光。每年在国内举办的电影节及时装周都享有盛誉，如可在成吉思汗陵景区举办，同样会引起时尚圈、娱乐圈的轰动及媒体关注。可举办"敖包相会民歌大赛"、民族舞蹈大赛等。影视营销是借助影视剧进行旅游营销，它是创意产业与旅游营销结合的另一体现。如从电影《芙蓉镇》到旅游热点芙蓉镇，它的拍摄地湖南湘西永顺的王村（现已改名为"芙蓉镇"）蜚声中外，旅游收入和游客量迅速提高。可在成吉思汗陵景区以草原和民族特色为建筑等背景元素拍摄电影、电视剧、音乐电视等。还可以成吉思汗陵景区浓厚的蒙古族历史人文和秀丽的草原风光为创作源泉，深入挖掘历史故事和民间故事，推出动漫创意。将文化创意思想渗透到成吉思汗文化旅游的各个领域，不管是广告、动漫、时尚与时装设计等现代创意产业，还是传承传统文化的手工艺品、表演艺术等传统创意产业，都与旅游业相结合，一定能产生强大的经济和社会效益，成吉思汗文化旅游也定能借外力再"火"一把。

（二）完善文化旅游融合相关政策制度

充分发挥各级政府在文化旅游信息化进程中的规划和指导作用，认真研究借鉴先进地区经验，探索符合成吉思汗陵旅游景区实际、体现区域特色的文化旅游信息化发展环境和制度。针对信息化条件下文化创意与旅游融合产生的新业态，如旅游演艺、旅游动漫、民俗文化、旅游信息等产业的知识产权问题，从概念产生到开发销售的全过程进行分阶段的针对性保护，坚决打击盗版和侵权行为。促进民族地区的经济发展，以提高民族地区的生活水平和幸福指数。

六、依托丰富地方民族文化资源　大力发展民族文化旅游

独特的鄂尔多斯蒙古族游牧文化、节庆、服饰、饮食起居、医药、婚丧、建筑、语言文字、宗教信仰、神话传说等民俗风情构成了文化产业所依托的多姿多彩的文化资源。利用草原风光和独特的蒙古族传统文化、历史等遗产，在广阔的大草原上发展民族文化产业集群将大有可为。目前鄂尔多斯蒙古民族文化主要包括物质文化和精神文化两大类。要在保护的前提下加大研究和宣传力度，寻找和培养民间艺人，以少数民族特有的方式，促进民族民间技艺的传承和保护。

（一）传承注重加强文化阵地建设　搭建民族文化展示平台

一是影音、影视、歌舞等现代传媒和演艺业。这类行业作为蒙古族文化产业发展的重点，首要原因在于有丰富而厚重的非物质文化遗产资源作为基础。蒙古族特色的影音、影视等现代传媒、娱乐产品几乎都从蒙古族非物质文化遗产中吸取素材、创作灵感和技艺，同时可以弘扬优秀的民族文化。二是注重民族文化展示平台建设，把博物馆、陈列室、传习手工坊作为展示民族文化的重要平台来抓，形成"政府＋企业＋家庭＋私人"的多元主体建设格局，着力塑造"蒙古族文化展示中心"品牌。结合民族特色文化，建设非遗博物馆等规模较大的民族博物馆，建设民俗陈列室，同时积极支持乡镇民族文化博物馆和私人博物馆及景区家庭博物馆的建设。另外，以非物质文化遗产传承为抓手，扶持传统手工艺传习手工坊的活态体验阵地建设。积极构建具有地域特色的民族文化产业品牌体系，切实推进从"非遗"资源中提炼精华，从文化产业园区变为民族特色文化聚集地。这将进一步提升鄂尔多斯蒙古族民族文化及其产品的知名度、美誉度和影响力，积极培育地方发展的新名片和新增长点，推动资源优势转化为经济优势，实现民族文化传承与旅游经济发展双促进、双提升。

（二）保持地域特色的文化产业发展

民族特色生活、文化及艺术用品业的市场需求潜力巨大，发展空间广阔。这类行业所依托的资源基础也是各民族非物质文化遗产，其生长土壤极为肥沃。所以，成吉思汗文化旅游也要不断拓展自身特质下的文化内涵，适应时代的旅游文化需求。如创新节庆旅游与体育旅游的开展。

第一，坚持办好民族节庆活动，传承展示优秀民族文化。

增强可参与性项目，提高游客的参与兴趣。蒙古族的体育竞技常常与节庆同时举行，不仅参加人数众多，而且使节日气氛颇为热闹。每年七八月间，草原上的蒙古族、汉族等民族的人民身着节日盛装，骑马乘车从四面八方云集到活动地点，观看和参加赛马、摔跤、射箭、马术等体育竞赛。如今那达慕大会已经成为蒙古族文化旅游的重要看点，也是成吉思汗陵旅游区旅游产品中的重头戏，要增加新的体验式、娱乐性强的民族体育旅游活动，让游客唱起来、跳起来、玩起来。注重方法灵活，讲求实效，争取回头客，以优良的服务质量赢得旅游者的信任。

第二，发展医药饮食业。

蒙医、蒙药已成为我国医药行业和体系的重要组成部分；以连锁餐饮（蒙餐）、风味小吃、特色主食、养生食乐、保健饮品、特色茶、酒、糖等为代表的饮食制造销售业已打造出了一些家喻户晓的品牌。医药饮食业的产业基础相对雄厚、发展历史也相对较长，但目前绝大部分具有重大科学、保健价值的饮食、医药文化还未发展起来，具有广阔的发展空间。迎合生态旅游的时代要求，开发和利用自身丰富的民族文化资源和生态旅游资源，推进旅游业的发展。

第三，贯彻民族生态博物馆理念。

生态博物馆是以生态学为基础，将整个社区作为博物馆空间，以原汁原味的鄂尔多斯草原民俗文化、成吉思汗祭祀文化等为代表的"活态人文遗产"为展示重点，对自然环境、人文环境、有形遗产和无形遗产进行整体保护、原产地保护和居民保护，从而使人和物及环境处于固定的生态民族文化旅游开发研究关系中，并使之和谐发展博物馆新理念。生态博物馆强调对当地社区遗产要尽可能保持原状，强调对一切有关的文化记忆（包括文化遗产、自然景观、建筑、可移动实物、传统风俗等一系列文化要素）原始地保留；强调"尊重"和"文化交流"；强调地方政府与当地人民共同参与，同时他们在保护其文化特征方面是最大的受益者。

七、结语

地方学研究让决策更接地气。地方学，是在地方文化研究基础上构建系统性的学科知识体系。地方学拓展了原有的研究领域，积极面对地方经济、社会、文化在新的历史时期所呈现的新特点、新经验和遇到的新问题，并特别强调为当下社会服务的功能，努力把民族民间文化产业培育成带动脱贫的民生产业、创新发展的新兴产业。实施民族文化与旅游联合促销的全方位战略，要以民族文化吸引国际游客，体验另一种意义上的中国民俗旅游。首先，民族旅游文化素材绚烂多彩，文化底蕴丰厚，开发潜力大，自然人文资源赋予了鄂尔多斯神秘的外衣，民族文化贯穿了鄂尔多斯文化旅游的精髓，这有助于文化旅游创意产业的发展与延伸。其次，文化旅游创意产业凭借深厚的民俗文化而发展，使文化创意产业在民族旅游地区得到很好的发挥。文化创意产业的高附加值、强融合性、高品牌影响力和永续更新的能力为民俗文化注入新的气息与活力，有利于民族地区经济的繁荣，增强传统民族文化的开发力度和深度，传承和发展传统民族文化。只有将民族文化旅游与文化创意产业融合才能使旅游产品价值最大化，文化创意产业发挥更大的经济社会功效。最后，民族地区要依托民族文化，打造民族文化品牌，以更好地发展旅游业。随着旅游产业的市场国际化、经营集约化、企业集团化、产品品牌化的趋势日益显现，以享受异域文化资源、感知异域文化差异、体验异域文化氛围的文化旅游的理念已成为旅游消费的主流。文化个性是旅游产业的灵魂，是做大旅游产业的根本，民族文化旅游创意产业是未来鄂尔多斯旅游业发展的主要方向，也是成吉思汗陵旅游景区打造民族文化品牌，加速民族文化国际化进程的重要路径。

文化自信是驱动国家发展、民族复兴的精神引擎，而文化自信首先源于民众对自己家乡或生活地区的文化认同。事实上，地方政府做决策和谋发展的过程中，也的确需要更多"接地气"的地方学研究来提供智力支撑。通过鄂尔多斯民族地区发展文化旅游创意产业的优势分析、民族文化旅游与文化创意产业融合模式的构建，可以看出民族文化旅游与文化创意产业的结合是成吉思汗旅游景区发展旅游产业的必经之路。"文化引领，旅游带动"，让民族文化创造活力，迸发激情。守住发展与生态两条底线，实现产业转型升级。因此，呼吁更多地区关注地方学研究，为弘扬一方文化保驾护航，有助于进一步夯实中华文化传承发展的根基，使中华文化能够绵延不绝、历久弥新。